Adalbert
Stifter

Adalbert Stifter

WIEN
und
die Wiener
in Bildern
aus dem
Leben

Buchverlag
Der Morgen
Berlin

Herausgegeben und mit einem
Nachwort von Jürgen Jahn

Mit 5 zeitgenössischen Stichen

ISBN 3-371-00095-8
© Buchverlag Der Morgen,
Berlin 1988

Vorrede

*E*s ist Zweck und Ziel dieser Blätter, nicht etwa eine *Statistik* Wiens zu bringen, sondern in ernsten und heitern Bildern wie in einem Kaleidoskop Szenen dieser Hauptstadt vorüberzuführen, die nur *ihr* zukommen, so daß sich dem Leser nach und nach ein Bild des Lebens und Treibens dieser Residenz zusammenmale, welches dem, der es nie selbst gesehen, eine *Vorstellung* gibt, – dem aber, der hier gewesen oder noch ist, eine ergötzliche *Erinnerung.* Wie wahr oder falsch beides, Vorstellung und Erinnerung, sein wird, hängt dann freilich von der Güte der Aufsätze und von der Phantasie des Lesers ab. Da jede große Stadt notwendig durch den Konflikt von Leidenschaften und Torheiten für den feinern Beobachter etwas Humoristisches hat, aber auch durch das Zusammenströmen großartiger Bestrebungen etwas furchtbar Ernstes, ja, da eben jenes Humoristische durch die Folie dieses Ernstes bedingt ist: so wird auch notwendig jene Komik und dieser Ernst in unserem Buche vorkommen müssen, und der Leser wird sich nicht verwundern, wenn ihm Figuren aus den *untersten* Ständen begegnen und aus den *höchsten.* – Der Bettler, der Bänkelsänger, der Leiermann, Fiaker, Tagelöhner, Schusterbuben werden nicht minder als der Dandy, der Gelehrte, der

Künstler, der Staatsmann, der Rentist, der Adel und der reiche Kaufmann durch unsere Blätter gehen, wie sie ja auch durch unsere Stadt gehen, und in die Kneipe und in den Gasthausgarten so wie in den Salon und Privatpark wird uns der Leser folgen müssen; Volksfeste werden vor ihm ausgebreitet und der Ballsaal der Reichen geöffnet, Narren die Hülle und Fülle, aber auch Herzen und Geister, vor denen er Ehrfurcht hat, einzelne Bilder und wieder auch Massen, das Gefühl des Einsamen und das Jubeln und Brausen der Menge – die weltgeschichtliche Tat und der leichtsinnige Sprung nach einem Vergnügen, und so bunt wie das Leben selber wünschen es diese Blätter zu bringen, und ihr Ziel ist erreicht, wenn der Leser die Wiener auslacht, aber auch liebt und wenn er sagt: »Das muß doch eine erstaunliche Stadt sein, wir müssen doch auch dieselbe vor unserm Lebensende noch besuchen und besehen, ob es denn gar so lustig und so herrlich und so gemütlich und so bedeutungsvoll dort sei, wie diese hier schreiben, oder ob es eitler Wind ist, den sie in die Welt hinausblasen« – – nein! komme nur, lieber Leser, und siehe selber, wie wahr alles ist und wie weit noch unsere Feder zurückblieb. Wenn der Kritiker sagt, daß doch Wert und Gehalt dieser Aufsätze so sehr verschieden sei, so antworten wir ihm: Der Leser ist selber nicht anders.

Und somit urteilet freundlich über »Wien und die Wiener«.

Wien im Monat August 1841   *Die Verfasser*

Aussicht und Betrachtungen
von der Spitze
des St.-Stephans-Turmes
(Als Einleitung)

So entrollen wir denn vorerst vor dem geneigten Leser dieser Blätter die ungeheure Tafel, auf der dies Häusermeer hinauswogt, ein Leben in sich tragend, so bunt und heiter, daß man wähnt, es diente nur dem Augenblicke und der Stunde und die Göttin, die hier herrschet, sei die Freude – und sie ist es auch; denn der Mensch, die Tausende, die hier strömen, arbeiten, sorgen, sich vergnügen und in Hast und bewundernswertem Geschicke die Frucht jeder Minute zu brechen wissen: sie ahnen es nicht, daß sie Lettern sind, heitere schöne Lettern, womit die Muse das furchtbare Drama der Weltgeschichte schreibt; sie fühlen es nicht, daß hier der Herzschlag einer großen Monarchie ist, die im Rate der Völker sitzt und das Geschick des Erdballes bestimmen hilft, und daß von diesem Herzschlage die Frische und Gesundheit der andern Glieder abhängt – sie wissen es nicht und können es nicht wissen; aus Gemüt und Streben jedes einzelnen baut sich jener Geist der Zeit zusammen, der die Tat gebiert, die Tat und das Antlitz des Jahrhunderts, oft des Jahrtausends – keiner tat die Tat und formte das Antlitz, aber alle taten's, wenn sie auch dann vielleicht dastehn und staunen – das Blut, der einfach rote Balsam, strömt fröhlich durch alle Adern des ganzen Körpers und ahnt nicht, daß es *selbst* dies Wunderwerk von Körper aufgebauet hat: Das Volk, das hier jubelnd strömet, jeder seinem Zwecke, meist dem der Freude dienend, dieses Volk bauet rastlos emsig in Kindern und Kindes-Kindes-Kindern an einem Baue, den es nicht kennt, nach einem Plane, den es nicht weiß – sie bauen unermüdlich fort, und stürzt einer, so steht schon wieder ein anderer mit Hammer und Kelle an seinem Platze und sputet sich – und wenn der Bau fertig ist, so erstaunen die einigen, die eben zugegen sind! Dann geht einer hin und erzählt in vielen Blättern, wie das alles gekommen ist, aber auch er weiß es nicht. – Weise Lenker waren bei dem Baue, aber auch sie konnten nur Teile sehen und bestimmen. – Wer das *Ganze* anbefahl und überwachte, den hat noch nie ein Auge gesehen!

Nun, lieber Leser, schaue dir noch einmal im Geiste dieses bewegte Leben an, und es wird dir bedeutungsvoller scheinen als vordem, und dann, wenn du dein Herz vorbereitet hast zu Erhabenheit und Scherz, zur Freude wie zur Betrübnis, – dann folge mir, daß wir unsere Augen schweben lassen über dieser Riesenscheibe, die da wogt und wallt und kocht und sprüht und sich ewig rührt in allen ihren Teilen.

Wenn man Süd und Südwest ausnimmt, so mag der Wanderer kommen von welcher Weltgegend immer, und er wird, bevor er noch ein Atom von der großen Stadt erblicken kann, schon jene schlanke, zarte, luftige Pappel erblicken, die still und ruhig in einem leichten blauen Dufte steht und die Stelle anzeigt, an der sich die noch nicht gesehene riesige Stadt hindehnt, dann, wenn er weitergeht, -reitet oder -fährt, münden sich allerwärts Straßen wie Adern zusammen, der Gefährten werden immer mehr, die schneller oder langsamer teilnahmslos an ihm vorüberjagen wie Treibholz, demselben Strudel zu, bis sich endlich rechts und links, nahe und ferne die Massen der Stadt heben, hier sanft rauchend und hinausdämmernd, dort nahe schreitend mit Dächern, Giebeln, Türmen, funkelnden Punkten ⌐ bis er endlich bei einer unscheinbaren Barriere hineintritt, und nun schlagen die Wogen über ihm zusammen. Eine endlose Gasse nimmt ihn auf; ein Strom, der schmutzige und glänzende Dinge treibt, wird immer dichter und immer lärmender, je näher er jener Pappel kömmt, die er aber jetzt nirgends sieht – ja dort tritt sie vor, ein dunkler, schlanker, riesiger Stift in der glänzenden Luft – nein, sie ist es nicht; denn weiter rechts steht mit einem Male eine noch größere, ruhigere, graublau dämmernd, den Adler auf der Spitze tragend – diese ist's –, man sieht fast das zarte Laubwerk an ihrem Schafte emporstreben. – Jetzt tritt wieder eine Häuserpartie dazwischen – die Gasse will kein Ende nehmen; allerorts Drängen und Brausen und Vergnügen und Freude, nur dem Fremdling will es einsam werden in dieser tosenden Wüstenei. Fast betäubt geht er weiter; mit einem Male ist die Gasse zu Ende und auch die Stadt. Ein weiter grüner Platz voll Laubgrün und geputzter Menschen steht vor ihm, aber jenseits wieder eine Stadt, die ewig unerreichbare Pappel wieder in ihrer Mitte tragend. – Unverdrossen durchschreitet er den seltsamen Garten; ein finsteres Tor schlingt ihn ein; eine Versammlung glänzender Paläste tritt um ihn herum und nimmt ihn in die Mitte, ihn hier und dort hindurchgeleitend, immer zu neuen, fast noch glänzenderen weisend. – Dem armen Landbewohner ist's, als seien hier ja gar keine Häuser, lauter Paläste und Kirchen – seine Pappel ist verschwunden – hier und dort taucht wohl ihre Spitze ein wenig vor, dann wieder lange nicht, dann wieder auf einmal an einem ganz anderen Orte. – Er geht darauf zu, weicht ein wenig an dieser Ecke ab, dann an jener, es kömmt Gasse an Gasse, aber er erreicht sie nicht – ja dort sieht die Spitze wieder hervor, gerade hinter ihm. – Sind ihrer denn unzählige? – – »Nein, mein Guter, aber du gehst in der Irre – siehe hier, wo die endlos große Tafel auf dem Hause ist, ist eine Herberge: da ruhe aus, erquicke dich, siehe von deinem Fenster aus dem Schwalle zu, der ewig unerschöpflich um jene Ecke flutet, und gewöhne dich an ihn – dann morgen früh mit Tagesanbruch geh mit mir, ich führe dich bis zur Spitze deiner geliebten Pappel empor und zeige dir von dort herab die Zauberei dieser Welt.«

So. Die Sonne ist noch nicht aufgegangen. Es werden wenige sein von allen denen, die jetzt noch unter uns schlummern, welche schon den Anblick genossen haben, der unser harret; denn sie können das Bett nicht verlassen oder haben niemand, der ihnen dazu verhelfen könnte, schon so früh heroben auf dieser Spitze sein zu können. Dort gegen

Norden hinaus, wo die leichten weißen Nebel ruhen und ziehen, ist die Donau, und die dunkeln
Streifen, die sich im Nebel zu wälzen und mit ihm
zu ziehen scheinen, sind schöne Auen, durch die
der edle Strom wallet. — Weiter hinaus, das luftige,
im Morgengrau schimmernde Fahlrot, ist das
Marchfeld, und jener blaue Hauch durch den Himmel, der sich eben mit der ersten Milch des Morgens
lichtet, sind die Karpaten und die Berge gegen Ungarn. Sie schweifen wie ein aus Luft gewobenes
Band um den ganzen Osten, der bereits überraschend schnell in ein immer feineres Licht aufblü-
het, und schwimmen dort wie in unermeßlicher
Ferne in die Luft hinaus.. Aber was ist jener Berg
gleich rechts daran mit der zum Erschrecken nahen
weißglänzenden Zeichnung? Er steht eine Tage-
reise weit von hier gegen Südwesten und ist der
Schneeberg, das letzte jener Häupter, die, mit manchem silberweißen Helm und Panzer bedeckt, in
jenem Zuge stehen, der vom Lande Schweiz an
durch das Tirol herausreicht und dann, zwischen
unserm Lande und der Steiermark laufend, hier
mit einemmal ein Ende nimmt. Rechts von ihm
siehst du die blaue Mauer weiter westwärts springen, bis sie dir jene dunklen Rücken decken, die
uns breit und schwer den auch noch dunklen West-
himmel umlagern. Wie sie auch jetzt mit dem wilden Schwarz um den sich hellenden Himmel liegen, so wirst du doch sehen, wenn über ihnen die
Sonne steht, wie sie anmutige Höhen sind, üppige
Laubschöße, in denen die weißen Landhäuser herumgestreut sind, und die Dörfer und die Schlösser,

11

in deren Schatten die tausend verschlungenen Wege laufen, so daß diese Höhen wie ein riesenhafter heitergrüner Park um die große staubende Stadt herumlaufen, ihren West wie ein sanfter Bogen gürtend. Mitten nun auf dieser dunklen Länderscheibe, die du eben mit deinem Auge aus dem Himmel herausgeschnitten, gerade unten zu deinen Füßen liegt die schwarze Stadt, unberührt von der Morgenröte, die bereits über ihr heraufflammt, dieses Bild des gestrigen Treibens, nun unbeweglich ruhig, wie in Todesschlummer gestürzt, gespenstig starr heraufglotzend, als wäre sie tot, von keinem einzigen Laute erschüttert als hier und da von dem grellen Schlag einer geblendeten Nachtigall, die, den stillen Nacht- und Morgenhauch in ihren Gliedern fühlend, mitten im Steinmeere von grünen Zweigen träumt und einen Lieb- und Angstruf tut – – doch horch, das erste Lebenszeichen des schlafenden Ungeheuers gibt sich eben kund. Hörst du das ferne Rasseln durch eine Gasse, als ob Kriegsgeschütze im Galopp führen? Es sind die ersten Fähren, die beginnen, dem ungeheuren Magen seine heutige Nahrung zuzuführen, Fleischerwägen sind es, die durch die Schläfer rasseln und donnern und in ihre Träume reichen, ohne sie wecken zu können; denn sie haben es schon tausendmal gehört. Jetzt ist es wieder stille – feurige Landzungen ragen durch den Himmel und legen ein sanftes Purpurrot auf die grauen Steine um uns, die Rippen dieses Turmes, auf dem wir stehen. – Siehst du, ein graues Schimmern läuft schon hie und da durch Teile der Stadt, die dir immer größer wird und ihre

Glieder gleichsam wie im Morgenschlummer dehnend über Hügel und Täler hinausstreckt – und in dem Schimmer blitzen rote Funken auf wie vortauchende Karfunkel, es sind Fenster, an denen sich die Morgenröte fängt. – Jetzt rasselt es wieder, und an mehreren Stellen; – jetzt fängt sich's auch hier und dort in andern verworrenen Tönen zu regen an, und dort und da erbrauset es sanft wie Atemzüge eines Erwachenden – die Nebel sind von der Donau verschwunden, und sie wird sichtbar wie ein stiller goldner Bach. Einzelne Rauchsäulen heben sich bereits aus der Stadt – das Brausen schwillt – – hui! ein Blitz fliegt an unsern Turm: die Sonne ist herauf!! Die unten aber haben sie noch nicht – jetzt – ganz draußen brennt plötzlich ein Teil der Stadt an; wie es blitzt und von Zeile zu Zeile lodert! Jetzt brennt's auch dort, jetzt dort, jetzt in der ganzen Stadt, ihr Rauch vermehrt sich und wallt wie ein goldner trüber Brodem in die Morgenglut hinein. Ganze Gassen schimmern im Morgenglanze, ganze Fensterreihen belegen sich mit Gold – Turmkreuze und Kuppeln funkeln – von einzelnen Türmen fallen die sanften Klänge der Glocken zum Morgen-Ave. In den Gassen regt sich's; schwarze Punkte werden sichtbar und bewegen sich und schießen durcheinander, sie werden immer mehr, einzelne frische Schalle schlagen herauf, das Rollen, Rasseln und Prasseln wird immer dichter, das verworrene Tönen ergreift alle Stadtteile, als ob sich Gassen und Häuser durcheinander rührten, bis ein einziges dichtes, dumpfes, fortgehendes Brausen unausgesetzt durch die ganze Stadt geht. *Sie ist erwacht.* Indes schwingt sich die Sonne siegend und lächelnd wie ein silbern reines Schild immer höher über das wirre Babel empor.

Und nun, da der Tag alles ins Klare gebracht hat, lasse unsere Blicke durch dies schöne Schauspiel wandern, ehe der Wind sich hebt und der Staub seinen schmutzigen Schleier über ganze Teile der Stadt und jenen schönen Schmelz der Fernsicht legt.

Der Teil gerade zu unsern Füßen ist die eigentliche Stadt. Wir sehen sie wie eine Scheibe um unsern Turm herum liegen, ein Gewimmel und Geschiebe von Dächern, Giebeln, Schornsteinen, Türmen, ein Durcheinanderliegen von Prismen, Würfeln, Pyramiden, Parallelopipeden, Kuppeln, als sei das alles in toller Kristallisation aneinandergeschossen und starre nun da so fort. – In der Tat, von dieser Höhe der Vogelperspektive angesehen, hat selbst für den Eingebornen seine Stadt etwas Fremdes und Abenteuerliches, so daß er sich für den Augenblick nicht zu finden weiß. Wie eine ungeheure Wabe von Bienen liegt sie unten, durchbrochen und gegittert allenthalben, und doch allenthalben zusammenhängend, nur die Gassen nach allen Richtungen sind wie hineingerißne Furchen und die Plätze wie ein Zurückweichen des Gedränges, wo man wieder Luft gewinnt. Senkrecht im Abgrund unter uns liegt der Platz St. Stephans, die Menschen laufen auf dem lichtgrauen Pflaster wie dunkle Ameisen herum, und jene Kutsche gleitet wie eine schwarze Nußschale vorüber, von zwei

14

netten Käferchen gezogen, und immer mehr und mehr werden der Ameisen und immer mehr der gleitenden Nußschalen. Dort, nur durch eine dünne Häuserschicht von uns getrennt, steht die schöne schwarze Kuppel St. Peters, von dieser Höhe erst sichtbar, wie weit sie die Häusermasse überragt – hinter ihr der freundliche Turm der Schottenabtei, links das schlanke Stift St. Michaels, dann die Augustiner, die Kapuziner, und zwischen ihnen allen – (selber eine kleine Stadt) die ehrwürdigen Gebäude der kaiserlichen Hofburg. Dann schwingt sich von Süd gegen Ost herum die Häusermasse des Kärntnerviertels, durchschnitten von dem sanften Bogen der Kärntnerstraße, der menschenwimmelnden – dort ragen die Franziskanertürme, weiter links die der Universität empor, und dort gegen Nordwest – du kleines, bescheidenes Türmchen! St. Ruprecht, ältestes der Stadt – und wieder links davon die zart durchbrochne Spitze von Maria am Gestade – und noch andere und andere Türme, Giebel, Erker und Balkone. – – Aber sieh, auch das Volk dieser Stadt ist erwacht und fängt sein Tagewerk zu betreiben an. Man könnte dessen Charakter weissagen aus der Stunde des Erscheinens auf dem Schauplatze der Beschäftigung – doch eh wir dies tun, wirf noch einen Blick weiter hinaus über die Grenzen der eigentlichen Stadt – siehe dort ist ein seltsamer Garten, in den du gestern gelangtest, als plötzlich die lange Vorstadtgasse abbrach. Wie ein breiter grüner Gürtel läuft er um die Stadt herum, einst Glacis der Festung, nun in der Tat ein anmutiger

Garten, mit grünen Rasenplätzen bedeckt, nach allen Richtungen von Alleen durchschnitten, ein wohltätig Luftreservoir, dahin sich in der Abendkühle gerne und zahlreich die Bevölkerung ergießt, um sich zu ergehen und freier aufzuatmen.

Und jenseits dieses Gartens, in ungeheurem Kreise herumgeschlungen, breit hinausgelagert, liegt erst jene Masse, die dieser Hauptstadt eigentlich ihre Größe gibt, die Masse der Vorstädte, ich glaube, man zählt deren bereits fünfunddreißig – mit größtenteils sehr schönen Fronten stellen sie sich im Kreise gegen das Glacis auf, gleichsam in ihrem Hereinschieben gegen die Stadt hier an einer unsichtbaren Grenze anhaltend und sich anstauend; denn weiter dürfen sie gegen den luftigen, gesundheitbringenden Garten des Glacis nicht vordringen: aber dafür machen sie sich draußen breit und fressen immer weiter und weiter den Raum hinweg; denn siehst du, obwohl sie dort gegen Südwest über einen Hügel steigen, dann sanft ins Tal sinken, dort breit auseinanderfließen bis ans Gestade des Donauarmes, ja denselben überschreiten, das jenseitige Inselgestade dicht überfüllend, dann wieder steigen und wieder sinken ans Ufer des Flusses Wien und dann schnell jenen ersten Hügel anklimmen – obwohl sie an manchen Stellen fast unübersehlich breit hinausgehen, bis sie sich allmählich mit mehr und mehr Gärten mischen, die weißen Punkte der Häuser einzelner auseinanderstreuend, und endlich an das grüne Gefilde stoßen, das wohl die Grenze der Stadt, nicht aber der Häuser ist; denn weit und breit in dasselbe herumgestreut liegen die Landhäuser, winzige weiße Punkte, herüberleuchtend wie ferne Segel in einem duftigen, grünblau dämmernden Meere – obwohl schon unzählige der einstigen Dörfer um Wien von den Vorstädten verschlungen sind und jetzt als Städte noch meistens ihren einstigen Dorfnamen führen: so ist des Wachsens und des Bauens noch immer kein Ende; denn siehe dort hinaus gen Süden, wo der schöne, sanft dunkelgrüne Rücken des Wienerberges hinüberziehet, da siehst du auf seiner Höhe eine kleine Säule, die Spinnerin am Kreuz genannt. – Dort herein, gerade auf uns zu führt eine mächtige Straße, sie kömmt von unserm Hafen Triest und knüpft uns an den ganzen Süden. – Nimm nun das Fernrohr hier und suche die Straße; dort, wo jene ferne schwache Staubwolke aufgeht, muß sie sein – – nun, was siehst du? Einen langen Zug, Wagen an Wagen, langsam fahrend, alle gegen die Stadt – an ihnen vorüberjagend hinein und hinaus die vielerlei leichten Wagen und Reiter, und zwischen ihnen wandelnd die Fußgänger und Wanderer und Herden von kleinem Vieh und Wagen, die weder zu jenen ganz schweren noch zu diesen leichten gehören. Jene schweren Wagen, die du siehst, bringen vielnamige Waren in die Stadt, aber ein großer Teil derselben, die du mit einem dunkelroten Stoffe beladen siehst, kömmt von jener Gegend, aus der du hinter dem Berge einzelne Rauchsäulen aufsteigen siehest, und bringt unabläßlich und unermüdlich jenes Materiale, woraus sich dieses riesige Häusergewimmel nach und nach erbaut hat: *die Ziegel* – und im Wienerberge liegen

17

noch und harren unmeßbare Schichten von Ton, daß man noch ein Wien und noch eins und weiß Gott wie viele aneinander fortbauen könnte, bis der Berg erschöpft und eben, aber auch von der Stadt verschlungen wäre! Und sieht man so zu, wie sie sich sputen und treiben und wirken, so sollte man meinen, sie hätten auch nichts anders im Sinne.

Und da du das Rohr einmal in Händen hast, so gehe nun damit etwas links – siehst du am Rande der Stadt jenes palastähnliche Gebäude? Es ist eine Wagenremise, aber von großen mächtigen Wagen, deren gleich immer eine ganze Reihe aneinandergehängt daraus hervorfährt, von furchtbaren unbändigen Rossen gezogen; ihr Schnauben ist erschütternd, und der Dampf ihrer Nüstern geht als hohe dunkle Säule durch den Himmel; sie zermalmen jeden Widerstand, und ihrem Laufe vergleicht sich nur der Flug des Vogels, und dennoch nur *ein* Mensch, ein kleiner Mensch, du würdest ihn mit deinem Rohre kaum sehen, mit einem sanften Druck seiner Hand bändigt er die Rosse, daß sie dastehen, still und fromm wie zitternde Lämmer. Ei – dort fährt er ja – siehe die dunkle Linie schiebt sich durch die Saaten hin – sieh zu, eh sie dir enteilt. Schon steht ihre erste Rauchwolke weit hinter ihr am Himmel, aber auch ihre zweite und ihre dritte – jetzt deckt sie jener Abhang, jetzt ist sie wieder sichtbar, deutlich hinausschwebend – – jetzt ist sie verschwunden, und nur der Rauch zerstreut sich langsam am Himmel.

Wie das majestätisch ist! Und der Mensch, das

körperlich ohnmächtige Ding, hat das alles zusammengebracht; die furchtbar gewaltige Naturkraft, blind und entsetzlich, hat er wie ein Spielwerk vor seinen Wagenpalast gespannt und lenkt sie mit dem Drucke seines Fingers – und so wird er auch noch andere, noch innigere, noch grauenhaftere seinem Dienste unterwerfen und allmächtig werden in seinem Hause, der Erde. Die Welt wird immer schöner und großartiger – fast ist es betrübend, sterben zu müssen!

Hast du hier den Menschen in seiner *Stärke* gesehen – gehe nun mit dem Rohre einen Fingerbreit links, und du siehest ihn in seiner *Schönheit.* Ein alter, vornehm belasteter Palast steht am obern Ende eines Gartens: es ist das Schloß zu Belvedere. – Ein kleiner schwacher Mann ruhte einst dort aus von seinen Taten, die die Frucht eines eisernen Willens waren, der in dem kleinen schwachen Manne wohnte, und die in ihrer Gewalt durch Europa klangen und wie einen Halm die Säulen brachen, auf denen der gefürchtete fanatische Halbmond stand. – Jetzt ist es still in den Hallen des Schlosses; denn der kleine schwache Mann ist längst begraben, und obwohl an Hunderte von Helden in dem Schlosse sind, obwohl ein Kranz der schönsten Frauen dort weilet, und Rinder und Rosse, Hirsche und Reiter und Wälder und Felsen, Gärten und Blumen und aller Tiere eine unzählige Menge: so ist es doch dort totenstille; denn als *Bilder,* als schöne ehrwürdige Blüten der Menschenseele hängen sie dort, dicht Wand an Wand bedeckend, als Denkmal der Größe, der Tiefe, der Liebe, der Innigkeit des

menschlichen Herzens. Es ist eine würdige Nach-
kommenschaft des Helden, der einst hier gewan-
delt.*

Weiter vorn ist der Sommerpalast des Fürsten
von Schwarzenberg und rechts davon die gewaltige
Kuppel der Kirche des heiligen Karolus mit ihren
zwei schlanken, fast orientalischen Säulen; gleich
daneben das symmetrische Gebäude mit dem schönen Blechdache ist die polytechnische Schule, und
von da weiter links, schönen, fast palaisähnlichen
Privatgebäuden vorüber, trifft dein Auge auf ein
Haus von großem Ansehen und Umfange – es ist
ein seltsam Haus; man macht darinnen ein Ding,
das an sich von geringem, man möchte sagen, von
gar keinem Gebrauche ist – aber durch Konvention
schlummert in dem Dinge der Inbegriff aller andern, und es wird täglich erstrebt, heiß erstrebt
von Millionen Händen und täglich weggeworfen
von Millionen Händen; *das Geld*, ein Ding, erst
harmlos erdacht zur Bequemlichkeit der Menschen, ein hohler unbedeutender Vertreter der
wahren Güter, um sie, die großen, plumpen, unbe-
quemen, nicht allerorts mitführen zu dürfen – dann
sachte wachsend in mählicher Bedeutung, unsäg-
lichen Nutzen gewährend, Dinge und Völker mi-
schend in steigendem Verkehr, der feinste Nerven-
geist der Volksverbindungen – endlich ein Dämon,
seine Farbe wechselnd, statt Bild der Dinge selbst
Ding werdend, ja *einzig* Ding, das all die andern
verschlang – ein blendend Gespenst, dem wir, als
wäre es Glück, nachjagen – ein rätselhafter Ab-

* Prinz Eugen

grund, aus dem alle Genüsse der Welt emportauchen und in den wir dafür das höchste Gut dieser Erde hineingeworfen haben, die *Bruderliebe;* denn sein leichter Verkehr (ein Herzogtum kann man in einer Tasche tragen) reizt zur Anhäufung, sein Allwert lockt zum Erwerb, dieser, der saure, zum Genuß als Lohn; und dieser als Afterglück reizt zur Steigerung, weil keiner dem lechzenden Herzen hält, was er versprach, und so geht es fort; wieder Erwerb, wieder Genuß, immer steigend, immerzu – größerer Gewinn, größrer Genuß, und der da stürzt in der hastigen Jagd, hat dann Neid und Groll gegen die andern, weil er wähnt, er sei arm. – Und so in toller Verkehrtheit des Begriffes »Glück« jagen Völker, jagt fast die Menschheit in zitternder Hast nach der Wechselmarter: *Erwerben und Verzehren,* indes ihm sein einzig Glück aus den Händen fällt: hold und selig zu spielen im Sonnenschein der Güte Gottes wie der Vogel in den Lüften: selig und arm – – nein, nicht arm; denn zum Bedürfnis ist eine Überfülle da, und reich und glücklich macht die Liebe und die Fröhlichkeit der tausend um uns herum Mitspielenden. – – Aber es *muß* wohl so sein, so gewiß, als es einst anders werden wird; in dem riesenhaft angelegten Erziehungsplane des unbegreiflich rätselhaften Geschlechtes, *Mensch* genannt, wird es wohl liegen, daß er auch *diese* Erfahrung mache und von ihr zu andern und wieder andern sich rette, bis die kurzen Jahrtausende seiner Kindheit vorübergegangen sind und der Jüngling sich sacht des sanften Gutes in sich bewußt wird, das ihn zu stillerer

Menschheit weiterführen wird, seiner moralischen Freiheit. – Und somit rolle das Geld seinem Zwecke und seiner Bestimmung entgegen.

Gleich links von dem Münzhause, bloß durch jenen blauen Wasserfaden getrennt (es ist der Neustädter Kanal), liegt ein anderes Gebäude, wo man auch ein Ding aus Metall macht, das beinahe so nützlich ist wie das Geld, und fast nicht so schädlich, nämlich die Kanonen, die Zähne, die wir dem Fremden weisen, wenn ihn nach unserm Gute gelüstet – sie sind nur ein interimistisch Gut und taugen nur so lange, bis einmal die gesamte Menschheit vernünftig wird. Dann hat bloß hie und da das Söhnlein eines Vornehmen ein solch Ding zum Vergnügen, das man ihn losschießen lehret des wundersam starken Schalles wegen. Bis aber jene Zeit kömmt, sind noch immer solche Häuser nötig, wo man sie macht, aber auch solche, wie du wieder weiter links eines siehest, ein großes schönes Haus wie der Palast eines großen Fürsten. Es steht dort gerade an jener Straße, wo du so sehr aus- und einfahren siehest, und ist geschnitten von mächtig großen Pappeln, die in einer Allee dahinführen. – Wenn du das Rohr auf sein Mittelschild richtest, so kannst du die Aufschrift lesen »Patria laeso militi«, zu deutsch »Das Vaterland dem beschädigten Krieger«. Es ist das Invalidenhaus, und zwar, wie gesagt, nur so lange tauglich, als man auch das Kanonenhaus braucht, aber es lebt noch keiner, der es wüßte, wann jene Zeit kommen wird, da beide nicht mehr nötig sind. Die Straße, die an dem Gebäude vorüberführt und deren Lauf du auch außer der Stadt dort in dem gelben Felde an dem leichten Staubstreifen, der sich hinauszieht, verfolgen kannst, ist die nach Ungarn und in den Orient, Tag und Nacht befahren von den kleinen Rossen des Ungarlandes, deren oft fast eine Herde vor einem Wagen läuft, gelenkt und ermuntert von jenem malerischen Menschenschlage mit den weiten weißen Beinkleidern und dem breiten Hute, der ein verbranntes, höchst ausdrucksvolles Gesicht beschattet. Es sind noch unverkennbar die Nachkommen der Söhne der Steppe. Aber auch noch eine andere Straße haben wir nach dem Orient, eine noch ergiebigere, ob es gleich auf ihr nicht so wimmelt wie auf dieser und gar kein einzig Stäubchen ist. – Wie einen breiten schimmernden Silberbach siehest du sie dort hinausgehen durch jenen dunkelgrünen Laubwald. Es ist unser schöner Strom, die Donau, und der Laubwald ist der Prater, der Garten von Wien. Große schimmernde Häuser gehen auf dieser silbernen Straße abwärts, Menschen und Waren aller Art nach Osten führend, darunter auch jene zierlichen schlanken Fähren, die Geburt unserer Zeit, die Dampfschiffe, *abwärts* fliegend wie die Wasserschwalbe, *aufwärts* ruhig wandelnd wie ein Schwan, mit der Gewalt seiner Ruder die Macht der Welle überwindend. Sieh, es wallet dort am Eingange des Waldes die mächtig große weiß und rote Fahne, ein Zeichen, daß noch heute eines jener Feuerschiffe abgehen wird. – Ei dort steht ja der schwarze Punkt am Ufer, siehst du, draußen auf dem breiteren Wasserbande rechts, wo jene Mühlen sind, das ist das Schiff. Wieviel Freude, wie-

23

viel Tränen wird der schwarze Punkt heute noch sehen.

Nun geh noch weiter links, stromaufwärts, da sind zwei dunkle Linien über dem Strom, fast parallel, sie sind die zwei Brücken, die nordwärts führen, die eine links, uralt, für Wagen und Wanderer nach dem Norden, die andere rechts, neu und bloß für die Wagenzüge der Eisenbahn. Am Eingange des Praters siehst du auch den Bahnhof. Besieh dir auch rechts ab von den Brücken jenseits des Stromes jene gelbliche fahle Fläche, wogend von Getreide und schier unermeßlich hinausgehend bis zum Horizonte, der in matter Farbe an dem Himmel verschwimmt – mit dem Segen Gottes ist das Feld überdeckt, Nahrung und Heil für die Hauptstadt, aber auch einstens einmal Glück, einmal Unglück bringend; es ist das Feld von *Aspern und von Wagram*. Man hat vor nicht langer Zeit dort einmal eiserne Körner gesäet, und wer weiß, ob nicht die Millionen goldner, die eben dort der Ernte entgegenreifen, eine Frucht dieser eisernen sind; denn dort haben die Völker gelernt, daß einer besiegt werden konnte, der bis dahin schier unbesieglich schien. Da man jene Körner säete mit vielen tausend Arbeitern, da war diese Stelle, auf der wir stehen, gedrängt von Menschenangesichtern, und jede andere Stelle unter uns, wo nur der Turm immer eine Lücke gegen jene Seite zeigte, wenn nur so groß wie ein Menschenauge: da war auch ein solches Auge, und alle die Antlitze und alle die Augen waren gerichtet nach der *einen* Stelle, nach dem Saatfelde – und manches Auge dort wird

24

ahnungsvoll *hieher* geblickt haben nach der luftigen befreundeten Pappel seiner Stadt, und in manchem brechenden wird diese Spitze noch wie ein Phantom gezittert haben. Der Tag ging vorüber, die Kämpfer gingen vorüber, und die Natur hüllte schamhaft einen Blumenteppich auf diese Stelle.

Wenn du nun noch weiter links gehst, so streift dein Blick über die Inselstadt, die unser Strom vor wenig Jahren so arg heimgesucht hat. Wieder auch dieser Turm war der Ort, von wo aus tausend Blicke auf jene Stätte schauten, wie Häuser und Eis ruhig zum Himmel emporstarrte[n], und wo sie angstvoll harrten, ob die aus Schollen gebaute Stadt über die andere emporwachsen werde, ob nicht – und draußen lag es gegossen weithin, wie ein silberner Spiegel blitzend, die Dörfer und Häuser hineingelegt wie ein schwarzer Punkt; der graue Märzhimmel, wie eine ruhige matte Kuppel, sah unbeweglich nieder, und wo die Sonne das Grau durchdringen konnte, da legte sie flimmernde Mosaik und prachtvoll glitzernde Bilder auf den furchtbaren Spiegel. Die Wasser rannen wieder ab, und manches Leben mit – aber die Inselstadt steht wieder heiter und glänzend da, und die Flut von Leben, die hier wogt, schloß sich über jene verlorne, wie die Luft an jener Stelle wieder zusammenfließt, wo man sie verwundet hat.

Willst du nun wieder zur Stelle gelangen, von der wir unsere Rundschau begonnen haben, so schreite von der Inselstadt links, dann über den kleinen gewundenen Strom (eine zu uns hereingesendete

25

Ader der Donau), durch eine Masse von Vorstädten, die gerade dort, wo das Glacis wegen kriegerischer Evolutionen und Festlichkeiten ohne Baumpflanzung gelassen ist, eine imponierende, schimmernd weiße Linie ziehen, darunter jenes neue Haus, das sich so kolossal und fast ägyptisch ernst und schwer dem Sandplatze entlangzieht – es ist das neue Kriminalgebäude. – Wenn einst jene vernünftige Zeit erscheint, wo man keine Kanonen mehr nötig haben wird, da wird auch dieses Haus unbrauchbar werden, und vielleicht erschallen dann Freudengesänge in den Zellen, wo jetzt die Reue und Verzweiflung brütet – oder vielleicht ist das feste Haus längst in Staub zerfallen, und etwas anderes steht wieder an seiner Stelle, ehe jene Zeit gekommen.

So wie dies Haus vor innerem Unheil wahret, so wahrt das andere rechts gegenüber vor äußerem. Es ist die erste große Alserkaserne, ein regsamer Bienenstock von Krieger- und Waffengewimmel.

Nun gehe noch jenen Schutt von Häusern durch, der links sich über die Höhe lagert, ein Gewirr vielnamiger Vorstädte: Josephstadt, Altlerchenfeld, Neubau, St. Ulrich, Maria-Hülf, Leimgrube usw. ... So, und nun siehst du wieder den sanftgrünen Rükken mit der kleinen Säule, den Wienerberg, und unsere Rundschau ist vollendet.

Siehe, die Sonne ist unterdes heraufgestiegen und gießt ihren Schimmer weithin und blendend über all den Schmelz und die Abenteuerlichkeit und Mannigfaltigkeit der ungeheuren Stadt. – Den Schauplatz haben wir durchgangen ... und nun, welch ein Volk wohnt und treibt in diesen tausend Mauern?!

Obwohl die Sonne dem Landmanne draußen und uns hier oben längstens aufgegangen ist, obwohl wir schon mit dem Auge die ganze Stadt durchwandelt haben, so bricht doch für diese unten erst der Morgen an, und ihre Regsamkeit beginnt. – Es ist ein tausendgestaltig, ein seltsam Volk, durcheinandergewürfelt mit allen Vortrefflichkeiten und Tugenden, und mit allen Leidenschaften und Lastern, und wenn du sagen gehört, wie Frohsinn und Herzensgüte sowie Scherz und Schalkheit der eigentliche Grundzug dieses Volkes sei, und obwohl es wahr ist, was man dir sagte: so hoffe doch nicht, daß du dieses am ersten oder zweiten oder zehnten oder hunderten Tag herauskostest. – Diese Stadt muß wie ein kostbares Nachessen, langsam, Stückchen für Stückchen mit Prüfung ausgekostet werden, ja du mußt selbst ein solches Stückchen geworden sein, ehe der ganze Reichtum ihres Inhaltes und die Reize ihrer Umgebungen dein Eigentum geworden sind. Nur der langsamen und anhaltenden Beobachtung gibt sie sich hin, aber dann tief und innig und nachhaltend. Darum geht mancher von hier fort und trägt nichts mit als ein Getümmel in seinem Kopfe. Erst lerne jede Öde überwinden, die dich fassen wird, wenn du täglich aus deiner Wohnung gehst und täglich andere Menschen auf der Gasse siehest; wenn du an Orten der Freude bist und alles um dich braust und jubelt, ohne sich um dich zu kümmern, daß es dir fast gespenstisch einsam wird – harre nur, gehe immer aus, sei immer hier, werde gemach einer aus ihnen, und siehe, in geheimer Sympathie wirst du *alle* auf der Gasse erkennen, ja so erkennen, daß du den Fremden sogleich herausfindest. Sie werden überall mit dir reden, sie werden dich einladen, sie werden dir Freude zuteilen; denn du bist jetzt einer der Ihren, sie erkennen dich und geben sich dir – – und wie du auch jetzt befremdet auf diese Häuser hinabsiehst, wer weiß, ob nicht in einem derselben noch im süßesten Morgenschlummer die zwei Augen zugedeckt sind, in deren Himmel du rettungslos versinken wirst, daß du dann die Stadt ein Paradies heißest, die dich jetzt noch mit so widerstrebenden Elementen anfaßt; – und hüte dich nur, man trägt hier wunderschöne Augen, und von der Herzensliebenswürdigkeit der Wiener haben die Frauen einen mächtig großen Teil empfangen.

Nun geht das Treiben an, sieh, wie auf dem Platze unten der Menschen immer mehr werden; die Fiaker fahren an und stellen sich auf, die großen eisernen Riegel vor den Gewölben lüften sich, und der Reichtum der Auslagen beginnt sich zu entfalten, ein blendend Verführungsmittel für das schöne und schönheitsliebende Geschlecht. Und wie sie alle laufen und durcheinanderwimmeln, als fürchteten sie, sämtlich zu spät zu kommen. Da fahren die Wagen und bringen in tausend kleinern Gefäßen das Weltmeer »Milch«, das heute verzehrt werden soll – Stand an Stand drängt sich auf dem Markte, mit Lebensmitteln belastet. Eine Million Tiere ist heute nachts gestorben, daß alle diese unten zu essen haben: ein Wald von Pflanzen wurde abgemähet und hereingebracht – da gehen die Mägde mit ihren reinlichen Einkaufskörbchen und tauchen hinein in das wogende Gesurre – – siehe auch schon eine Karosse, die über den Platz rollt – und all die Geschäftsleute erscheinen, und die Beamten, die in ihre Bureau gehen – – und es mehrt sich Rauch und Staub über der Stadt; der Wagen und Kutschen werden immer mehr, so daß ein unausgesetztes Donnern gedämpft heraufschlägt zu unserer luftigen Einsamkeit – – siehe, wie lieblich! der Morgenhimmel sammelt nach und nach seine Vormittagswolken, und die Sonne legt deshalb auf die ausgebreitete Stadt hier Schattenbilder, dort Lichtblicke, daß sie unten liegt wie der Schmelz einer schönen Gold- und Silberstickerei – und ihre Größe kannst du daraus abnehmen, wie dort draußen die Ringe der Vorstädte in einem schwachen blauen Dufte schwimmen, während die nahen Teile der Stadt mit der Klarheit eines Camera–obscura–Bildes heraufsehen. Nun erblickt man auch schon die Wagen des Adels und reicher Privaten über das glatte Kirchenpflaster unseres Platzes rollen, am Trottoir des Hauses zieht sich ein ununterbrochener schwarzer Strom von Menschen hin wie wimmelnde Insekten – Trommelschlag – dort um die Ecke rücken Grenadiere: schön und gleich, wie eine wandelnde Mauer schiebt sich's auf den lichten Platz heraus, vor derselben weicht und hinter ihr schließt sich das schwarze Gedränge – die Fenster öffnen sich, und schöne neugierige Augen schauen heraus; oder die gestickte Mütze und der

29

rote Schlafrock eines Müßiggängers oder Spätlings, für den es jetzt erst frühmorgens ist: die Musik und die Krieger ziehen vorüber, und eine neugierige Schar, teils Männer, teils Knaben, ziehen ihnen im Taktschritte nach.

Endlich öffnen sich auch die Fenster jenes schönen Hauses, und die Vorhänge fliegen hinauf. Wer mag dort wohnen? Ganz gewiß jemand, bei dem Mitternacht erst Abend ist und später Vormittag Morgen. So, nun sind sie alle erwacht, und der Tag ist da – – nein! Einer oder der andere vielleicht schlummert noch; siehe, dieser wallende, brodelnde Kessel: er treibt und quirlt, als sei das so obenhin und gehe nach irgendeinem geheimen unabänderlichen Gesetze fort: Aber da sind einige in dieser Stadt, du würdest sie auf der Gasse nicht von den andern kennen, diese sitzen an dem schweren Arbeitstische; ihnen ist von noch einem Höheren die Formel dieses Treibens und Lebens anvertraut, daß sie sich historisch schön und glückselig entwickle und nicht jetzt und jetzt in Wirrsal überschlage. – Alle fühlen die Wohltat ungehemmten Ganges, aber keiner den Zauber, durch den es geschieht – nur wenn er, sei es auch leise, gehemmt wird, dann meint er, es gehe alles gefehlt und er könnte es besser machen. Laß sie, es ist so die Art des menschlichen Geschlechtes! Mancher nun von denen, auf die ich oben deutete, mag wohl noch zur Zeit, als wir heraufstiegen, bei der Lampe gesessen und der Formel nachgesonnen haben, und als da unten das Leben, für dessen Wohl er sorgt, erwachte, löschte er die Lampe aus und suchte kurzen

Schlummer — oder auch *er* suchte ihn nicht, sondern wandelt jetzt unter den Wachenden wie einer aus ihnen und läßt sich von seinen Untergebenen berichten, was sie meinen und was not tut. Ist dir dieses Treiben noch nichtig? Wächst dir nicht eine furchtbare ernste Bedeutung aus dem Gewirre dieses Häusermeers empor? Ein Stück und manchmal schon bedeutende Stücke der Weltgeschichte wurden hier geprägt und werden noch gepräget werden.

Aber lasse selbst Weltgeschichte Weltgeschichte sein, und denke und male dir nur recht deutlich die Geschichte eines einzigen Tages, einer einzigen Nacht, wie sie hier etwa sein mag. Es ist kein Glück auf dieser Erde, es sei so intensiv und innig, daß es nur eben noch ein Menschenherz ertragen kann: heute nacht war es in diesen Mauern. Der verzagende Jüngling — es waren zwei Lippen, so unerreichbar wie die Sterne des Orion — heute streiften sie zum ersten Male über die seinen, und da saß er auf seiner Stube und hielt sich mit beiden Händen die Augen zu, daß er's festhalte, ja daß er's nur begreife, das Glück, und daß es ihm beim Licht des Tages nicht entschwinde. — Das Kind entschlief im Arme einer neuen, fast fabelhaft schönen Puppe. — Eine Jungfrau lag vor dem Bilde der Gebenedeiten und flehte, daß jeder Tag so schön sei wie heute; denn sie war mit dem Längstgeliebten eingesegnet worden. — Einer hat das Große Los gezogen — einer in den Armen der schönsten Frau gezittert — tausend Lippen mögen sich geküßt, tausend Arme ineinandergeschlungen haben. — Dem Dichter er-

31

schien in der trunkenen Sommernacht sein Ideal zum erstenmal sichtbarlich, und der Astronom zählte die Sterne. – Eine Mutter besuchte mit der Lampe nach Mitternacht ihre rosenroten, schlummernden Engel. – Geizhälse zählten das Geld – Träume zuckten durch tausend Herzen. – Wüstlinge feierten eine Orgie – der Spieler trug das ganze Vermögen von zwei andern nach Hause – und was da ruhte im sorgenfreien Schlummer, über das wurde feenhaft der goldgestickte Traumteppich gewoben, daß sie sanken und schwebten in einem Meere der Wunder. Aber auch, es gibt keinen Jammer und kein Unglück, es sei wie greulich immer: heute war es auch in dieser Stadt. – Der Tod ging in hundert Häuser und zerdrückte überall ein Herz. – Ein blasser Mann lud eine Pistole, im Zimmer neben ihm schläft sein Weib und Kind, morgen ist Kassenuntersuchung, und dann Festung, wenn er nicht früher – – – er wischt die Stirne, es ist ihm fast märchenhaft ferne, wie er auch einmal unten gegangen wie eben die Nachtwandelnden und unschuldig war wie sie. – Tausend Kranke zählten die ewig zögernden Schläge unserer Turmuhr, und die Wächterin schlief neben ihnen. – Jenes Mädchen zerdrückt vor Schmerz das Glas von dem Brustbilde des schönen falschen Mannes, daß ihr das Blut von den Händen rinnt. – Eine andere öffnet unter tausend angstvollen Herzschlägen dem Verführer ihre Zimmertüre. – Verschmähte Liebe klagt im Liede ihr Leid in die Nacht hinaus, und eine Wachtel daneben schlägt leichtsinnig herunter. – Auf sorgenvoller Armut liegt der Schlummer

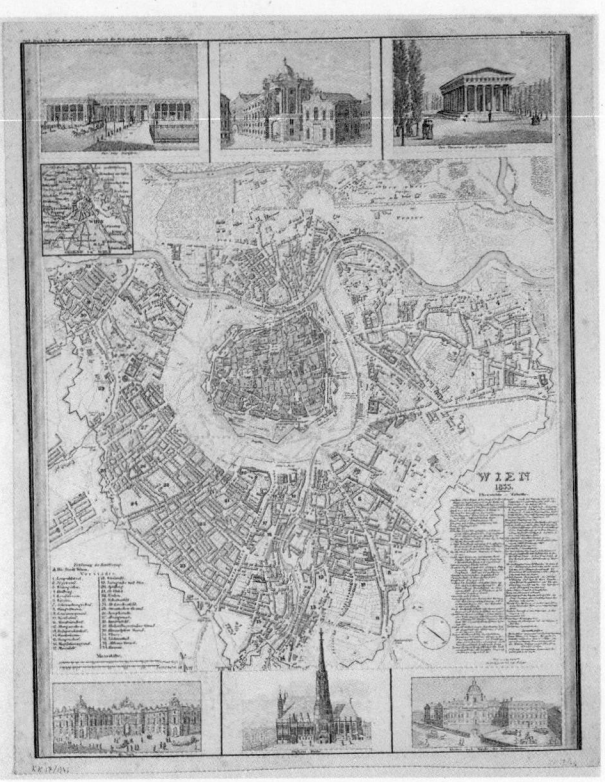

Wien 1833. Gezeichnet von Ltn. Renner.
In Stahl gestochen von J. Zipter

wie Blei, und die Lusttöne heimkehrender Schlemmer klingen in ihn hinein. — Das Laster martert seinen Verehrer, und durch Höhlen und Säle schreitet der Vorwurf und webt ein Stachelhemd um das Herz des Schlummernden — die Träume legen heiße Steinhüllen darüber, indessen oben die Sterne ruhig glitzern, das Rollen der Wagen einzelner wird und endlich, so wie die Reden und Fußtritte später Heimkehrender, gänzlich schweigt. Diese Zeit ist um zwei Uhr nachts herum —— dann gemach lichtet sich der Himmel, und bald beginnt jenes Rasseln der Nahrungswagen, indes der Tag heraufkömmt und die Sonne, so mild und unschuldig über der Stadt aufgehend wie über einen grünen Grasteppich, in dem die Tierchen spielten oder schlummerten und nun freudig an ihr Tagewerk gehen werden.

Welch eine Fülle, unermeßlich reich an Freude und an Schauer, liegt nicht in der Geschichte einer einzigen Nacht einer solchen Stadt — und unten treibt sich alles harmlos fröhlich und *ist* harmlos fröhlich; denn der einzelne Unglückliche wird nicht gesehen in dieser Menge, oder er macht ein Gesicht, so heiter wie sie, weil er stolz oder starrköpfig ist.

Sie alle, die du unten so winzig wandeln siehst, sie reden, grüßen sich, es schallt das Pflaster unter ihrem Fußtritte, aber wir hören es nicht, es ist stumm unter dem allgemeinen Brausen, wie wenn die dunkle Herde der Grundeln in der Tiefe des Wassers, das ober ihnen wallt, ein und aus durch Gassen und Tore ihrer großen feuchten steinernen Stadt schlüpfet.

Was treibt und bewegt nun alle, daß sie eben so rastlos strömen und dringen und eilen, als würden bunte Schnüre durch die Gassen gezogen?

Was?! Es ist kein Interesse, so hoch und niedrig es in der Menschheit sei, das da nicht wirkt, um jenen treibenden, kreisenden Wirbel zu erzeugen – da ist die breite, mächtige, schmähliche Basis der Menschheit, die Habsucht, mit ihrer Stiefschwester, der Verschwendung – ihre Opfer siehest du zu Tausenden unten gestachelt rennen, daß sie es einem andern zuvortun und ihm Weg und Zeit abgewinnen, daß es einkehre in ihr Haus, auf daß es wieder glänzend hinausgehen könne – der eine trägt schon den Gewinn in der Tasche und hastet weiter; der andere trägt ein furchtbar pochend Herz; denn *alles* kann heute noch verloren sein – und Erwerben, Erraffen, Erlisten den ganzen Tag so fort und fort, und morgen wieder von neuem begonnen. – Dann ist der Hunger, er treibt zu den Tausenden der abenteuerlichsten Leistungen und Arbeiten, daß er nur verscheucht werde, der bleiche und schmutzige Geselle – da geht die Grisette und läßt Wimpel und Flagge wallen, daß sie nur die Gier anlocke, die in müßiger Weile herumlauert, um sich zu sättigen und zu ekeln – da geht der Gewerbsmann aus der fernen Vorstadt und trägt die fertige Arbeit den Kunden zu – der Müßiggänger treibt sich – der Eitle hat die schönsten Kleider an und zeigt sie – ihm vorüber, nachlässig gehalten, geht der Dichter und trägt ein Himmelreich durch das Getose – und der Liebende hat eben die zwei Augen leuchten gesehen – die Zöglinge wer-

den von dem Lehrer in die Luft geführt – der
Künstler trägt seine Herzensträume, die Himmels-
melodien, die Farbenwunder in seinem Kopfe mit,
an den vergebens die Wellen des äußeren Brausens
schlagen – ein unglücklich jammernd Frauenherz
sucht den kühlen dunklen Dom unter uns, daß es
sich in Andacht ergieße, und der Architekt steht
neben ihr und bewundert die Dichtung, die sie hier
mit Stein und Mörtel aufgebaut haben – und Tausende strömen noch rechts und links, die all das
nicht tun, sondern ein und derselben obwohl viel-
gestaltigen Göttin nachjagen, der Freude – – Indes
geht der glänzende Tag gemach herauf, so freundlich oder so gleichgültig wie über eine prachtvolle
Wildnis – sein leuchtendes Blau wird beschmutzt
von den quellenden Rauchsäulen. – Indes die außen treiben, geht es aber im Innern der Häuser
nicht minder lebhaft zu. Es wird gekauft und verkauft, gehämmert und geschnitten, gearbeitet und
gefördert; viele tausend Zeilen werden geschrieben, viele tausend gedruckt, musiziert und gespielt, und an die tausend Hände sind beschäftiget,
in millionenfacher Gestalt das zu bereiten, was
heute verzehrt werden soll; denn wenn der Hammer der Uhr unter uns die Stunde zwölf schlägt,
von da an ist jede Stunde eine Eßstunde, und dem
letzten Mittagmahle im Palaste reicht das erste
Abendessen in einer Kammer die Hand, wenn es
nicht etwa noch früher kömmt als jenes. Und dann
ruhen die Geschäfte, und die Welt des Vergnügens
beginnet. – Siehest du draußen auf dem Bergesab-
hang die weißen Punkte im Grünen leuchten? Das

sind ihre Landhäuser, das sind die Orte ihrer Lustfahrten, dahin gehen Wagen aller Art und bringen
in das Grüne: – dort wogt die Stadt hinaus, daß du
meinst, alle seien an den einen Ort gefahren, und
wenn du an den andern kömmst, so sind auch alle
dort, und wenn du in die Stadt wanderst, so geht
keiner ab. Tag und Nacht wird gesonnen, tausend
Hände sind in Bewegung, daß neue Altäre erson-
nen, neue Altäre gebaut werden der tausendäugi-
gen Göttin *Vergnügen*, und überall wird es ausgebreitet, und überall wird es in den Weg gelegt,
ausgeschmückt, mit großen Zetteln an die Mauern
geklebt, was heute noch zu haben ist, daß man sich
daran ergötze – und da sind alle Sorten von den
Späßen des Hanswurstes im Prater an bis zu dem
sublimsten Genusse der Kunst, und jeder sucht
sich, was ihm und dem heutigen Tage zusteht – indes geht Glück und Unglück dieses Tages gelassen
seines Weges und beseligt hier ein Herz und drückt
dort eins entzwei – aber die Menge weiß das eine
nicht und nicht das andere. – Dort klingt Musik
und Freude, dort geht die Schar der Spazierenden,
hier ein angehender Selbstmörder, dort ein Jüngling, eben aus der Einsamkeit des Landes gekommen, dem sein Herz in diesem Gewirre vor Heimweh zerspringen möchte – und lustige Reiter jagen
vorüber und lachen sich zu – indes entzündet sich
sachte die Abendröte und flammet von jenen Bergen herüber dem weiten Lande seinen Abschieds-
gruß zu, und auch dem kleinen Pünktchen Wien.
Und wenn die Oper ausgeklungen und die Vorhänge der Theater gefallen und die Wagen heimrol-

len, die Zecher die Schenken verlassen, so zünden sich die Sterne an und sehen nieder, und eine Nacht folgt wie die gestrige und ein Tag wie der heutige — — und so schieben sie sich fort, einer gleich dem andern, und jeder so verschieden von dem andern, und so bauen sie im eigenen Treiben und Rollen freitätig und doch bewußtlos jenes rätselhafte Ding auf, das Schicksal, vor dem Reiche entstehen und vergehen, ohne es berechnen zu können, und das wir doch selber durch langsamen tausendfältigen Beitrag an Tugenden und Lastern aufgerichtet haben.

Die Glocke unter uns verkündet Mittag, und von den hundert Türmen der Stadt hallt es nach — so lasse uns denn wieder hinabsteigen. Tauche denn nun getrost in dieses Treiben, und es wird an dir sein, dir Glück oder Unglück darinnen zu suchen; beides ist in Menge da zu haben.

Nimm die Menschen und Bilder, wie sie kommen. Jetzt ein kleines unbedeutendes Wesen, jetzt ein tiefer Mann voll Bedeutung; jetzt Scherz, jetzt Ernst, jetzt ein Einzelbild, jetzt Gruppen und Massen — und alles dies zusammen malet dir dann zuletzt Geist und Bedeutung dieser Stadt in allem, was in ihr liegt, sei es Größe und Würde, sei es Lächerlichkeit und Torheit, sei es Güte und Fröhlichkeit. So, nun steige hinab, und trete an das nächstbeste Individuum, und beachte es, und studiere es, und werde gemach auch einer aus diesen allen, welche in Wien leben — und leben und sterben wollen nur in Wien.

Ein Gang durch die Katakomben

*W*ir sind so gewohnt worden, unsere Voreltern als gute dumme Hanse zu betrachten, daß, wenn von was immer für geistiger Größe die Rede ist, wir sogleich mit den Fortschritten unsrer glorreichen Zeit da sind, worunter jeder *die* versteht, in der *er* gelebt hat, und daß, wenn von einer Dummheit die Rede ist, die dort oder da geschehen, wir sogleich schreien: »Dies ist doch unglaublich; so etwas geschieht in dem Jahre 1842!« Ich aber frage: »Warum sollte es denn nicht geschehen?« Was wir auch in gewissen Richtungen gewonnen haben, so blieb es doch meistens nur Eigentum einzelner oder weniger – was wir verloren haben, das verloren *alle*. Ich will mich deutlicher erklären. Die Wissenschaft, die Industrie, in gewissen Zweigen auch die Kunst (aber weniger) haben erstaunliche Fortschritte gemacht – aber das Gute, ich meine das *Menschlich*–Gute, was diese Dinge brachten, *wie vielen* wurde es zuteil? Oder liegt nicht die Masse in eben den Banden des Rohen gefangen wie einst, nur sind diese Bande beweglicher und polierter – und von denen, die sich in den Besitz des menschlich Erworbenen setzten, der Wissenschaft, der Politik, der Kunst, bei wie vielen ist es zuletzt Sitte und Schmuck des Herzens geworden, als ein wirklich *Menschliches* (Humanes)? oder tragen sie es nicht als toten Schatz, als bloßes *Wissen* oder *Können* in sich, es höchstens zu *Nützlichem* verwendend, nicht zum *Guten?* – Ja durch vervielfältigte geistige und leibliche Kommunikationsmittel sind wir feiner, glatter, geschmeidiger geworden, wie Kiesel, die sich aneinander abreiben: aber ist deshalb der Kiesel innerlich weniger hart? Mit Betrübnis und Entsetzen müssen wir erfahren, wenn heute diese Politur, diese ach so fälschlich *»Bildung«* getaufte Politur, von der Leidenschaft durchbrochen wird, daß da Feuerflammen herausfahren, wie wir sie kaum in alter oder ältester Zeit gesehen haben – oder gibt an Gräßlichkeit und Ausschweifung die Französische Revolution irgendeiner Tatsache der frühern Zeit etwas nach? Oder zeigt die pyrenäische Halbinsel Gewinn an rein Menschlichem? – Und dennoch gewannen wir; denn solche Szenen der Weltgeschichte werden, gottlob, seltener – aber wann wird jene Zeit kommen, in der ein Krieg ebenso ein Unding der Vernunft sein wird, wie ein Trugschluß schon heute ein logisches Unding ist? – – Es ist ein seltsam, furchtbar erhabenes Ding, *der Mensch*!! und schwindelnd für das Denken des einzelnen ist der Plan seiner Erziehung, die ihm Gott als Geschenk seiner moralischen Freiheit übertragen, daß er sie in Jahrtausenden, vielleicht in Jahrmillionen vollende! – wie lange, wieviel Billionen Jahrtausende muß dann die Großjährigkeit dauern? Ich sagte oben, daß, was wir verloren haben, *alle* verloren. In der Glätte und Verflachung unserer Zeit ging alle tiefe Gemütskraft und Glaubenstreue unserer

Voreltern unter, was sie auch immer unter uns stellen mag an Wissen und Erfahrung: *fromme Kraft* stellt sie weit über uns, und diese war *allen* gemein, sie war Geist der Zeit; denn nur *der* bringt das Bleibende hervor, was er durch Individuen zwar wirkt, aber er erzeugt selbst die Individuen. Darum baute dieser Sinn einst jene rührend erhabenen Kathedralen und malte jene Bilder, die wir heute bloß bewundern können, aber trotz aller Trefflichkeit unsrer technischen Mittel nicht mehr nachmachen, indes *unser* Zeitgeist auf das sogenannte Praktische geht, worunter sie meistens nur das Materiell-Nützliche, oft sogar nur das Sinnlich-Wollüstige verstehen; daher wir Eisenbahnen und Fabriken bauen, während sie Dome und Altäre, und wenn es ja heutzutage eine Kirche werden soll, so wird sie wieder sehr *nützlich* gebaut oder sie sähe, wie ich es leider in meinem Vaterlande schon erfahren, wenn sie keinen Turm hätte, einem Zinshause ähnlich. Ja oft nicht einmal *bewundern* mehr kann die Zeit jene kräftig schönen Werke der Vorzeit; denn wieviel tausend Wiener werden täglich über den Platz von St. Stephan gehen, ohne von dem Dome desselben etwas anders zu wissen, als daß er sehr groß ist. Wenn mir jemand den Aberglauben unserer Voreltern einwenden will, so muß ich ihm leider entgegnen, daß er schaue, wie heute der religiöse Indifferentismus der sogenannten gebildeten Klassen furchtbar und widerwärtig neben demselben alten Aberglauben der Massen steht – und zuletzt ist Aberglaube schöner, heiliger, kräftiger als jene sieche Kraftlosigkeit des Indifferentismus, der bei den Worten: Gott, Unsterblichkeit, Ewigkeit nichts denkt und sie nur als Redeformen in dem Munde führt, die er überkommen hat wie andere Worte, bei denen er auch nichts denkt. Dies ist neben dem so vielen Nützlichen der Buchdruckerei eine Schattenseite derselben, daß, seit sie die Bücher so vervielfältigen, tausend und tausend Menschen aus der Welt gehen, ohne darin einen einzigen Gedanken gehabt zu haben; denn sie *lesen* sich einen gewissen Vorstellungskreis, eine Art Natur zusammen und sagen ihn so lange sich selber und andern vor, bis sie sterben, und wissen nicht, daß sie selber in der Welt gar nichts gedacht haben; darum hat sogar auch unsere Literatur etwas so Wässeriges und Familienähnliches, während die der Alten so frisch und so unmittelbar ist, trotz der Einfalt und Naivetät, die wir heute belächeln.

Solche und ähnliche schwermütige Gedanken hatte ich, als ich eines Tages aus den Katakomben des Stephansdomes wieder an das Licht des Tages trat und schnell durch das frivole Treiben der Gasse nach Hause ging.

In diese Katakomben nun will ich den freundlichen Leser begleiten, daß er ein ernstes Stück Vergangenheit unserer Stadt vor sich sehe und daß er, wäre er in obigem Indifferentismus befangen, etwa anfange, über Gott, über Weltgeschichte, Ewigkeit, Vergeltung usw. nachzudenken und vielleicht ein anderer zu werden.

Wer immer über die Spinnerin am Kreuz (ein schöner Getreidehügel, über den die Triester Straße führt) oder über einen der Westberge Wiens gegen die Stadt kömmt, der wird die alte, ernste, große Stephanskirche mitten in dem Häusermeere wie einen Schwerpunkt ruhen sehen und sich dieser Symmetrie erfreuen; aber dies war nicht immer so, sondern bei ihrem Entstehen lag die Kirche sogar außerhalb der Stadt, und wie es eine rührende Sitte unserer Ahnen war, um den Ort, an dem sie sich im Leben Trost und Zuversicht holten, nämlich um die Kirche, auch im Tode zu schlummern, welchen Platz sie mit dem schönen Namen *Friedhof* belegten: so war es auch um diese Kirche, und manche alten Leute Wiens sagen noch immer statt Stephansplatz *Stephansfriedhof*, aber es ist kein Friedhof mehr; denn diese Sitte der Altväter ist ebenfalls aus sehr nützlichen Sanitätsrücksichten abgeschafft worden, und heute ragt jede Kirche geradewegs aus dem lustigen Getümmel des Alltagslebens empor und ist fast ein gewöhnliches Haus geworden, so wie sie einst aus den Monumenten des Todes emporstieg und selbst von seinen Schauern umweht war. Oft, wenn ich über diesen Umstand traurig war, dachte ich: Wenn sie nur tief genug grüben, so könnten schon die Toten an ihrer Kirche ruhen, und wie wäre es religiös feierlich, wenn jede Kirche, selbst in den Städten, mit einem großen Garten der Toten umgeben wäre, der durch eine Mauer von der leichten Lust der Lebenden getrennt wäre, daß sie ein Gedanke der Ewigkeit anwandeln müßte, wenn sie durch das Gitter einträten.

Der Stephansfriedhof ist keiner mehr, sondern ein geräumiger Stadtplatz mit schönen Häusern und Warenauslagen, und glänzende Karossen rollen über das Pflaster, unter dem die Reste unserer Vorfahren ruhen – ihre Kreuze und Monumente sind verschwunden, das Lob ihrer Tugenden auf denselben ist verstummt, die Denkmale, die sie einst gründeten, um die Stätte ihrer Angehörigen auf ewige Zeiten zu bezeichnen, sind von unserer Industrie und unserem Verkehre bis hart an die Mauern der Kirche gedrängt worden, wo noch manche Tafel aus rotem Stein übriggeblieben ist, auf dem ein betender Vater mit seinen Kindern ausgemeißelt ist oder ein liegender Toter selber mit gefalteten Händen oder Heiligenbilder oder sonst Embleme und Wappen, wovon manch Stück durch die Zeit herabgeschlagen oder verwittert ist, und darunter steht Namen und Amt und stehen die Tugenden des Toten – aber wie oft weiß man gar nichts mehr aus der Zeit seines Lebens, und es ist da keiner mehr, um zu sagen: Er war unser Ahnherr.

Es ist in neuester Zeit gegenüber von der Rückseite der Kirche ein sehr großes Haus aufgeführt worden, und als es bereits prachtvoll und wohnlich mit mehr als hundert Fenstern glänzte, als zu ebener Erde schon die grünen Flügeltüren der Verkaufsgewölbe hoch und elegant eingehängt waren und längs derselben ein breites flaches Trottoir hinlief, so ging man auch daran, den Platz vor dem Hause bis zur Kirche zu ebnen und das bisherige schlechte Pflaster zu verbessern. Es mußten einst die Grabhügel bedeutend höher gelegen haben als das heutige Pflaster; denn als man zum Behufe der oben angeführten Planierung und Pflasterung die Erde lockerte, so kamen die Knochen und Schädel der Begrabenen zum Vorscheine, und wie ich nebst vielen andern Menschen zufällig da stand und sah, wie man bald die Röhre eines Oberarmes, bald ein Stück eines Schädels, ein Gebiß mit etlichen Zähnen, ein Schulterblatt oder anderes gelassen auf einen bereitstehenden Schubkarren legte und lachend und scherzend und die Pfeife stopfend weiterschaufelte, so dachte ich: Vor soundso viel Jahren hat man euch eingegraben, und an eurem Grabe wurde gesungen »Requiem aeternam dona eis, domine!«*, dann deckte man es mit Erde zu und setzte ein Denkmal auf den Hügel, daß man wisse, wer da in Ewigkeit ruhe – – und jetzt legt man eure Reste, die niemand kennt, wie das wertloseste Ding auf einen Haufen, um sie an einen andern Ort zu bringen, wo sie wieder nicht bleiben; denn wer weiß, zu welchem Zwecke unsere Nachkommen denselben wieder werden brauchen können.

Außer den Hügeln des Stephansfriedhofes, deren Ruhe, wie wir erfahren haben, nichts weniger als ungestört blieb, haben sich aber jene, deren Rang oder Reichtum es erlaubte, noch ganz andere, festere, sicherere Grabesstätten auserwählt; nämlich nicht nur unter dem ganzen riesenhaften Baue von St. Stephan, sondern auch rückwärts hinaus unter dem ganzen Platze, ja selbst bis unter die umliegenden Häuser, wie z. B. bis unter das sogenannte deutsche Haus, unter die Post, ist ein System von

* Herr! schenke ihnen die ewige Ruhe!

Gewölben und Gängen, nach Art unserer Voreltern äußerst fest gebaut, und man weiß heutzutage noch gar nicht, wie weit sie sich erstrecken. Sie sind hier unter dem Namen der Katakomben von St. Stephan bekannt und waren lauter Begräbnisstätten, gleichsam eine weitläufige unterirdische Totenstadt. Jedoch trotz der dickern Mauern, aus denen diese Zellen als Fundament der Kirche aufgeführt sind, trotz der Quadern, womit Gänge, Gemächer und Bogen überwölbt sind, ja trotzdem, daß jedes Gewölbe, wenn es mit Toten gefüllt war, zugemauert wurde, fanden dennoch die hier liegenden Schläfer die beabsichtigte Ruhe nicht, so wie sie ihre ärmeren Brüder nicht gefunden, die man über ihnen auf dem Friedhofe in bloßer Erde eingegraben hatte. Manche Gänge, manche Gewölbe wurden im Laufe der Zeit geöffnet. Die einen lockte Neugierde; die andern jenes Schauergefühl, das den Menschen über Tod und Ewigkeit ergreift und ihn doch lockt, solche Stätten zu betreten, wo es erweckt wird; wieder andere wurden durch frevlen Vorwitz hingeführt, so daß Menschenhände, teils fromm ordnend, teils mutwillig zerstörend, das vollendeten, was Zeit und leise Verwesung begonnen hatten, nämlich einen ganz andern Zustand der hier verborgenen Reste hervorzubringen, als den die beabsichtigten, welche sie hier verbargen.

Wir wollen in folgenden Zeilen einen Gang durch diese Katakomben beschreiben.

Es war ein feuchter, neblichter Novembernachmittag, als wir uns, fünfe an der Zahl, auf dem

nassen Pflaster des St.-Stephans-Platzes rückwärts der Kirche, wo der Turm emporsteigt, ein-
fanden. Ein Freund hatte uns versprochen, uns
in die Katakomben zu führen. Wir standen lachend und scherzend, als wir ihn erwarteten, und
machten Bemerkungen über das trübselige Wetter
und die Unpünktlichkeit des Freundes; aber
nach einer Stunde war es ganz anders: Nie werde
ich den Eindruck vergessen, den diese Stunde
unterirdischen Aufenthaltes in mir hervor-
brachte.

Als wir einige Zeit gewartet hatten, erschien der
Freund, und mit ihm zwei Führer, weil er, obwohl
schon öfter unten, doch nicht sicher war, sich und
uns vor Verirrung zu bewahren. Nicht von der Kirche aus, wie ich wähnte, war der Hinabgang, sondern einer der Führer winkte uns an ein Haus des
Platzes, das einen vorspringenden Winkel bildet
und Wohnparteien und Handelsgewölbe enthält –
es liegt mit dem Winkel schief gegenüber der Wohnung des Küsters, die sich im Erdgeschosse des Stephansturmes befindet. – An diesem Hause sperrte
er eine dunkle schwarze hohe Türe auf, an der ich
wohl hundertmal vorübergegangen war und die
ich immer für die zufällig zugemachte Hälfte des
Tores einer Bude gehalten hatte. Als wir eingetreten waren, befanden wir uns in einem schmalen
Gange; der Führer schloß hinter uns die Türe wieder zu, und der andere machte Licht, woran er eine
Fackel und wir jeder unsere Wachskerze anzünde-
ten, und dann ging es nicht über eine Treppe, sondern wie über einen sanften Gang abwärts; ein

schwacher Tagesschein fiel in das erste Gewölbe durch einen schmalen Schacht herab, der in den Hof des deutschen Hauses mündet. Dieses Gewölb war gleichsam eine Vorhalle, und es lagen Stangen, Stroh, Bretter, Tragbahren und dergleichen in dem Winkel, alles von seltsamem, veraltetem Ansehen.

Dann kamen wir in allerlei Gänge und Gewölbe, die leer waren. Nach Art unserer Voreltern sind die Gänge schmal und die Gewölbe verhältnismäßig klein und niedrig, aber das Mauerwerk fest und dicht, als wäre es aus einem einzigen riesenhaften Granitblocke gegossen worden. Ob wir in diesen Gängen nach Ost oder West, nach Nord oder Süd gingen, konnten wir keiner erkennen, und da sie sich vielfach kreuzten und die gewölbten Zellen sich alle ähnlich sahen, so war es uns einleuchtend, daß man sich hier verirren und stundenlange herumsuchen könnte, ohne den Ausgang zu finden. Endlich kamen die ersten Bewohner dieser stillen, finstern Stadt, nämlich: wie Holz aufgeschichtet, viele Klafter lang und hoch, lauter Knochen von Armen und Füßen – es überläuft einen ein seltsamer Schauer. – Was werden alle diese Werkzeuge, als sie noch ein denkender Geist belebte, ein liebendes oder hassendes Gemüt stachelte, Schönes, Herrliches oder Entsetzliches getan haben? und nun liegen sie hier, starr, übereinandergeschichtet, eine wertlose, schauererregende Masse. – In gewissen Abständen, gleichsam symmetrisch geordnet, stecken zwischen ihnen die Köpfe, aber auch auf der Erde liegen bereits Trümmer herum, und der weiche Tritt läßt merken, daß man auf Moder gehe. Ein Führer bedeutete uns, daß man die vielfach zerstreuten Knochen der Katakomben und die einst auf dem Stephansfriedhofe ausgegrabenen hier der Ordnung wegen aufgeschichtet habe. Meine Phantasie fing bereits zu arbeiten an, sei es durch den Anblick vor mir aufgeschreckt oder gedrückt durch das Bewußtsein, unter der Erde zu sein. Die Luft trug nichts bei; denn trotz den hier vorgegangenen Akten der Zersetzung waren diese doch schon vor so vieler Zeit, und es ist seitdem eine solche Trockenheit eingetreten, daß die Luft, durch viele Schachte in Kommunikation mit der äußern erhalten, ganz trocken und rein ist. Wir ließen das Licht unserer Kerzen und Fackeln längs des großen Knochenstoßes hingleiten und beleuchteten bald diese, bald jene Partie, und das fahle verwitterte Grau dieser ausgetrockneten uralten Gebeine erglühte düster rot in dem Scheine unserer Lichter, die demungeachtet trotz der anscheinenden Kleinheit dieser Räume nicht bis zu den obern Rändern dringen konnten, so daß der Schein in unheimliche geheimnisvolle Schatten überlief, die hoch oben und seitwärts in den Ecken saßen und glotzten. Wenn wir einer Wand nahe kamen, so erglänzte das Gestein der Mauer in allerlei kleinen Flimmern, wahrscheinlich die schönen Glimmertäfelchen des Granites. Auf dem Fußboden war dichter Moder, hie und da ein Splitter, und der Fuß streifte zuweilen an einen Lappen von einst kostbarem und schimmerndem Seidenstoffe. – Wir gingen weiter in einem Kreuzgange: Ein

Schädel mit langen staubigen Haaren lag da. Einer leuchtete ihn an; ich aber mußte augenblicklich die Augen wegwenden, und es rieselte mir seltsam in dem Körper – »Lassen Sie das liegen«, sagte ein Führer, »wir werden schon noch mehr solches und besser erhalten antreffen.« Ei freilich trafen wir es an. An einem viereckigen, machtvoll großen Pfeiler stand ein Sarg, ein einziger in diesem Gewölbe, als wäre er von seinem Orte absichtlich hierhergebracht und geöffnet worden und dann stehengelassen; denn wirklich lag sein Deckel nebenan, und zwischen den Brettern, die vom Alter geschwärzt und nur mehr lose zusammenhängend waren, lag der einstige Bewohner dieses gezimmerten Hauses, eine Frau – – ach! wer war sie? mit welchem Pompe mag sie einst begraben worden sein! und in welchem Zustande liegt sie jetzt da! bloßgegeben dem Blicke jedes Beschauers, schnöde auf die bloße Erde niedergestellt und unverwahrt vor rohen Händen; das Antlitz und der Körper ist wunderbar erhalten – in diese verschlossenen Räume muß die Verwesung nicht haben eindringen können, so daß die organischen Gebilde bloß vertrockneten, aber nicht zerstört wurden – die Züge des Gesichtes sind erkennbar, die Glieder des Körpers sind da, aber die züchtige Hülle desselben ist verstaubt und zerrissen, nur einige schmutzigschwarze Lappen liegen um die Glieder und verhüllen sie dürftig, auf einem Fuße schlottert ein schwarzer seidener Strumpf, der andere ist nackt, die Haare liegen wirr und staubig, und Fetzen eines schwarzen Schleiers ziehen sich seitwärts und kleben an-

einander wie ein gedrehter Strick – diese Zerfet-
zung des Anzuges und die Unordnung, gleichsam
wie eine Art von Liederlichkeit, zeigte mir ins Herz
schneidend die rührende Hülflosigkeit eines Toten
und kontrastierte fürchterlich mit der Heiligkeit einer Leiche. – Ich legte mit der Spitze meines Stokkes die Reste des gewiß einst prunkenden Anzuges
so anständig, als es noch möglich war, über die
Glieder und leuchtete dann der vergessenen Toten
ins Antlitz. Es war im Todeskampfe und durch die
nachher wirkenden Naturkräfte verzogen und in
dieser dem Menschenangesichte gewaltsamen Lage
erstarrt, und so blieb es, wer weiß wieviel hundert
Jahre, in unheimlicher Ruhe ein Bild eines einstigen gewaltsamen Kampfes, der das so heißgeliebte
Leben von diesen Formen abgelöset hatte, und
eben das ist das Erschütternde an Mumien und
Leichen, daß sie meistens in ihrer eisernen Ruhe
doch auf einen furchtbar bewegten Moment zu-
rückweisen – und dann das, daß wir sie uns schon
jenseits jenes Vorhanges denken müssen, der so ge-
heimnisvoll zwischen Diesseits und Jenseits hängt,
daß sie schon wissen, wie es ist – und dennoch mit
dem ehernen Schweigen da vor unsern Augen liegen, fremde Bürger einer andern Welt. Wer mag die
Tote vor meinen Augen – wer mag sie einst gewesen
sein? Welchen Unterschied auch die Menschen im
Leben machen, wie nichtigem Flitter sie auch Wert
geben, ja wie sehr sie sich auch bemühen, diesen
Unterschied bis über das Grab fortzupflanzen: Der
Tod macht alles gleich, und vor ihm sinkt lächerlich nieder, was wir uns hienieden bemühen, wich-

tig zu finden. Wer weiß, mit welchem Ansehen und mit welchen Kosten es diese Tote dahin gebracht hatte, daß sie dereinst in diesen unbezwinglichen Gewölben ruhen möge, dem Asyle der Reichen und Vornehmen: und nun steht ein Mann vor ihr, der vielleicht bei ihrem Leben sich kaum ihrer Schwelle hätte nähern dürfen, und legt, nicht mit der Hand, weil's ihn ekelt, sondern mit der Spitze seines Stockes einige Lappen zurechte, daß sie ihren Leib bedecken – und wer weiß, ob nicht bald eine mutwillige Hand erscheint, sie aus dem Sarge reißt und nackt und zerrissen dort auf jenen Haufen namenlosen Moders wirft, wo sie dann jeder, der diese Keller besucht, emporreißt, anleuchtet, herumdreht und wieder hinwirft.

Mitleidig wandte ich mich ab, um weiterzugehen; da sah ich, daß ich bereits allein war und die Lichter meiner Freunde schon fern und klein in einem Gange hinabschwebten. Mit raschen Schritten ging ich nach – es wollte mich fast wie Furcht überkommen.

»Hier stehen wir gerade unter dem Hochaltare der Kirche«, sagte ein Führer und leuchtete mit der Fackel gegen das Gewölbe empor. Wir waren zufällig in dem Augenblicke alle stille, und da hörten wir deutlich in langen schweren Tönen die Orgel aus der Kirche herunter tönen. Wie durch Verabredung blieben wir stehen und horchten einige Augenblicke, bis die Orgel schwieg und dann wieder in höheren sanfteren Tönen anhob, die wunderbar deutlich und lieblich durch die Gewölbe zu uns herabsanken – es mußte gerade Nachmittagsgottesdienst sein — und wie eine holde goldene Leiter, schien mir's, gingen diese gedämpften Töne von den geliebten Lebenden zu uns hernieder.

Endlich schwieg alles, und wir gingen weiter. Wie doch die Musik wunderbar auf unsere Seele wirkt! Ich brauchte einige Zeit, um mich wieder zu orientieren, wo ich sei, und meine Phantasie wieder an diese unterirdischen Gemächer zu gewöhnen, und doch war es wahrscheinlich nur das sogenannte Segenlied gewesen, was wir herunter gehört hatten.

Wir traten nun wieder in eine neue Halle, und wie ich um die Ecke des Pfeilerbogens komme und vor mich hinleuchte, erschrak ich heftig. Ein großer nackter Mann lehnte starr an der Mauer; zu seinen Füßen saß ein anderer zusammengekauert, die Hände über der Brust gefaltet und den Kopf, der nurmehr an einem losen Bande des Halses hing, über die Schulter seitwärts gesunken — eine Frau, in sich gebückt und eingesunken, gleichfalls mit gefalteten Händen, lauerte im Winkel, und an den Wänden lehnten oder saßen oder lagen andere — und wie ich so vor mir her leuchte, wieder andere und wieder andere — lauter Leichen und lauter Mumien, der eine mit offenem Munde, der andere mit furchtbar zusammengepreßtem, der eine gestreckt, der andere zusammengeknittert, fast alle mit gefalteten Händen, wie man sie ihnen im Sarge gegeben — alle mit verzerrten Zügen; aber bis zum Erschrecken deutlich waren die Gesichter und die Körperformen, als wären sie gestern hiehergestellt worden; — denn aus einer mir unbekannten Ursa-

54

che war hier keine Verwesung eingetreten, sondern die Haut war sanft getrocknet und war anzufühlen wie weich gegerbtes Leder, das Zellgewebe des Fleisches war ebenfalls ausgetrocknet und füllte die Haut wie eingestopfte Sägespäne, so daß selbst die Muskeln elastisch blieben, dem Drucke unserer Stöcke wichen und wieder sachte emporschwollen, wenn der Druck nachließ.

Es war ein seltsamer, gespenstiger Anblick in dieser Halle und überwältigend für Gefühl und Phantasie. Ein Berg von Moder stieg gegen die Gewölbmauer empor; aus ihm ragten Lappen von Gewändern heraus, mitunter Holzsplitter, oder es blickte ein Arm hervor oder ein Fuß mit allen Zehen, oder eine zusammengekrümmte Gestalt saß auf demselben, eine andere lag der Länge nach, wieder andere standen aufrecht, und obwohl sie einst unverletzt gewesen waren und ihrer Art nach bleiben konnten, so mochte doch schon der Mutwille an ihnen manches verübt haben; denn viele derselben waren zerrissen, daß ein Arm herabhing oder der Kopf oder Glieder ganz fehlten – vielleicht hat auch teilweise Verwesung das Ihrige getan. – Seltsam ist es, die Körper sind geblieben, und die Gewänder sind fast alle zerstäubt und vermodert, nur wo sie durch Schutt gesichert waren, haben sich ganze Lappen erhalten und waren sogar erkennbar, meistens Linnen und Seidenzeug, welches letztere ganz besonders stark und fest gearbeitet war.

Wie wir nun so dastanden in der Versammlung von längst verstorbenen unbekannten Menschen, die vor Jahrhunderten hiehergebracht wurden, um zu verwesen, und die aber nun ihren Ururenkeln dieselben Züge weisen müssen, die man einst, davor grauend, mit einem Tuche zugehüllt und in einen Sarg verborgen hatte, – und wie das reine weiße Wachslicht oder die dunkelrote Glut der Fackeln, die wir trugen, über die Gesichter und Glieder der Toten lief und darinnen schweren Kampf oder starre Ruh oder häßlich Grinsen wies: so waren wir alle bis in das Innerste erschüttert. Mir war, als sei ich in ein fabelhaft Gebiet des Todes geraten, in ein Gebiet, so ganz anders, als wir es im Leben der Menschen erfahren, ein Gebiet, wo alles gewaltsam vernichtet wird, was wir im Leben mit Scheu und Ehrfurcht zu betrachten gewohnt sind – wo das Höchste und Heiligste dieser Erde, die menschliche Gestalt, ein wertlos Ding wird, hingeworfen in das Kehricht, daß es liege wie ein anderer Unrat. – Ach! welch eine furchtbare, eine ungeheure Gewalt muß es sein, der wir dahingegeben sind, daß sie über uns verfüge – – und wie riesenhaft, all unser Denken vernichtend, muß Plan und Zweck dieser Gewalt sein, daß vor ihr millionenfach ein Kunstwerk zugrunde geht, das sie selber mit solcher Liebe baute, und zwar gleichgültig zugrunde geht, als wäre es eben nichts! – Oder gefällt sich jene Macht darin, im öden Kreislaufe immer dasselbe zu erzeugen und zu zerstören? – es wäre gräßlich absurd! – Mitten im Reiche der üppigsten Zerstörung durchflog mich ein Funke der innigsten Unsterblichkeitsüberzeugung. Wir standen alle stumm und ließen unsere Fackeln und unsere Lichter lodern. Der Eindruck ist so mächtig, so neu und ernst; er nimmt unser ganzes Wesen so ein, daß alles andere abfällt und vor seiner Gewalt nichtig wird. – Ich war so aus mir selber getreten, daß mir das Rollen eines Wagens, das wir in diesem Augenblicke auf dem Pflaster über uns hörten, ganz abenteuerlich vorkam, ja durch den Kontrast schauerlich. Ist es denn der Mühe wert, dachte ich, daß sich *der* im Wagen oben brüstet und über das Pflaster wegrollt? daß sie Häuser bauen und bunte Lappen heraushängen, als wäre es was?

Wir fragten die Führer, ob man denn gar nicht mehr weiß, wer einer von denen gewesen sein möge, die wir da vor uns haben. »Es mag wohl im Pfarrarchive zu finden sein«, antwortete er, »wer überhaupt herab begraben worden ist, aber da es schon viel über hundert Jahre sein mag, daß man niemanden mehr herab begraben hat, so kann man auch gar nicht wissen, wer dieser oder jener sei. Sie haben einmal sehr getrachtet, in die Stephansgruft begraben zu werden, damit sie ein vornehmes und ungestörtes Begräbnisplätzchen hätten.«

Ein vornehmes und ungestörtes Begräbnisplätzchen! als ob irgend auf der Erde etwas Ungestörtes, etwas Unvergängliches wäre! ja ist nicht am Ende sie selber vergänglich und wird eine Leiche, so wie die, die man jetzt so sorglich in ihrem Bauche verbirgt?

Mir fiel die Sage von dem Hunnenkönige Attila ein, dessen Leiche man in einen goldenen Sarg tat, den goldenen in einen silbernen, diesen in einen eisernen und diesen zuletzt in einen steinernen.

Dann grub man einen Fluß ab, senkte die Särge tief in die Erde seines Bettes und ließ dann die Wasser wieder darüber wegrollen – ja endlich tötete man die, die um das Werk wußten und es machen halfen, damit niemand auf Erden das Grab des Hunnenkönigs wisse! – – Aber eines Tages wird der Fluß den Sand und Schlamm in einer Überschwemmung herausstoßen, oder man wird eine Wasserbaute anlegen, oder der Fluß wird seinen Lauf ändern, und man wird im alten Bette ein Feld oder einen Garten graben: dieses Tages wird man dann den Sarg finden, das Gold und Silber nehmen, den König aber hinauswerfen auf den Anger der Heide.

Und so ist jeder Ruhm; denn für uns Sterbliche ist keine Stelle in diesem Universum so beständig, daß man auf ihr berühmt werden könnte; die Erde selber wird von den nächsten Sonnen nicht mehr gesehen, und hätten sie dort auch Röhre, die zehntausendmal mehr vergrößerten als die unsern. Und wenn in jener Nacht, wo unsere Erde auf ewig aufhört, ein Siriusbewohner den schönen Sternenhimmel ansieht, so weiß er nicht, daß ein Stern weniger ist, ja hätte er sie alle einst gezählt und auf Karten getragen und zählte sie heute wieder und sieht seine Karten an, so fehlt keiner, und so prachtvoll wie immer glüht der Himmel über seinem Haupte. Und tausend Milchstraßen weiter außer dem Sirius wissen sie auch von *seinem* Untergange nichts, ja sie wissen nichts von unserm ganzen Sternenhimmel; nicht einmal ein Nebelfleck, nicht einmal ein lichttrübes Pünktchen erscheint er in ihrem

Rohre, wenn sie damit ihren nächtlichen Himmel durchforschen.

Während ich dies dachte, rasselte wieder ober uns das Geräusche eines rollenden Wagens auf dem Pflaster des Stephansplatzes, und es deuchte mir so leichtsinnig oder so wichtig wie etwa die Weltgeschichte der Mücken oder der Eintagsfliegen.

Wir aber leuchteten noch einmal die unbewegliche gespenstige Versammlung in die Runde an und wendeten uns dann zum Fortgehen; sie aber sanken hinter unsern weichenden Lichtern in ihre alte Ruhe, in ihre alte Nacht zurück.

Immer weiter, immer verwickelter und größer entfaltete sich diese Stadt der Grüfte; immer neue Tote waren zu treffen; Trümmer von Särgen, Hügel und Wälle von getrocknetem Moder, dann kommen wieder Knochen, dann leere Gewölbe und Gänge — und wie weit sich dies alles hin erstrecke, weiß man jetzt noch gar nicht mit Gewißheit; denn in manchem Gemache sieht man in der Mauer einen Steinbogen, fest und künstlich gefügt, daß er etwas trage oder daß man hindurchgehe so wie durch den, durch welchen wir hereingekommen waren: aber dieser Schwibbogen ist mit Mauer angefüllt, so daß die Vermutung entsteht, daß hinter ihm wieder ein Gewölbe sei, das man zugemauert hatte, als es voll mit Toten war. — Und wirklich traten wir jetzt an eine Stelle, wo man eine Schlußmauer durchbrochen hatte, und siehe! aus der Bresche ragten eine Unzahl Särge hervor, klafterhoch aufeinandergeschichtet, mit gräßlichen Trümmern und Splittern herausragend aus der Finsternis des

Gewölbes – die Zeit hatte Bretter und Fugen gelöset, daß ein ganzes Wirrsal derselben herabgegleitet dalag und oben in der Öffnung nackte Füße und Glieder der Toten in die Luft herausstanden, verlassen von der schützenden und bergenden Wand ihrer Särge, ebenfalls bestimmt, auf den hängenden Brettern vorwärtszugleiten und endlich wie sie herabzustürzen. Es war ein Anblick, noch erschütternder als jener in dem Gewölbe der Mumien, weil er unmittelbarer das Reich der Verwesung und Zerstörung auftat und näher der Zeit lag, wo alle diese noch wandelten und lebten, weil er eindringender wies, wie auch wir einst werden sollen, und weil das Werk der Vergehung und Vernichtung gleich massenhafter und großartiger ersichtlich war. Auch einen solchen aufgeschichteten Stoß von Kindersärgen sahen wir hervorblicken, einen übereinandergeworfenen Haufen kleiner Häuschen, deren Bewohner starben, ehe sie lebten. Es tat unsäglich wohl, daß man von den Särgen keines der zarten Glieder hervorragen sah, sondern alle verdeckt waren, wahrscheinlich ihres geringen Gewichtes wegen, das die Särge nicht aus den Fugen zu drücken vermochte. Arme kleine Welt!

Es war ein düster großartiger Anblick, wie wir so dastanden vor dem starren Ruinengewirre und der Lichtblick unserer Fackeln auf dem Granit der Mauer und auf den alten braunen Sargbrettern glänzte – und wie weiter zurück zwischen den Brettertrümmern heraus Finsternis glotzte und sich unsere Phantasie hinter ihr dieselbe Bevölkerung von Toten vorstellen mußte, immer fortgesetzt und immer fortgesetzt – liegend in der eisernen Nacht, bis einmal diese vorderen zerstäubt sind und wieder ein anderes Jahrhundert und eine andere Hand das fernere Gewölbe erbricht und die Schläfer dem Lichte der Fackeln bloßlegt, so wie diese da in dem der unsern düster glänzen.

Es war einleuchtend, daß dieses System von Gewölben, wie weitläufig es auch sein möge, doch einmal angefüllt werden mußte, an welchem Tage sich dann die Gruft von St. Stephan auf immer schloß – daß es nur die Mächtigsten und Reichsten sein können, die wir da in dieser Zerwürfnis und schnöder Verlassenheit liegen sehen, und dieser Gegensatz machte die Szene noch tragischer und all den Flitter noch erbärmlicher, um den wir gewohnt sind die andern zu beneiden. Ein Stück Vergangenheit und Weltgeschichte halfen die da bauen, welche da vor uns liegen. Vielleicht sind Helden darunter, ein Todesblick für Feinde; vielleicht sanfte Künstler, die den Himmel des Schönen in ihrer Brust trugen, nicht daran denkend, wie schnöde die Wohnung dieses Himmels einst herumgeworfen werde – vielleicht schöne Frauen und Jungfrauen, deren Auge die Seligkeit der Liebe in andrer Herzen strahlte und um die der schwärmende wahnsinnige Jüngling seinen Leib dahin vorausschleuderte. Wie sie nun auch liegen: – vorübergegangen ist der Traum, und beide sind sie eine wertlose Masse – – vielleicht liegen auch solche da, deren Glieder Samt und Purpur deckte, auf deren Wimper tausend Augen blickten, ob sie freundlich zucke oder zürne, die aus Gold und Silber aßen, jedes Rauhe und Ekle

61

von sich ferne hielten und nun selber ärmer und ekler sind als das Tier des Berges, welches in die Felskluft stürzte und dort in der Mittagssonne dörret und von den Winden der Nacht getrocknet wird. — — Sie alle mühten sich, erwarben, verzehrten, arbeiteten, stiegen empor, verrichteten Taten, die tausend Arme regten sich täglich, die Seelen dachten, die Herzen glühten in Wunsch und Begierde oder in Befriedigung und Triumph, die Leidenschaften kochten und kühlten sich — nun ist alles vorüber, und von dem Gebirge von Arbeiten aus dem Leben dieser ist ein Blatt Geschichte übriggeblieben, und selbst dieses Blatt, wenn die Jahrhunderte rollen, schrumpft zu einer Zeile ein, bis auch endlich *diese* verschwindet und die Zeit gar nicht mehr ist, die den darin Lebenden so ungeheuer und so einzig herrlich vorgekommen.

In die Stille unserer Betrachtungen tönte jetzt das Wort eines Führers: »Es wird hier, wenn einmal alles ausgegraben und gelüftet sein wird, noch viel weitläufiger und wunderbarer herumzugehen sein als jetzt; denn auch der Boden, auf dem wir in dem Augenblicke wandeln, ist höchstwahrscheinlich wieder nur die Decke von andern Gewölben, die unter uns befindlich sind.« Wirklich war es uns schon öfter, wo wir nicht weichen Moderboden unter den Füßen hatten, vorgekommen, als gingen wir über harte, sanft gewölbte Stellen weg. Und als der Führer obige Worte gesagt hatte, verließen wir die traurige Bresche und gelangten nun in der Tat in ein Gemach, dessen Fußboden durchbrochen war, und siehe, es war unten wieder eine solche

Halle wie die, in der wir standen, eine Leiter führte durch die aufgebrochene Öffnung in dieselbe hinab, und zwei von uns stiegen hinunter. Das Gewölbe schien niedriger, wahrscheinlich nur des gehäuften Schuttes wegen. Gegen die Wände hin und in den Winkeln war wegen Moder und dicker Finsternis, in der unsere Lichter ordentlich ohnmächtig waren, nichts deutlich zu sehen, aber unser Führer versicherte uns, es sei hier unten alles vollgestopft mit Toten. Unendlich erleichtert stiegen wir wieder empor – seltsam! – Obwohl die Luft unbegreiflich trocken und rein war: so fühlte sich doch die Phantasie erleichtert, als sie wieder nur mehr *eine* Decke über dem Haupte wußte. Die nicht hinabgestiegen waren, leuchteten nun noch einmal in die Höhle hinab, und wir gingen dann weiter durch mehrere Gänge und leere Gewölbe, wie es mir schien, auf dem Rückweg begriffen. Wir hatten alle Orientierung bereits so verloren, daß jedem die Unmöglichkeit einleuchtete, ohne Führer hinauszufinden – namentlich, wenn einer ganz allein wäre. Er müßte nur, meinte man, die Wege, die er schon gegangen ist, mit Knochen bestreuen, um immer andere Gänge zu finden, und so auch den, der ihn herausführt.

»Aber wenn ihm allenfalls das Licht ausginge«, bemerkte ein anderer.

Es ist entsetzlich, dies zu denken, und furchtbar inhaltschwer wäre die Geschichte solcher Augenblicke. Das Licht flackert noch einmal und ist aus: eine Nacht, so dick, wie die Erde keine kennt, ist um ihn; die Toten, die ihm früher sein Licht gezeigt hatte, ist er nun genötiget mit dem innern Auge zu schauen, und zwar, da ihm die Begrenzung seines Raumes, die ihm das Licht vorher so freundlich gewiesen hatte, durch die Finsternis entrückt ist, so muß er sich nun gleich das ganze Totengewölbe auf einmal vorstellen, die ganze durchbrochene Totenstadt mit all ihren Bewohnern – er horcht – vielleicht rührt sich heimlich etwas – alles stille, nur das Knistern seines Trittes und das stumpfe Rascheln seiner Hände, wie er sich an den Mauern fortgreift – er ruft, er ruft – keine Hoffnung, gehört zu werden; er geht in Todes- und Geisterangst – gestachelt fort durch Gänge und Gewölbe, die sich ewig ineinander münden. – Es sind bereits Stunden, es ist vielleicht schon ein Tag vergangen – er faßt, an der Felsenmauer fortgreifend, einen Toten und erkennt, daß es derselbe sei, den er schon einmal ergriffen habe – dabei hört er von oben herab die Orgel tönen, vielleicht auch das Singen der Gemeinde oder das Läuten der Glocken, das Rasseln der lustigen Wägen auf dem Straßenpflaster – er ruft und ruft – – alle gehen sie ihre Wege, es wird stille, also Nacht – und des andern Tages hört er es wieder so – und so fort, und so fort – – bis in der Gruft um einen Toten mehr ist.

Mir schauerte, als ich dies dachte, und unwillkürlich drängte ich mich an die Führer, mit leisem Frösteln mir den Einfall hinwerfend: »Wenn nur diese sicher zu der schmalen hohen Türe zurückfinden, bei der sie uns hereingelassen hatten.«

»Wir sind jetzt unter der Post«, sagte einer von ihnen und leuchtete im Gange weiter.

Fast fing es mir an in diesen massiven Kreuzgängen und Überwölbungen drückend zu werden — immer Mauer, eisenfeste Steinmauer, keine Fenster, keine Öffnung. — Wie schwer der Mensch jene leichte lichte Decke entbehrt, deren Köstlichkeit er in seinem Leichtsinne nicht beachtet, die Decke des Firmamentes! — Es schien mir, als entbehrte ich die Luft selber. — —

In dem Momente fiel ein blasser Streifen von oben herab, es war Tageslicht durch den Schacht vom deutschen Hause — ich erkannte die Stangen und das Stroh, die Bretter und Tragbahren des ersten Gewölbes wieder — der Boden hob sich — der schmale Türflügel ging auf, und wir traten auf das vom Regen glänzende Steinpflaster des Stephansplatzes hinaus.

Die Brust des stärksten Mannes hob sich freier in der frischen Luft; ein feiner Novemberregen rieselte von dem Himmel. Man zündete eben die Abendlichter an, Gold, Silber, schimmernde Seidenstoffe wurden davon in den strahlenden Kaufbuden beleuchtet — kostbar gekleidete Menschen wimmelten an mir vorüber; glänzende Karossen rollten; der Turm St. Stephans stieg riesig empor, und Sprechen und Lachen erscholl ihm gegenüber den beleuchteten Häusern entlang. — —

Ich aber ging wie im schweren Traume nach Hause, während an mir vorüberhuschte der Strom des unbegreiflichen Lebens der Menschen.

Der Prater

*W*enige Hauptstädte in der Welt dürften so ein Ding aufzuweisen haben wie wir unsern Prater. Ist es ein Park? »Nein.« Ist es eine Wiese? »Nein.« Ist es ein Garten? »Nein.« Ein Wald? »Nein.« Eine Lustanstalt? »Nein.« – Was denn? Alles dies zusammengenommen. Im Osten der Stadt Wien liegt eine bedeutende Donauinsel, ursprünglich ein Auland wie so viele Inseln der Donau, wo sie Flachland durchströmt, aber im Laufe der Zeit zu einem reizenden Gemische geworden von Wiese und Wald, von Park und Tummelplatz, von menschenwimmelndem Spazierplan und stillster Einsamkeit, von lärmendem Kneipegarten und ruhigem Haine. – Viele Wiener mag es geben, die die Reize und Schönheiten ihres Praters nicht kennen, wenn er auch noch so besucht ist; denn so betäubend das Gewimmel an einigen Stellen, besonders zu gewissen Zeiten ist, so einsam wie in der größten Einöde ist es an andern, so daß man wähnen sollte, wenn man diese Wiesen und Gehölze entlangschritte, müsse man eher zu einer artigen Meierei gelangen als zu der riesenhaften Residenz einer großen Monarchie – aber gerade die riesenhafte Residenz braucht einen riesenhaften Garten, in den sie ihre Bevölkerung ausgießt und doch noch Teile genug leer läßt für den einsamen Wandler und

Beobachter – und wohl uns, daß wir den Prater haben. Der Wiener weiß das sehr gut, und wird er auch zuweilen etwas undankbar gegen seinen Prater, wie z. B. in den heißen Sommermonaten, so ist er zu andern Zeiten demselben desto überschwenglicher zugetan, z. B. im Frühling und namentlich an bestimmten Tagen, wo es bon ton ist, in den Prater zu fahren, und wer dies nicht kann, wenigstens zu gehen. Der erste und zweite Mai sind solche Tage, dann auch noch der Ostermontag und Pfingsten. Einen solchen Pratertag denke dir nun, entfernter Leser, und folge mir im Geiste dahin, und laß dir auf diesem Papiere deuten, was wir sehen.

Es ist der erste Mai, etwas nach vier Uhr nachmittags, und gerade auch Sonntag und der heiterste Himmel.

Wir gehen über die Ferdinandsbrücke in die Vorstadt Leopoldstadt und wenden uns gleich rechts gegen die Jägerzeile, die zum Prater führt; die ganze schöne, ungemein breite Straße ist bedeckt mit einem schwarzen Strome von Menschen, so dicht wallend, daß, wenn man jemandem sagte, er bekomme ein Herzogtum unter der Bedingung, daß er die ganze Straße entlanggehe und an keinen Menschen streife, er sich dasselbe nicht verdienen könnte. Mitten in diesem Menschenstrome, wie Schiffe im Treibeise, gehen die Wagen, meist langsam, oft aufgehalten und zu vielen Minuten lang ganz stillestehend, oft aber, wenn die Wagenlinie Luft bekommt, aneinander hinfliegend wie glänzende Phantome an der ruhiger wandelnden Menge der Zuschauer. Hie und da hervorragend

67

aus dem Meere der Fußgänger, bald hin, bald her der Wagenreihe vorüber hüpfen die Gestalten der Reiter, und die meist prachtvollen Häuser dieser Straße stehen zu beiden Seiten ruhevoll aus dem schiebenden Menschengewimmel empor, und ihre Fenster und Balkone sind besetzt mit unzähligen Zuschauern, um den glänzenden Strom unter ihren Augen vorüberfluten zu sehen und sich an Pracht und Schimmer und Flitter zu ergötzen; meist sind es Damen, die, in alle Farben gekleidet, in dies Frühlingstreiben selber wie leibhaftige blühende Frühlingsgesträuche von den Fenstern herniederschauen. Man sollte meinen, die ganze Stadt sei um drei Viertel auf vier Uhr närrisch geworden und wandle nun in ihrer fixen Idee da gerade diese Straße hinab, und du und ich, geliebter Fremdling, wandeln auch mit. Dort durch den Staub herauf von der Öffnung der Straße blicken schon die hohen Bäume des Praters, dem wir alle zuströmen, als würde dort das ewige Heil ausgeteilt. Endlich ist die lange Jägerzeile doch zu Ende, und die Straßen fahren wie in einem Sterne auseinander, und der Menschenknäuel lüftet sich. Fähnlein auf hohen Stangen wehen und weisen dem Wanderer verschiedene Wege; das zu unserer Linken trägt auf seiner flatternden Zunge hoch in den Lüften den Namen »Ferdinands-Nordbahn«, und wirklich fliegen auch Wagen, dicht mit Menschen besetzt, dem links stehenden Gebäude des Bahnhofes zu, wo schon die Feuerrosse pfeifend und schnaubend stehen, um eine endlose Wagenreihe hinaus in das Marchfeld oder gar nach Brünn zu führen, das durch die Schnelligkeit dieser Rosse zu einer unserer Vorstädte geworden ist. – Das mittlere Fähnlein weist zur Schwimmschule, die auch heute ihr Eröffnungsfest feiert – das dritte trägt den Namen »Nador« oder »Sophie« oder einen andern, und ein gewaltiger Arm weist die Zufahrt zu dem Dampfschiffe; weiter rechts auf dem Rasenplatz stehen die hölzernen Hütten der Menagerien, und auf riesengroßen Leinwanden sind die Ungeheuer noch fürchterlicher gemacht, als sie selbst drinnen zu schauen sind, und diese Gemälde und dies exotische Schreien und Pfeifen und Girren und Brüllen im Innern lockt die Leute, daß vor dem Eingange stets ein dichtes Gedränge ist und in den glänzenden Blicken der Kinder und der Landmädchen sich schon das lebhafte Verlangen malt, zu sehen, was denn drinnen ist. Auf dem Rasenplatze stehen auch noch Buden mit Früchten und Gebäcke, ein Kroate mit Schwamm und Feuersteinen, ein Mann mit Spazierstöcken und einer mit einem Leierkasten und einem Hund darauf, der gar aufrecht stehen und mit dem Schwerte in seiner Pfote schultern kann. – Aber all diesen Dingen vorüber geht der hauptsächliche Menschenstrom in die sogenannte Hauptallee hinein; denn dort ist heute die höchste und hohe und niederste Wiener Welt zu sehen – was an Pracht der Kleider, der Equipagen und Dienerschaft nur immer Laune und Reichtum ersinnen konnten, ist heute in der Hauptallee zu sehen. Zu beiden Seiten sind schattige Alleen, eine für die Fußgänger, die andere für die Reiter; mitten in der Straße fahren die vielen tausend Wägen, einer hart an dem andern, der Sicherheit wegen auf einer Seite hinab, auf der andern hinauf, und diesen Kreis machen viele oft mehrmals, um zu sehen und gesehen zu werden – das ist denn nun eigentlich der Ort, wo sich augenbetäubend Farbe an Farbe drängt, Reiz auf Reiz, Pracht auf Pracht, Masse an Masse, Bewegung auf Bewegung, so daß dem schwindelt, der es nicht gewohnt ist. Zu beiden Seiten der Straße stehen, dicht gedrängt, die Zuschauer, und hinter ihren Rücken wogt der bunte Strom der Spaziergänger, während in der Mitte Wagen an Wagen rollt, eine glänzende, schimmernde Linie, wohl über eine halbe Meile lang. Dort schwebt in ihrem Wagen, der so leicht wie ein Luftschiff geht, die Dame des höchsten Standes vorüber, prachtvoll einfach gekleidet, mit wenigen, aber kostbaren Schmuckstücken geziert, gleich hinter ihr die Familie eines reichen Bürgers, dort ein Wagen voll fröhlicher Kinder, die ihres Staunens und Jubelns kein Ende finden über die Pracht, die sie umschwebt, hier kommt ein Mann, ganz allein in seinem Wagen stehend und mit den vier unvergleichlichen Pferden zum ersten Male paradierend; jetzt sprengen Reiter vorüber und grüßen in einen Wagen, aus dem die schönsten Antlitze entgegennicken, dort sitzt ein einsamer alter Mann in seiner schweren Karosse, er ist in feines Schwarz gekleidet und trägt viele winzig kleine Kreuzlein auf seiner Brust, dann kommt ein Fiaker mit seligen Kaufmannsdienern oder Studenten – dann andere und wieder andere, und vor den Augen tanzt es dir vorüber, als wollte es sich nie er-

schöpfen und aus Glanz und Schimmer wieder
Glanz und Schimmer quellen, und wie es auch so
treibt und wallt und quillt, so siehst du doch dort
ein Schauspiel, wie es nur der Prater bieten kann;
ganz nahe an der geputzten Menge steht ein
Hirsch, das stattliche Geweih zurückhaltend und
mit den dummklugen Augen in das Gewühl glot-
zend; er hat es wohl oft gesehen, aber so toll nicht
wie heute, darum schaut er auch einige Augenblicke und geht dann wieder abseits in seine Auen
zurück; auch von den Menschen wundert sich keiner, denn sie wissen es ja, der Prater ist für die Hirsche und Spaziergänger. Und fort flutet es und fort
– und wie auch die Pracht der Gewänder, die
Schönheit der Pferde und Wagen, das Wallen der
Federn, das Blitzen der Geschmeide dein Auge
blenden, so taucht doch, und nicht selten geschieht
es, in dem Gewimmel oft ein Antlitz auf, das alles
vergessen macht, wie es in seiner sanften Schönheit
deinem Auge vorüberschwimmt, daß du ihm gerne
nachschauest und es dir öfter ist, als wärest du ärmer, da es vorüber. Warte nur, Wien ist so dürftig
nicht an Frauenschönheit, es kommt vielleicht bald
wieder ein gleiches oder gar noch ein schöneres.
Sieh, was reißt dort alles die Hüte ab die ganze Linie entlang? Sechs Schimmel ziehen einen schönen
Wagen – – wer sitzt darinnen? – Der Kaiser und die
Kaiserin. Du wunderst dich? hast du dies in Paris
nicht gesehen? Hier grüßt man und staunt nicht,
daß sie wie Private unter Privaten fahren; man ist
es gewohnt, und sie wissen, daß sie im dichtesten
Volksgedränge so sicher sind wie in ihrem Palaste.

– – Schau, auch der Held von Aspern ist da; siehst du, jener schwarze Mann ist es, der mit einem andern in der Reitallee geht und den alle grüßen – und warte nur, gewiß sehen wir auch noch andere aus dem hohen Hause, wie sie das heutige Vergnügen teilen und mitgenießen. Dort fährt er hinab, der Sechsspänner, und fügt sich in die heutige Wagenordnung ebenso wie dieser Fiaker, der eben mit seinen zwei mühseligen Braunen vorüberkeucht.

Doch laß uns nun die Allee hinabgehen und dann auch seitwärts, um zu sehen, was der Prater noch zu bieten hat außer dieser sinnbetörenden Flut von Gesichtern, Kleidern und Equipagen. Aber wie wir immer tiefer und tiefer hinabkommen, ist es, als würde es immer ärger; der Knäuel wird dichter und ruhiger. Links am Wege stehen Restaurationshäuser, die sogenannten Praterkaffeehäuser; aus ihnen erschallt Musik; unter den Bäumen stehen viele tausend Sessel, überwuchert mit geputztem Menschengestrüppe – das redet, das lacht, das braust, das klingelt an die Gläser, ruft nach Kellner und Marqueur – und vorüber den Augen auf und ab haspelt sich dasselbe Ziehen und Rollen der glänzenden Wagen, und so weit das Auge schaut, ist es, als nehme die Allee kein Ende.

So wie sich hier die gewähltere Gesellschaft treibt, so treibt sich weiter links das eigentliche Volk. Ihm ist aber bloßes Spazierengehen oder Fahren weitaus nicht genug, sondern es verlangt nach reelleren Freuden, und diese nun sind rings und überall ausgebreitet. Trete hier links heraus aus dem Strome der Hauptallee – ein großer Rasenplatz, mit uralten Bäumen besetzt, nimmt uns auf, und auf ihm herumgestreut liegen alle die Anstalten zum Vergnügen des Volkes: da sind alle möglichen Cosmo-, Pano-, Dioramen; alles, was je berühmt war, steht von Wachs in jener Hütte. Einer läßt sich sehen, weil er zu groß, ein anderer, weil er zu klein ist; einer frißt Feuer, ein anderer speit Seidenbänder, und auf der Brust eines dritten wird wie auf einem Amboß schrecklich gehämmert, und darunter schallt das Klopfen und Klingeln des Wurstls, der in seiner hohen schmalen Bude eben wieder sein neues Spiel beginnt; dort um die Kneipe herum schießt der dichte Salpeter der Trinkgäste an, so fast, daß man meint, die arme Hütte könne sich inmitten der Leute nicht rühren. Einer oder zwei ragen über die andern empor und spielen Szenen von einer Bühne herab, die gepriesen und belacht werden, auf der andern Seite des Baumes deklamiert einer, und der Harfenist reißt wütige Töne auf den Saiten, um mit dem Gesange seiner Begleiterin durchzudringen, und dicht neben ihm werden Limonien und Pfeifen ausgespielt, während von etwas ferner die schwachen Töne eines Leierkasten herüberklingen, und mit den Gläsern wird geklopft, und es wird gerufen, und Spaziergänger und Zuschauer winden sich durch das Wirrsal – und wendest du dich ab, so steht dort unter noch größeren Bäumen wieder eine solche Kneipe und rechts wieder eine und weiter ab wieder eine – und überall ist dasselbe Bild oder noch ein lebhafteres – und eine Musik schallt durch die Zweige, sie heißt nicht umsonst die türkische – die große Trommel eilt und tummelt sich, und ein Geschimmer ist darunter, als wäre eine Messingbude närrisch geworden, und zu dem Geschwirre fliegen Reiter in einem Kreise auf hölzernen Rossen herum und stoßen Türkenköpfe herab und anderes. Da freut sich nicht nur der Knabe des fliegenden Kreises, sondern auch der Handwerksgeselle hat seine Geliebte hergebracht, und sie prangt in einem der kreisenden Wagen, und er sticht Türken – und die genug haben oder denen übel geworden ist, gehen fort, und neue Gäste steigen ein, und mit neuer Kraft erschwingt sich die Trommel und der Kreisel, und während des Augenblickes, da sie still war, scholl durch die Bäume herüber von einer andern solchen Reiterei dieselbe Musik. Dort auf mehren Schaukeln werden ganze Frachten von Menschen geschaukelt, daß die Stricke knarren und sich die Bäume biegen. Andere werden wie echtes Garn abgehaspelt, und zwei Liebende geraten in Zwiespalt, da sie *schon*, er aber noch *nicht* nach Hause gehen will. – Du befindest dich, fremder Leser, wie es hier beschrieben, mitten in dem sogenannten *Wurstlprater*, der seinen Namen von dem Hanswurst hat, der aber schon längst gestorben ist. War der Glanz und Prunk in der Hauptallee, der sich doch vergleichungsweise ruhig vor deinen Augen entfaltete, schon denselben betäubend, so ist es zwar hier nichts weniger als auf Glänzen und Prunken abgesehen, aber wenn du dieses Elementes nicht gewohnt bist oder mächtig werden kannst, so zerrüttet es dir die Vernunft, und ich kannte einen ernsthaften Herrn mit schwachen Nerven, der hielt sich den Kopf, weil er behauptete, er fühle es, wie ihm die Knochen auseinandergehen – aber sieh! das ist echte gesunde Volkslust, die sich das Volk selber gibt und die ihm wohl bekommt; laß sie drollen und jubeln, und mitunter derb; denn diese da brauchen den Wein der Freude etwas stark und sauer, weil er die ganze folgende dumpfe Arbeitszeit nachhalten muß, die sie zu überstehen haben, bis wieder ein Fest kommt wie das heutige – darum freut sich auch der Arbeiter wochenlang darauf, und er ließe es nicht aus, er läge denn auf dem Sterbebette – und ich denke, da schon ein guter Teil der Menschen dazu verurteilt ist, namentlich in der Stadt, seine meiste Lebenszeit in dumpfen, engen Werkstätten zuzubringen mit einem dumpfen, engen Geiste, so darf man es ihm wohl gönnen, ja man soll ihn dazu ermuntern, daß er auch einmal sein Auge auftue, seine Seele erweitere und Lust und Freude walten lasse. – Ist dem Krittler diese Lust und Freude nicht zuständig oder zu roh, so bedaure er lieber, statt zu schelten, daß eben die Lage des Mannes ihm nicht erlaubte, sich in seiner Jugend so heranzubilden, daß ihm höhere Freude munde. – Zerstöre ihm nicht die Lust, o Krittler, mit deinem essigsauren ästhetischen Gesichte; geh lieber weg – oder bleib stehen, sie schauen dich ohnehin nicht an. Ein *lustiges* Volk ist auch ein *gutes* Volk, und das wissen wir hier am Donaustrande recht wohl, und es freut uns, daß es gerade bei uns so ist, und Arbeit und Lust und Lust und Arbeit, das mischt sich so bei dem Wiener, daß du nicht weißt, ist das eine oder das andere die Hauptsache

– es mögen's wohl beide sein – du kennst es ja, das lustige Volk der Fajaken, immer ist Sonntag, »es dreht sich immer der Braten am Spieß«.

Weile noch einige Augenblicke hier – du weißt, Wien ist die Stadt der Musik – daher auch hier Musik genug; türkische, der Leiermann, der Harfenist und Bänkelsänger, schwärmerische Handwerksgesellen mit Guitarren, dort zwei Jungfrauen, die eine Romanze absingen, ewig um eine Quint voneinander abstehend wie zwei parallele Linien – heimkehrende Freundschaftsketten, die den Rinaldo Rinaldini singen – hie und da in den Händen eines Knaben eine Harmonika – – und nun kommen auch noch die Zigeuner, seltsame, starre Gesellen; ein Traum, aus einer urfrühen Zeit der Weltgeschichte übriggebliebne Gestalten, unberührt von der Gegenwart; darum wirst du gleich hören, wie sie, und wären sie schon ein Menschenleben lang im Prater gesessen, dennoch unberührt von dem Geist und der Weise unserer Töne ihr uraltes Klingen anheben, feurig melancholisch wie ihr Auge, und phantastisch verworren hinschlürfend wie der Faden ihrer Geschichte durch die andern Schicksale der Welt – und in den höher ziehenden Tönen ihrer Geige ist ein Klagen und Trotzen, daß es mir immer unheimlich werden will, mich aber dennoch nicht fortläßt – von dieser eigentümlich exotischen Poesie. Dazu, sieh nur einmal den an, der die erste Violine streicht, und den, der das Zymbal schlägt, wie der eine den Bogen führt und zieht, fast graziös wie ein Virtuose, und wie der andere die Klöppel handhabt und beide so ernst und fast traurig das Weiß der Augen vordrehen aus den tiefbraunen Gesichtern – und wie es auch lärmt und wogt und musiziert ringsherum, so macht sich ihre Musik doch Platz – als ein fremdes Element, und schreit und singt aus der andern heraus, erkennbar auf so weit, als man überhaupt noch Töne vernehmen kann.

Sie werden immer toller und toller und streichen und streichen, daß die Töne wie Raketenstreifen steigen. – Jetzt ist der Wirrwarr erst vollendet, der Menschen werden immer mehr, auch Equipagen kommen, um zuzuschauen; der Wein beginnt zu wirken; singende Stimmen erheben sich hier und dort – nur *zwei* Gäste sind ganz still und freundlich: die liebe Abendsonne, die ihr Licht durch den rötlichen Staub und um alle Menschenantlitze gießt, und die zarten Laubknospen auf den riesenhaften Bäumen, die die laue Lenzluft empfinden und sich stündlich wohler fühlen und größer werden.

Laß uns nun weiterschreiten und diese brodelnde Hexenküche verlassen, damit wir, ehe die Sonne untergeht, auch noch andere Teile des Praters besuchen können. Wir wandeln auf dem Rasen unter den großen Bäumen fort, und das Menschengewühl wird dünner und dünner und das Gemische von Musik und Lärmen schwächer und schwächer; – einzelne Gruppen und Paare, denen auch das Gewühl nicht behagt, wandeln vergnüglich in der Frühlingsluft auf dem bereits grünen Rasen herum. Dort steht ein mächtiges hölzernes Gerüste. Es ist der Feuerwerksplatz, und wo du jetzt nur einzelne Gruppen gehen und lagern siehst, da steht sonst, wenn der Feuerkünstler Stuwer seine Phantasien abbrennt, eine Menge, Mann an Mann, als wäre der Raum mit Köpfen gepflastert, und alle schauen in die Nachtluft, die von Raketen wie von gellenden Tönen durchschnitten wird oder in die er plötzlich einen Stern heftet, der jetzt rot, jetzt grün, jetzt blau, jetzt golden am finstern Himmel schwebt und, von den Lüften getragen, langsam nieder- und seitwärts steigt*, oder der Stern platzt und wirft eine Handvoll farbiger Feuerblumen durch die Nachtluft – oder plötzlich steht eine durchbrochene, brennende Stadt vor dir und lodert ruhig prasselnd aus, dem feineren Auge öfters die sinnigsten Feuerdichtungen vorführend – heute aber ist von alldem nichts, und das graue Gerüste steht einsam auf dem Platze, von der glänzenden Frühlingsabendsonne friedlich beschienen.

Wir wollen nun noch weiter vorwärts gehen, bis wir an das Donauufer gelangen. Hier links an diesem Damme stehen die Gebäude der Schwimmschule, die wir ein anderes Mal besehen wollen; diese andern hölzernen Häuser auf Flößen sind lauter Bade- und Schwimmanstalten und im Sommer lebhaft besucht. Hier mündet sich schon ein größerer Donauarm herzu, und da, wo du die vielen Pflöcke im Wasser stehen siehst, ist das sogenannte Freibad, ein Platz, der mit gespannten Tauen eingefangen ist, innerhalb denen jeder baden kann. Laß uns noch weiter abwärts gehen –

* Fallschirmraketen

siehst du, wie groß unser Prater, unser Wienergarten ist – schon längst hörst du keine Musik mehr, kein Rollen der wirklich mehr als tausend Wägen, die in der Hauptallee fahren – die laute, hohe Woge der Menschenlust hat dich entlassen, und hier ist es bereits so einsam wie in einer abgelegenen Waldwiese. Laß uns am Saume des Wassers fortgehen. Auf jener Insel weidet ruhig ein Hirsch, und die vielen Spuren im Lehmboden des Ufers zeigen, wie sie oft herdenweise hinübergehen; noch weiter draußen an der Spitze der bebuschten Insel steht eine Rinderherde, und es ist, als hörte man einzelne Klänge ihrer Glocken über das Wasser herüber schlagen, aber es ist Täuschung; die Donau ist hier so breit, daß die Tiere nur wie kleine verschiedenfarbige Lämmer herüberschauen. Wie wohltuend und sanft ist die Stille und die weiche Frühlingslandschaft auf das Getümmel, das wir eben verlassen haben! Fast kein Mensch mehr stört uns hier, und jener einzelne Fischer, der den ersten Mai dadurch feiert, daß er mit einer unerhört langen Rute unbeweglich am Wasser steht, ist eher eine zur Landschaft gehörige Staffage als eine Störung. Immer weiter führt unser Weg abwärts, und jener ferne glänzende Turm, der über die Auen herüberblickt, bezeichnet schon ein Dorf, das über eine Meile unterhalb Wien liegt, Ebersdorf. Hier stehst du am Gestade der ganzen vollen Donau, und dort, wo jene Mühlen sich drehen, die sogenannten Kaisermühlen, da ist der Platz, an dem die Dampfboote landen, die stromabwärts gehen, und weiter hinab wird es immer ländlicher und einsamer. Es ist selt-

79

sam, daß man so viele Wiener über die Stadt klagen hört und wie es so schön und herrlich um einen Spaziergang auf dem Lande sei – und in einer Nähe wie keine Hauptstadt haben sie einen Park voll reizender Abwechselung, und so wenige besuchen ihn; und gerade die schönsten, weil natürlichsten Stellen sind am allerwenigsten besucht. Wir wandern nun auf schmalen Pfaden durch Gebüsche, treten jetzt auf Wiesen heraus, mit großen schönen Bäumen besetzt; die Abendsonne streift mit roten Fäden durch Laub und Zweige, und die Amsel und der Fink schlagen ihr frisches Lied; der Hase läuft durch das Gras; von der großen Stadt ist nicht ein Pünktchen sichtbar, und es wird uns schwer, zu glauben, daß wir noch vor einer halben Stunde im dichtesten Gewühle waren. – Diese Rüstern und Silberpappeln, den Lieblingsbaum der Donauinseln, würdest du wohl kaum irgendwoanders in solcher Größe und Stattlichkeit antreffen als hier, wo er so geschont wird, daß man keinen schlägt, als bis er gestorben ist, so daß er sich ausbreiten und entwickeln kann und in diesem lockern und fetten Boden bis zur Grenze seines höchsten Alters gedeihen mag. Der Wiener liebt aber auch diesen schönen riesengroßen, breitkronigen Baum seiner Heimat gar sehr, und ich würde es keinem raten, daß er in Gegenwart von Spaziergängern einen dieser Bäume beschädigte. Da sie auf dem auserlesenen Boden vereinzelt stehen, so sind sie dem Städter ein wahres Kleinod geworden; der Spaziergänger geht von Schatten zu Schatten, der Meditierende, der Grübler, der Philosoph, der Lesefreund

Der Spaziergang auf der Bastei.
Gezeichnet von Joseph Eissner,
Stich von Johann Jarisch

setzt sich an dem Stamme nieder und versinkt in seine Gedanken oder in sein Buch; der ermüdete Arbeiter und der Tagedieb schlummern im Schatten; zu ihnen gesellt sich der wüste Geselle, der die gestrige Orgie ausschlafen muß; so geht der Wandler an allen vorüber und stört sie nicht weiter; der Künstler sitzt mit seiner Mappe auf seinem niedern Feldstuhle und zeichnet oder malt einen Baum oder eine Gruppe; und es wird wohl kaum ein einziges Portefeuille sowohl des Künstlers als des Anfängers in Wien geben, in welchem sich nicht »Partien aus dem Prater« befänden, und da tritt denn gerne der neugierige Wanderer oder die Dame, die sich, ihren Wagen abseits wartenlassend, eben auf dem Rasen ergeht, an den Rücken des Malers heran und schaut ihm auf sein Blatt, ob er denn den prächtig schönen Baum auch so prächtig auf seine Tafel zu bringen vermag; – sie gehen vorüber, und andere kommen, aber der Maler malt fort, die Schläfer schlafen, die Grübler grübeln fort – die Kindsmagd kommt und breitet ihr blütenweißes Leinenzeug auf den Rasen und setzt ihre Kleinen in die Sonne und Luft oder an den Stamm eines Baumes; indes ist aber Sonnenschein und Himmelsbläue, und ein Westlüftchen, das über die heiße Stadt gekommen war, wundert sich hier, daß es frisches Waldgrün getroffen hat, und blättert gerne in den Zweigen der Silberpappel.

Solche stille, feierliche Zeit im Prater ist meistens an schönen Frühlings- und Sommervormittagen und tiefer unten, wo sein städtischer Zuschnitt aufhört.

Aber, lieber Fremdling, laß uns nun wieder um-
kehren auf unserer empfindsamen Wanderung und
gleich jenen einzelnen Paaren und Wallern wieder
das Menschengewühl und endlich die Stadt suchen; denn sieh, die Maisonne ist bereits im Unter-
gehen und gießt Blendung und feurigen Rauch um
jene Höhen, wo Döbling und Grinzing und Nußdorf liegen und die beiden Schwesterschlösser auf
dem Leopolds- und Kahlenberge, und so dir etwa
der Abendtau und die Nachtfeuchte des Praters ein
Übel zuzöge, so wäre es mir sehr unlieb, da ich es
doch eigentlich bin, der dich herabgeführt und in
diese entfernte Einsamkeit verlockt hat. – Aber sei
getrost, dort sehen wir schon Wägen, die bis zum
Lusthause fahren, das auf der Inselspitze am Wasser liegt, und weiter aufwärts werden sie immer
mehr, und schon hören wir wieder die Musik der
Kaffeehäuser und endlich auch die aus dem Circus
gymnasticus schallen – dasselbe Auf- und Abhas-
peln der Wägen und des Glanzes und Pompes in der
Hauptallee; dasselbe betörende und verwirrende
Klingen und Schmettern aus dem Wurstlprater herüber; dasselbe Wogen und Wallen der Menge, wie
wir es verlassen, daß du dich ermüdet ordentlich
wegsehnst aus diesem Menschenknäuel und daß
du meinst, es müssen ja *alle* Bewohner von Wien
hier sein oder im Herabgehen begriffen – – aber
sieh zu, wir gehen die ewige lange Allee hinauf,
geblendet von der Abendröte, die in unser Gesicht strahlt; jetzt stehen wir wieder an der Jägerzeile, und du siehst sie vollgepfropft von Menschen, die fast alle *hinauf*gehen – eine Masse dunk-

ler Gestalten, die vor deinem geblendeten Auge in Staub und Abendröte schwimmen, während die Fenster an der Seite eine Reihe von goldnen Blitzen werfen. Ermüdet und betäubt und zerschlagen, langen wir endlich von dieser Partie an, die wir mit solchem Ergötzen begonnen haben, beide eine und dieselbe Sehnsucht empfindend – sie soll auch befriedigt werden, komm mit mir; in einem kühlen luftigen Zimmer meiner Gartenwohnung wartet meine Gattin auf uns und hat schon auf den gedeckten Tisch gestellt, was uns not tut: eine bekannte Wiener Lieblingsspeise, gebackene Hühner mit dem zartesten Salate und ein nicht gar bescheidenes Fläschchen alten Nußberger. Erquicke dich, rede noch eines mit uns, und dann geh zu Bette, aber hab acht, daß dich nicht Träume wecken und du dich etwa mit dem Bette im wahnsinnigen Menschenkreisel gedreht findest oder in demselben als einer gewaltig lächerlichen Equipage im Prater auf und ab schwimmst, etwa gar im Hemde, was dich sehr kränken würde.

Gute Nacht.

Die Streichmacher

*D*iese Sekte ist sehr zahlreich und fast so weit verbreitet als das Gras, und ebenso mannigfaltig als das Gras, zu welchem bekanntlich der Weizen ebensogut gehört wie dasjenige Gras, mit dem man sich bloß schneidet und das kein Vieh frißt. Ehe wir zu der Mannigfaltigkeit der Streichmacher übergehen, hätte der Leser freilich ein Recht, zu fordern, daß wir ihm sagen, was denn eigentlich ein Streichmacher sei; allein wir müssen frei bekennen, daß wir ebensowenig eine stichhaltige Definition eines Streichmachers kennen als die des Grases, aber so wie der Mensch recht bald das Gras von dem Salate unterscheiden lernt, wenn er nur dort lebt, wo beide wachsen, so lernt er auch bald die Streichmacher kennen, wenn er nur unter ihnen ist – in wenigen Jahren kennt er sie, und zwar von dem sanftesten und solidesten Streichmacher an bis zu dem Fanatiker in diesem Fache – wenn er nicht unterdessen selber einer geworden ist.

Je mehr ich aber über die Streichmacher nachdenke und mir die wesentlichen Eigenschaften klarzumachen suche, um sie dem Leser vor Augen zu führen, desto mehr komme ich zu der betrübten Überzeugung, daß ich selber einer bin – ja, daß meine Nachbarn rechts und links in der Gasse

Streichmacher sind, daß mein Onkel einer ist und daß alle Menschen Streichmacher sind, und die ärgsten gegen sich selber. Was macht man sich nicht alles weis — welche handgreiflichen Lügen glaubt man sich nicht selber?

Es muß am Ende doch ein Streichmacher kein böses Geschöpf sein, weil Gott so viele erschaffen hat — es geht wahrlich ins Fabelhafte, wieviel ihrer sind — bloß unter den Pflanzen habe ich keine getroffen, für die Tiere stehe ich nicht gut, am wenigsten für die Pudeln und Reitpferde, wohl aber für die Gans, worunter ich noch nie eine streichmachende getroffen — aber da sind der Pfau, der Truthahn, der Tauber — selbst der Esel ist nicht frei vom Zeitgeiste. Man sieht also, diese Sekte greift weiter als der Muhamedanismus, der Bramismus, der Budhanismus und als jeder andere Glaube und Aberglaube, und obwohl sie in unendliche Schismen zerspaltet ist und nach Zeit und Ort sich ändert, so hat sie doch eine bestimmte konstante Orthodoxie, deren Schattierungen durch alle Zeiten der Geschichte gehen. — Die Griechen waren Streichmacher, und zwar mehr oder minder feine; die Chineser sind es, und zwar etwas grobe und meistens gegen sich selber, anderer nicht zu gedenken, die auch großen Ausfuhrhandel mit diesem Zweige treiben und Propaganden haben. — In Europa sind Streichmacher und in der Hottentottei, in Wien und Paris sind sie, und in Eipeldau und Kakran*, in den Salons und Volksgewirren und in dem Schlafzimmer, wo der Streichmacher ganz al-

* kleine Ortschaft bei Wien

87

lein ist und sein Gewerbe noch redlich ausübt, bis
er entschlummert.

Aber was ist denn eigentlich ein Streichmacher?

Ich habe schon erklärt, daß ich das nicht weiß,
obwohl ich in jedem einzelnen Falle recht gut ange-
ben kann, ob ich eben einen Streichmacher vor mir
habe oder nicht. Sie sind immer dort am dichtesten, wo überhaupt die Menschen dichter wohnen,
daher die meisten in großen Städten und an Orten,
wo man sich drängt; denn es ist eines der ersten Bedürfnisse des Streichmachers, daß er gesehen
wird, *Umgebung* ist ihm daher so notwendig wie
dem Fische das Wasser, nur mit dem Unterschiede,
daß der Fisch ohne Wasser absteht, während der
Streichmacher ohne Umgebung nicht einmal absteht, sondern er erschafft sich eine Umgebung, er
wird seine eigene Umgebung, er zerspaltet sich und
wird sein eigenes Publikum, dem er Dunst bläst
und sich dabei sehr außerordentlich dünkt. Ich
kannte einen Mann, einen feinen, netten Mann, der
mit der Streichmacherei der Grazie und Schönheit
behaftet war, er trieb alle mögliche Noblesse auf
und legte sie in seine Stellungen, er konnte nichts
tun, ohne eine Figur zu bilden, und wenn er zu
Hause allein war und in dem elendesten Flause auf
dem Sofa lag, so konnte er es nicht lassen, schön zu
sein und sich eine hohe Meinung von sich selbst bei-
zubringen. Spiegel waren ihm höchst gefährlich,
und Winke, die ihm entfuhren, zeigten deutlich,
welch enormes Glück er bei Weibern haben müsse,
obwohl es bei ihm Grundsatz war, über derlei
Dinge reinen Mund zu halten. Seltsam war es nur,

daß von diesem Manne alle Tröpfe sagten: Dieser Herr sei den Damen sehr gefährlich, die andern aber lachten und sagten, er möchte es nur weismachen.

Obwohl also, wie gesagt, die Streichmacher überall sind, wo Publikum und Konkurrenz ist, so sind sie doch wieder an verschiedenen Orten verschieden, ich kann mir einen hottentottischen Streichmacher unmöglich so denken wie einen Londoner, und die Wiener haben daher auch ihre eigene Sorte, obwohl andererseits einzugestehen ist, daß sich die Streichmacher der europäischen Zivilisation ungefähr in der Art gleichen werden wie die Kiesel im Bache und daß alle großen Städte dieselben zeigen, nur durch ihre Atmosphäre eigens modifiziert, so z. B. werden die Wiener Streichmacher niemals dieselbe Schattierung der politischen aufzuweisen vermögen wie die Pariser – selbst auch wie alles Menschliche, in den untersten Anfängen zeigt sich diese Kunst gleichsam in den Windeln, wie es z. B. bei jenem Könige einer Südseeinsel war, von dem ich einmal in einer Reisebeschreibung las, daß er den europäischen Weltumsegler nicht eher vor sich ließ, als bis er in Gala sein würde. Der Kapitän und sein Gefolge wartete, endlich wurden sie eingeführt, und sie trafen die südliche Majestät nackt, nur daß sie eine einzige gleißende rote Weste anhatte.

Doch ich denke, wir haben uns bei dem Allgemeinen der Streichmacher lange genug aufgehalten, und es ist Zeit, daß wir dem Leser einige Porträts von diesem Wiener Artikel vorführen, nur wird es uns schwer, wo der Anfang zu machen sei, da der Nuancierungen so viele sind; allein wir wollen bei der feinern Sorte beginnen und bei jener enden, wie sie auf unserm Bilde dargestellt sind – wenn uns nicht unterwegs der Streich geschieht, daß wir aus dem Systeme fallen und eine ganz andere Ordnung befolgen. – Lassen wir das nun in Gottes Hand.

Die feinsten Streichmacher sind beinahe keine, und diese sind es auch, die sich ihres Standes oft am wenigsten bewußt sind. So kannte ich einen, der den andern den großen Mann vorspielte – sie hielten ihn dafür, ich hielt ihn dafür, und er hielt sich dafür – bis hieher ist keine Streichmacherei. Seine Wohnung, Kleidung, Redeweise war einfach edel, sein Benehmen leutselig und überall natürlich, seine Gedanken tüchtig und reich, seine Tätigkeit ungemein und überall auf das Gute gehend, und beinahe wäre er ein großer Mann gewesen – – wenn er kein Streichmacher gewesen wäre; denn mit unglaublicher Feinheit wußte er das Terrain vorzuschieben, wo er glänzte, es fielen Namen, die ihn hoben, es lagen verlegte Korrespondenzen herum, die staunen machten, es blickten Gedanken durch, die er ausführen müsse, alle Systeme hatte er umfaßt, alle Vorurteile abgelegt, klare weise Ruhe in seinem Wesen ausgeprägt – – im geheimen aber war er rauh und eigensinnig gegen seine Diener, tyrannisch gegen Weib und Kind – und letztlich verriet er seine Philosophie um ein einträglich Amt – doch es war nicht sichtbar, und er ließ gerne seine Selbstüberwindung bewundern, mit der er sich diese neue Last zu den alten aufgelegt.

Dann sind die Genies. Diese haben gestern mit dem und dem Dichter gespeist, dieser Kompositeur ist ihr Freund – jetzt müssen sie in die Sitzung des Gewerbvereins; dann wird einem großen Verstorbenen eine Denksäule gesetzt, da müssen sie dazu, weil sie dem und dem das Wort gegeben – abends haben sie Eile, weil sie zum Klub sollen – es ist da die Aufnahme sehr schwer – dann müssen sie ein Manuskript lesen, um ein freundschaftliches Urteil abzugeben, eine neue Musik anhören – in die Gemälde-Ausstellung gehen – dann lassen sie durchblicken, wie dieser und jener ein Esel sei – wie dies und das darniederliege, wie hoch das Ideal stehe – – wie alles einer Reform bedürfe – dies und dies Werk liegt auf ihrem Tische, Voltaire und Bolingbroke, Shakespeare, Gervinus, George Sand etc.; und manchmal haben sie auch lange Haare und Weltschmerz – aber diese gehören schon mehr in die Schattierung der Narren, also nicht unter die Streichmacher.

Dann sind die, die alles von sicherer Hand haben, die alles schon gestern wußten, die ins Geheimnis gehüllt sind – dann die, die in Paris waren und interessante Mitteilungen über Guizot und Thiers fallenlassen.

Dann ist die ungeheure Schar der Überlegenen. Der Überlegene ist an allen Orten Wiens zu finden. Er sitzt nachlässig da, weil er sich vor den andern nicht zu genieren hat, er hat alle gesellschaftlichen Formen weg, er befolgt sie aber selten, er legt das

Journal gleichgültig hin, er sieht mit Sicherheit auf die, die da bescheiden eintreten, er ist der Leichte, der Vornehme, der Kalte, er ist mitunter zerstreut, sein Gang ist heiter und bewußtvoll – er steckt voll Witz und sagt gelegentlich einen, er weiß alles, aber redet von nichts, außer das alles schlecht sei – die Überlegenen sind auch die Selbstzufriedenen, sie haben eine Erzählung, die mit den Worten anfängt: »Nein was es für Leute gibt ...«, und nach diesem Eingange folgen die Variationen. Vorzüglich gibt es unter der Jugend viele Überlegene. Er ist nicht zu bessern und zu widerlegen, weil er die Gründe ohnedies besser weiß, und er gehört namentlich unter jene Streichmacher, die es gegen sich selbst sind.

Dann sind die Wohnungen und Gerätstücke, mit denen Streiche gemacht werden. Wir sind in großen Städten Troglodyten, nur sind wir freilich nicht so einfältig wie die alten Egyptier, die anfangs gar warten mußten, bis irgendwo in einem Felsen eine Höhle war, die sie dann sofort bewohnten, später aber doch daraufkamen, selber in die Steine Wohnhöhlen zu bohren – wir sind, sage ich, nicht mehr so einfältig, sondern wir führen uns den Felsen samt den Höhlen gleich aus schönen Ziegeln auf und wohnen darinnen – da müssen nun eine Unzahl Dinge hinein, die zu nichts sind – als zum Streichmachen. Worauf man sitzt, liegt, steht, das ist nicht zum Sitzen, Liegen, Stehen, sondern zum Sehen, daß es nämlich der Nachbar, der aus seiner Höhle in unsere herüber auf Besuch kömmt, sehe und sich daran ärgere – Ärger ist dem Inhaber immer ein lieblicheres Opfer als Beifall – der Nachbar soll sich nämlich ärgern, daß es bei ihm nicht so schön ist. Wie man, um ein schnödes Stipendium zu bekommen, ein Armutszeugnis braucht, wenn man auch nicht arm ist, so müssen die Geräte Reichtumszeugnisse sein, wenn auch kein Reichtum da ist, darum sind die Fächer und Kästen weit kostbarer als das, was darin ist, nur die einzige Sache, die gleich selber etwas ist, das Silber- und Goldgeschirr, tut man in einen Kasten mit gläsernen Wänden, damit es herausschaut; der Boden ist, daß man die Füße lieber in die Tasche stecken möchte als mit ihnen auf ihm gehen; die Luftlöcher, welche der Höhlenbaumeister aus Vernunft herrichtete, werden mit recht viel Falten wieder zugehängt, daß das Licht nicht hereinkomme und schöne Draperie ist – dann sind Teppiche, Damaste, Kaffeetücher, Kästen, Tische, Sessel, Sofas – alle die Dinge sind selber wieder Streichmacher; denn sie sind inwendig von eitel weichem Holze, jeder Tisch hat Fichtenfüße, nur hat er eine nußbaumene oder Mahagoni-Hose an, der größte und ernsteste Garderobkasten ist mit hartem Holze geschminkt, und selbst die Fensterbretter sind Kinder, die immer ihren Sonntagsrock anhaben – dies nur heißen sie schöne Geräte und machen sich weis, sie haben daran etwas, und streuen den Besuchern den Sand in die Augen, in weiß Gott welch vornehmes und auserlesenes Haus sie gekommen. Daß dieses der Zweck der Geräte ist, nicht etwa, wie ein Einfältiger glauben möchte, der *Gebrauch*, erhellt daraus, daß man gerade in den bessern Fä-

chern der Wohnhöhle nicht wohnt, daß man, kaum
die Besuche fort sind, den Dingen über den hölzernen Überzug noch einen leinernen gibt – – ja daß
man, wie mir erst vor kurzem ein Freund von einer
Frau aus seiner Bekanntschaft erzählte, sogar eine
ganze Zimmerreihe haben kann, in die *nie* jemand
kömmt, sondern die Magd und die Frau gehen
eines Tages hinein, rufen die Diener und geben ihnen die Teppiche abzustauben und auszuklopfen;
sie selber wischen alles hübsch und reinlich ab und
stellen die Sessel, rücken die Spiegel, wo einer
schief hängt, und sperren dann wieder gut zu, daß
nichts gestohlen wird. Im Winter werden dann zuweilen viele Kerzen angezündet und viele Menschen eingeladen, welche durch die Zimmer oder
Höhlenfächer gehen und die Fetische anbeten, die
da ausgestellt sind, oder auch dieselben lästern,
wenn sie sich nämlich bessere machen ließen und
zu Hause stehen haben. Der echte Streichmacher
dieser Art tut auch, wenn Leute bei ihm sind, als
liege ihm an dem Krame nicht viel, er mißhandelt
ihn, daß es scheine, die Sache sei ihm Bagatell –
aber nachher pflegt und hegt er sie wieder und
schleudert gegen jedes der Seinen den Bannstrahl,
der das Unglück hatte, irgendwo anzustoßen und
zu beschmutzen oder zu ritzen. *Diese* Streichmacherei, meine ich, wird etwas nachlassen, wenn wir
in der Kultur werden vorgerückt sein und aus Höh-
lenbewohnern endlich Luftbewohner geworden.

Ich muß hier eingestehn, daß ich wirklich in der
absteigenden Linie der Streichmacher eine Lücke
ins System gerissen habe, ich vergaß wahrlich die

mit den Kindern und ihrer Erziehung, welche doch offenbar vor den Meubeln kommen sollten. Ich hole daher nach, was mir von der Sache kund ist. Da Erziehung doch offenbar nichts ist als Abrichtung des Mannes zu Amt und Geschäft, des Mädchens zu einem Manne, so finde ich Streichmacherei in diesem Zweige sehr zweckmäßig; denn die Erziehung ist beendet, wenn der Mann ins Amt, das Mädchen unter die Haube kömmt, beides sind sehr nützliche Dinge. Da freilich die Eltern nicht Zeit haben, anders als stoßweise zu erziehen, nämlich zu dieser oder jener Minute gute Lehren zu geben, die sich widersprechen, weil besagte Eltern zu anderer Zeit zu tun und zu genießen haben, so ist es einleuchtend, daß man den Kindern so viele gleißende Stellen hinauflackiert, als sie brauchen, damit sie leuchten, und ein Mann oder ein Amt wie ein Nachtschmetterling an dieses Licht heranfliege und daran klebenbleibe. Als solche Anlackierer werden nun unterschiedliche wohlfeile Meister genommen, die da beibringen, was klingt und glänzt, da geraten dann die Kinder zu allerlei Virtuositäten. Sie spielen das Piano, dieses leidige Marterholz unserer Zeit, d.h., sie trommeln Noten, weil es einem andern beifiel, das arme Herz in das eigentliche magische Reich des Schönen einzuführen; sie reden etliche Sprachen, d.h., sie sagen in ihnen Dinge, die deutsch zu fade klängen – aber genug, sie *sprechen* die Sprache; mehr verlangt Vater und Mutter nicht. Ob das Gesagte Vernunft hat, ist hier unwesentlich; – sie tanzen – nun das können sie meistens gut, weil es meistens den wenigsten Wert und das größte Vergnügen mit sich bringt – dann malen sie, d. h., der Lehrer bessert aus, und so werden (wenige Striche des Lehrers ausgenommen) die schönsten Bilder des Zöglings fertig – dann sind sie artig, charmant, sie wissen sich zu benehmen, sie reden, daß es Hand und Fuß hat, und sie müssen sich des öftesten produzieren, sie werden herausgeputzt, den Leuten gezeigt, und oft wird gesagt: »Karl, Adolph, sei brav« – und das ist dann die Erziehung – *glänzen, gelten, vordrängen,* tun als weiß Gott wie tief, wie weise, wie gebildet … und das einzige, was eigentlich *allein* einer Erziehung fähig und wert wäre, die *Vernunft,* diese sittliche Muse des Menschen – der öde – doch ich muß abbrechen, *diese* Streichmacherei bricht mir das Herz oder facht den Grimm an. Alle andern dagegengehalten sind harmlose Tierchen: diese frißt das Grün der Erde weg, daß die feste Rinde der Gehaltlosigkeit weithin offen liegt – und fast weiter als jede andere ist gerade *diese* Streichmacherei auf Erden verbreitet. Desto größere Ehre und reicherer Dank gebührt daher jenen Eltern, wie sie jetzt doch häufiger werden, die es anders machen und das Kind des Kindes, nicht anderer wegen erziehen und recht und wahr und gut erziehen.

Wie unschuldig, gleichsam neugeborne Kinder, stehen dagegen die da, die ich jetzt erwähnen will, die *Ankündigungen.* Jeder weiß ja aus Erfahrung, wie es ihm mit seinem Hunde geht; er ist der schönste, weiseste, ja er hat fast Menschenverstand – oder dem Blumenpfleger; er sieht nirgends so schöne Nelken, Rosen, Hyazinthen als bei sich:

Ebenso geht es nun, meine ich, auch allen denen, die sich Dinge einkaufen und nun selbe wieder verkaufen müssen, ich denke, sie verblenden sich auch dafür, und daher mag es kommen, daß sie sich in den Verkaufsankündigungen Illusionen hingeben, die sie sonst nicht rechtfertigen könnten: da ist alles echt, alles unverantwortlich billig, alles in jeder Haushaltung unentbehrlich und alles nur mehr in kleiner Quantität zu haben – ganz unglaublich ist es, was Redakteure in dieser Hinsicht leisten, sie opfern sich, sie ruinieren sich, um nur dem Publikum das Allerbeste bieten zu können – und das undankbare Publikum frißt dann diese Dinge ruhig wie Heu hinein und weiß nicht, welche Trüffeln und Ambrosia hinuntergegangen sind.

Wir steigen nun immer weiter hinab auf der Wesenleiter der Streichmacher und gelangen zu jenen, die das unwesentlichste Zeichen wählen, um den andern Respekt abzunötigen, *Kleider.* Überhaupt ist es, merk ich schon, ein wesentliches Merkmal der Streichmacherei, daß sie statt auf die *Sache* auf die *Zeichen* ausgeht; denn ihr Zweck ist, sich gelten zu machen, andern zu imponieren, andere zu überflügeln und zu dem Ende zu extremen Mitteln, auffallenden Handlungen, *Streichen* zu greifen. Da nun die konfusen Begriffe ungemein leichter zu erwerben sind als die klaren, ja da es noch leichter ist, gar keine Begriffe zu haben, sondern nur Einbildungen, so darf es niemanden von uns wundern, wenn solche Einbildungen sehr im Verkehre sind. Der reiche, der ausgezeichnete, der vornehme Mann und seine Frau haben schöne Kleider, also kehrt jener obige konfuse Begriff die Sache wie einen Muff um und sagt, wer schöne Kleider hat, der ist ein reicher, ausgezeichneter, vornehmer Mann oder dessen Frau; also, konsequent fortzugehen, muß ich suchen, schöne Kleider, hauptsächlich aber moderne, zu bekommen, dann bin ich vornehm oder werde doch wenigstens von mir und andern dafür gehalten – und je moderner, je extremer das Kleid, desto vornehmer der Träger. –– Welche namenlose, unbeschreibliche, überwältigende Gedanken und Revolutionen mögen z. B. in dem Kopfe so einer böhmischen oder mährischen Küchenmagd vorgehen, wenn zum erstenmal ein Damenhut wie der der gnädigen Frau darauf sitzt! ein großer, schöner, rosenfarbener Hut, zu dem sie sich endlich durch peinliche Ersparungen geschwungen – daß der Rock, das Halstuch und die Schuhe dazu stehen, versteht sich von selber – wie seltsam, wie fieberhaft muß der ganze Sonntag sein, an dem sie mit diesem Hute herumgeht! – und wenn sie erst daran denkt, einmal so in ihr heimatliches Dorf zurückzukehren und dort alles in Erstaunen zu setzen, wie sie vornehm und gebildet geworden ist! Aber nicht bloß die Küchenmagd und die Köchin, sondern auch die gnädige Frau wird durch einen neuen Hut und ein Ballkleid verrückt – gnädige Frau aber heißt in Wien jede, welche einen Dienstboten hat. Da sie nun selber einen solchen Wert und solche Würde in Kleider legt, wie müssen erst andere staunen und neiden, wenn sie in der unerhörtesten Pracht erscheint. Das schönere und konfusere Geschlecht geht uns Männern in *dieser*

Gattung Streichmacherei vor; es gibt keine Verun-
staltung ihres Körpers, die nicht schon einmal
Mode war. Was die Feinere, die Bescheidenere, die
Gebildetere Neues an sich trägt, das wird von der
Beschränkten, Frivolen und Dummen auf die
Spitze gestellt, die Mode wird überboten, und
wenn sie dann wie ein Pfau und wie eine Ente zugleich auf der Gasse geht und Flitter und Trödel auf
Dingen trägt, die unmöglich Körper sein können,
so dürftest du an dem seligen Ausdruck ihres Gesichtes abnehmen, wie hoch sie sich dünkt, und an
dem Nachschauen mancher Mitschwester, wie sehr
sie sie beneidet. – *Mir* fällt häufig der Mann ein, der
arme, der alles dieses kaufen muß. Bald muß der
Hut oben aufgeputzt sein, bald unten, bald muß er
groß sein, bald klein; jetzt darf er kein *Hut* sein,
nämlich ein Ding, was vor der Sonne schützt, dazu
hat man ja ohnehin das Parasol, sondern eine Art
hohler Kapuze, die im Nacken sitzt, das Tuch muß
nun weiß, wenigstens licht sein, der Rock muß ein
Rad schlagen, und damit er dies tue, wird dem armen ein härener Unterpanzer gegeben, und er wird
über die Fessel eines Strickes oder Seiles gespannt,
oder es werden ihm gar noch andere Sachen unter-
gelegt, die ich nicht nenne, die aber Anno 42 für
sehr schön gehalten werden müssen, da man's so
übertreibt. Und so schwirrt und surrt und saust es
von seidenen, samtenen, mousselinenen etc. etc. ...
Stoffen und Sachen, als wäre ein tolles Blumen-
beet ausgelassen – – o ihr armen und ihr betroge-
nen Dinger! Just das, was ihr erzielen wollt, vornehm, bedeutend, ansehnlich zu erscheinen, das

erreicht ihr nicht; denn ein Wort, ein Ruck, ein Wink; und ihr verratet die innere Leere, ja die Übertreibung selber verrät sie; denn gerade die Vornehmheit ist ein Ding, das sich nicht lernen läßt, und Würde und Bildung erscheint in dem einfacheren Kleide schöner als Anmaßung und Prahlerei in dem übertriebensten. Daß ich aber tauben Ohren predige, weiß ich übrigens recht gut. Wäre diese Streichmacherei unschädlicher und nicht gerade sie der erste Schritt zur Untergrabung der Sitte und oft des Familienwohles, so könnte man sie hingehen lassen, als Spiel der Armen im Geiste — aber ...

Von dem Manne, der sonst nichts als überall schön ist, schweige ich, er ist eben ein Tropf; freilich gibt es viele, in der Regel aber sind sie harmlos ... also transeant.

Zum Schlusse lange ich nun bei jenen Subjekten an, wie unser Bild sie vorstellt, die den Exponenten der Ehre und Hoheit im sogenannten *Aufhauen* suchen, d. h., sie werfen geradewegs das Geld weg; für was, ist gleichgültig, wenn es nur Aufsehen macht, wenn es nur knallt und klingt, es mag nun dem Aufhauer selber Marter oder Angst kosten, das tut zur Sache nichts — er tanzt, er fährt, er reitet, er spielt. Wie sauer es ihm wird, weiß oft nur er, wenn er, um Kavalier zu sein, selber kutschiert und ihm im Prater vor Angst der Staub und die Sonne und die Menschen durcheinanderschwimmen oder wenn er auf dem Gaule wie der Schächer auf dem Kreuze hängt; denn der Mann hat auch noch immer das Unglück, daß die angewandten Mittel trotz der Verschwendung unzulänglich bleiben und die Sache ins Lächerliche ausschlägt. Am großartigsten ist er, wenn er beim Gelage sitzt oder beim Balle und nun warm und »fidel« wird, Champagner trinken, Flaschen zerschlagen, Krapfen unter den Tisch werfen oder gar mit einer Banknote die Pfeife anzünden kann, was freilich der Gipfel der Bravour ist.

Dieser letzte Streichmacher ist meistens der unschädlichste, d. h. für die menschliche Gesellschaft; sich selber bringt er freilich nicht gar vielen Nutzen, und Zwecke erreicht er auch nicht gar sonderliche; denn mir geschah es nie, daß er mir Respekt oder dergleichen einflößte. Seine Klapper ist die roheste.

Und somit nehmen wir Abschied von der Sippschaft der Streichmacher, und zum Schlusse ersuche ich nur den Leser, recht auf sich zu achten, und er wird sich wundern, wie viele feine und versteckte Streichmachereien er an sich entdecken wird – ich wenigstens fand, während ich dies schrieb, so viele Nuancen an mir selber, als ich kaum durch den ganzen Rest meines Lebens werde auszutilgen imstande sein.

Leben und Haushalt
dreier Wiener Studenten

*W*ir heben diese drei besonders heraus, nicht als wollten wir von ihnen etwas ganz Besonderes sagen, was von keinem andern gilt, oder gar ihre Lebensgeschichte erzählen, sondern vielmehr darum, weil sie gerade die ganze Gattung darstellen und wir der Meinung sind, in einem Buche über Wien dürfe der Wiener Student und sein akademisches wie auch häusliches Leben gar nicht fehlen.

Sie waren Landsleute und erst in die höheren Studien auf die Wiener Universität gekommen, nachdem sie die Weltweisheit (Philosophie) auf einem Landlyzeum des gründlichsten erlernt hatten. Wir wollen es versuchen, ihre Ankunft und ihr akademisches Leben zu schildern, weil der echte Student Wiens gerade nur durch solche Ankömmlinge repräsentiert wird, indem ein solcher in Wien, abgetrennt von Familie und Verwandtschaft, rein und allein Student sein muß, der abstrakte Student, sich durchschlagend durch alle Fährden und Abenteuerlichkeiten seines poetischen Standes, bis er endlich absolviert ist und dahingeht und Philister wird, schmählich entkleidet von aller Glorie und allem Schwunge seines vorigen Standes. Der Eingeborne hingegen, wieviel er auch Studentengenie besitze, vermag sich doch nie zur wahren Studentheit zu schwingen, weil ihm doch immer die Farbe

seiner Familie, Verwandtschaft und Koterie an-
klebt und weil er außer dem Studenten auch noch
ein Sohn ist, ein Cousin, ein Neffe, ein Wiener, ein
charmanter Mensch – indes der echte Musensohn,
gleich einem abstrakten Begriffe, nur er selber ist,
ein Ding, das jenseits aller andern Menschheit
liegt, die alle Unterschiedliches zu tun hat, er aber
zehn ganze Monate nichts, als daß er Student ist
und dann eine Prüfung macht, daß er Glied einer
unsichtbaren Republik ist – er ist kein Bürger dieser Welt, außer wenn er Schulden hat; er ist kein
Landsmann, kein Eingesessener, kein Stand, kein
Familienglied, nicht einmal ein Liebhaber, weil er
immer wechselt; sondern er ist nur ein Quartaner,
ein Quintaner, Jurist, Philosoph, und in den Ferien
eine Zugschwalbe, ja manche treiben diesen Zynis-
mus der Abstraktion so weit, daß sie auch keine
Studenten sind, sondern gar nichts mehr, so daß
ihnen alle Tage das Unglück begegnen kann wie
einst einem lustigen Vetter von mir. Der Vetter zog
nämlich eines Nachmittags Handschuhe an und
ging auf die Universität. Unten in den kühlen Hallen derselben fragte er einen wildfremden, gesetz-
ten ältlichen Mann, wo denn der anatomische Saal
sei. Der Mann aber fragte seinerseits wieder, was
er in dem Saale wolle. »Meine anatomische Jahres-
prüfung machen.« Der gesetzte Mann lächelte seltsam und sagte: »Kommen Sie mit mir, ich will Ihnen
den Saal zeigen, denn ich bin der Anatomie-
professor und prüfe eben dort.« Der lustige Vetter
riß seinen Hut vom Haupte, und es wäre ihm in
dem Saale schändlich ergangen, wenn er nicht

zufällig vorher sehr viel Anatomie hineinstudiert hätte.

Glückselige Studentenzeit! Wenn du nur das ganze Leben dauern könntest – aber da vergeht sie wie der Rauch auf den Bergen, und der kahle Broderwerb steht da. Einige sind freilich so glücklich, daß das akademische Moos fingerdick auf ihnen wächst, aber auch diese müssen endlich vorüber, wenn es nicht etwa mit einem von ihnen das Schicksal so gut meint und so weit treibt, daß es ihm einmal mit eins einen Schlagbaum vor den Verstand wirft, was die Leute überschnappen nennen, so daß er von nun an nicht mehr hinauszugehen vermag ins Philistertum, dem wir andern doch unerbittlich entgegengereift sind, und daß er sofort das Schauspiel eines ewigen Studenten darbietet. So sehe ich noch immer ein Individuum in den Universitätshallen auf und nieder gehen, das ich schon in meiner Knabenzeit ebenso gesehen hatte, ein Individuum, emsig auf und ab schreitend, mit braunem Rocke wie damals, dünnen Leibes, vorgebeugten Rückens, voll Bartstoppeln, ein schwarzes kleines, schmutziges Büchlein mit eingelegtem Finger tragend, einen Klassiker, den er zuweilen aufschlägt und dicht vor die Augen hält. Gealtert ist der bemooste Bursche seit meiner Zeit gar sehr, weil ich auch alt geworden bin, und sein Auge ist noch unsteter als damals, aber er geht noch immer herum unter den Pfeilern, geradeso wie seine blutjunge Mitschülermannschaft um ihn, die da in den Jahren kommt und geht – nur er, wie ein ewiger Jude unter der Studentenwelt, besteht, ja er ist sogar der einzige Student, der auch während der Ferien in den Universitätshallen herumwandelt, mutterseelenallein, so daß seine Schritte unheimlich in den weiten Gewölben hallen müßten, wenn nicht seine Fußbekleidung immer in einem solchen Stande wäre, daß man seine Tritte nie hören kann. Vor fünf Jahren verkaufte er Federkiele, jetzt aber studiert er bloß wieder. Glückselige Studentenzeit, wie gut ist es, daß auch du vorübergehst wie alles andere an dem flüchtigen Menschen.

Laßt uns nun von dieser Abschweifung und Sachdefinition wieder auf unsere drei Freunde zurückkommen und ihre akademische Biographie aufnehmen wie folgt.

Auf jenem Landlyzeum aber gingen furchtbare Sagen über Wien und das Leben daselbst. Wenn man nicht mit unerhörten Geldern dahin komme, so müsse man in einem dumpfen Loche wohnen und sich bei einem schmutzigen Traiteur, weil er wohlfeil ist, aushungern, und die Unschuld wird gleich am ersten Tage verführt.

Dieser Aussicht zum Trotze wagten es unsere drei Schälke dennoch, obwohl sie hinlänglich wenig Geld besaßen und von ihrer Unschuld auch nicht wußten, wie feuerfest sie sei, da sie bisher noch niemand in Versuchung geführt außer älteren Kollegen zu einigem Trinken und verbotenem Tabakrauchen. Sie wagten es aus dem Grunde, weil es vor ihnen auch manche gewagt hatten und unversehens Herren und Staatsdiener geworden sind.

Ihr Plan aber war dieser: Anlangend das Geld, so hungert zwar niemanden so oft und so umfassend als junge Studenten; aber niemand auch erträgt Entbehrungen so lustig als die Jugend, und niemand ißt so sehr alles als der Student! – Anlangend also das Geld, so beschlossen sie, selbes sehr zu schonen, und anlangend die Unschuld, so war ihnen dafür nicht bange, weil sie riesenhaft gute Vorsätze hatten und überdies als Kaution den Vertrag eingingen, daß einer über den andern wachen sollte und ihm jedes Mißfällige sogleich in den Bart sagen, der allen dreien zu wachsen anhob.

Zu diesem Ziel und Ende wollten sie auch zusammen wohnen, sich den wohlfeilsten Traiteur suchen oder gar selbst kochen, in der Zeit aber sich um Gelegenheit zum Unterrichtgeben umtun, daß sie sich eine glänzende Studentenlage gründen möchten.

Freilich ging auf jenem Landlyzeum auch die Sage von der traurigen Ungesundheit der zusammengepfropften Residenzstadt – aber mit der riesenfesten Gesundheit der Jugend und mit einem Magen im Leibe, daß er Sohlenleder und Korkstöpfel verdauen könnte, glaubt man an derlei Warnungen nicht; für die Jugend gibt es keinen ungesunden Ort, und im Gefühle des innigsten Lebens sind ihr Krankheit und Tod platte Unmöglichkeiten – und es ist auch so; wenn nicht ein Leviathan von einem Miasma kommt, so verwindet es der Klotz von einem Körper, und es gedeiht ihm, während die andern daran mühselig hinsterben. Überdem hatten sie gegen alle Warnungen und Schreckenbilder noch einen heimlichen Grund und Trost im Herzen, nämlich den, der der Menschheit so oft beispringt: »Wer weiß, ob es wahr ist.«

Sie hatten es also gewagt.

An einem sehr schönen Oktobernachmittage (damals, als unsere drei Freunde gen Wien fuhren, waren die großen Ferien noch im September und Oktober) – an diesem sehr schönen Oktobertage also stiegen sie in Nußdorf aus und sahen sich sogleich nach dem dicken Luftbrodem um, der immer über der Stadt brüte und Krankheiten aushecke – allein sie fanden ihn nicht, sondern rechts waren schöne grüne Berge und links schöne grüne Auen, und aus diesen ragte ein sonnenbeglänzter grauer, feinzackiger Turm empor – der Turm von St. Stephan; schmucke Spaziergänger gingen an ihnen vorüber; Wägen fuhren die Kreuz und Quer mit schönen weißen Nummern auf dem Kasten, schöne Herren und Damen saßen darinnen, und an den Gesichtern der Kutscher schien nicht das geringste Anzeichen von hiesiger ungesunder Luft bemerkbar, so ganz besonders gut sahen sie aus.

Allen dreien war es so gewiß unselig und seltsam, so wie es uns allen ist, wenn wir uns einem merkwürdigen und einflußreichen Flecke der guten alten Mutter Erde nähern und dort die Entscheidung unserer ganzen Zukunft erwarten. Nur das, was gerade das Natürlichste war, schien ihnen das Unbegreiflichste, nämlich daß es hier gar nicht anders aussehe als auf jedem andern Platze der Erde. Daß sie an der großen merkwürdigen, weltberühmten Hauptstadt Wien standen, schien ihnen gar nicht glaublich, denn da rinnt ja das bekannte Donauwasser wie in Linz, und Bäume und

Auen stehen dabei, wie sie sie schon tausendmal sahen, und auch die Leute schauen so aus, als hätten sie mit jedem von ihnen schon geredet. Auf Unerwartetes war jeder gefaßt, das Bekannte brachte sie nun außer Fassung. Das Seltsamste aber war noch, daß man von der ganzen Stadt nichts als den grauen Turm sah und ein paar Häuser, so unscheinbar, als wäre es eben nur ein Meierhof. »Den Koffer, meine Herrn«, tönte des Nauführers Stimme neben ihnen, »können Sie sich morgen am Schanzel abholen, jetzt aber mit dem Gesellschaftswagen in die Stadt fahren oder auch zu Fuße gehen, wenn es beliebt; denn es ist kaum eine halbe Stunde bis zur Linie.«

Freilich wußte keiner das Schanzel, aber deswegen hatten sie keine Sorge, sondern begaben sich auf die Straße, welche nach dem grauen Turme zuzuführen schien.

Aber der Leser weiß ja noch gar keinen Namen.

Der Kandidat der Rechtsgelehrsamkeit *Franz Xaver Pfeiffer* schritt voran, und hinter ihm, starke Studentenstöcke in der Faust tragend, die angehenden Heilkünstler *Urban Schmidt* und *Heinrich Quirin*. Sie gehörten alle drei jener storchichten Sorte an, die lauter Füße hat, ausgenommen noch zwei täppige Hände, mit denen sie stets ungeschickt agierten – man verüble es ihnen nicht, wir waren ja alle so in unserm gesegneten siebzehnten und achtzehnten Jahre. Nur der Pfeiffer trug bereits breite Schultern und einen Ansatz zu einem felsenmächtigen Brustkasten, den er keck der Luft entgegen und bei der Nußdorfer Linie hineinschob

— die zwei andern folgten — — und nun waren sie wirklich und leibhaftig in der großen Kaiserstadt, von der sie ihr Leben lang so viel gehört und in der Geographie eine ganz klein gedruckte Seite auswendig gelernt hatten – sie waren nun wirklich da. Die einigen unansehnlichen Häuser, die sie bei ihrem Herannahen gesehen hatten, entwickelten sich nun zu einer langen Gasse, in die sie immer tiefer hineingerieten, aber auch hier war es ja nicht anders, als seien sie in Wels oder Braunau oder sonst in einer bekannten Stadt, ordentlich heimisch, nur die Häuser etwas größer, und statt dessen, daß man in Wels durch jegliche Gasse schnell auf den Marktplatz gelangt, setzte sich hier die Gasse immer fort, gleichsam als setze sich die Stadt immer an sich selber an, wie jenes närrische Teppichpaar in der Stadt Hirschau, das man dem römischen Kaiser, als er einmal das Rathaus besuchte, dergestalt unterbreitete, daß, als er auf dem vorderen schritt, man den hintern wegnahm und wieder flugs vorne anlegte, wobei sie sich sehr sputen mußten, was denn freilich zur Folge hatte, daß sie einmal zu früh anrissen und den Kaiser ganz und gar niederwarfen. Es soll Friedrich der Rotbart gewesen sein. – Als aber unsere drei Freunde immer weiter fortschritten, dehnten sich freilich die Häuser zu immer ansehnlicherer Größe empor und gewannen an Glanz, daß die Ähnlichkeit mit Wels und mit Braunau stets geringer wurde, auch das Gedränge und Getriebe wuchs überraschend, allein auch ihr Mut; so daß Urban (seines zärtlichen Wesens halber nannten sie ihn stets bei dem Taufnamen), so daß Urban beinahe so keck gewesen wäre, vor einem Generale den Hut zu ziehen, wenn er nur gewußt hätte, warum denn derselbe hinten auf dem Wagen stehe. Der Pfeiffer las alle Inschriften und machte bereits Späße darüber. Quirin war eigentlich seines Herzens der größte Schelm und Schalk unter ihnen, allein er hatte so eine Art und gesetztes Wesen, daß man ihm den Spitzbuben nicht ansah, daher er auch heute so gesittet und mit städtischen Manieren einherging. Der ehrliche Pfeiffer, obwohl der Tüchtigste unter ihnen und daher auch bei allen Unternehmungen der Führer, wurde doch am öftesten von ihm gehänselt, während der stille Urban immer Verschlagenheit genug besaß, auf seine Lockungen nicht einzugehen, indes Pfeiffer alsogleich biederherzig aufsaß, sooft es der andere wollte, aber er lachte immer selbst mit oder puffte den Quirin ein klein wenig ab, während Urban sich immer entsetzlich in seinem Innern abzürnte, sooft er in eine Falle gegangen; denn er fühlte eben seine Inferiorität, während Pfeiffer gar wohl wußte, daß er selber es eigentlich sei, der die Firma des Hauses aufrechterhalte.

Deswegen fragte ihn auch keiner von den zwei andern, was er denn im Schilde führe, als sie ihn wie einen Goliath immer rüstiger in die Wildnis der Stadt hineinschreiten sahen, sondern sie folgten ihm und dachten, er werde es schon wissen – aber im Grunde wußte er es doch nicht, sondern es schwebte ihm dunkel der Gedanke vor, man müsse vorerst das Terrain rekognoszieren, dann werde sich schon ein Plan ergeben. Ohne zu fragen, gingen sie daher durch allerlei Gassen in der Richtung, in der sie gekommen waren, immer fort. Häuser rechts und links, schön und mächtig, und immer schöner und mächtiger, je weiter sie kamen – Menschen in Hülle und Fülle, alle vornehmer gekleidet, so daß sich Urban schon seines Rockschnittes zu schämen anhob, und Wagen rollten hin und her, glänzend poliert und mehr an Zahl in dieser einzigen Gasse, als sie sonst ihr ganzes Leben lang gesehen hatten. Hin und wieder an den Haustüren hingen Zettel, »Wohnungen zu *verlassen*« stand immer darauf statt »zu *vermieten*«, was Pfeiffer zuerst nicht begreifen wollte, aber als es ihm endlich einging, so dachte er in seinem Herzen: ›Wo wird nun in diesem Ozean von Häusern der Zettel sein, der, wie eine Taube mit dem Ölblatt im Schnabel, uns die Arche anzeigen wird, in die uns einzufahren bestimmt ist – wo wird er sein?‹ – – Siehe, da ist ja nun mit einem Male der Plan, auf dessen Eingebung er ja gehofft hatte. – Sofort wandte er sich nun zu den zweien, die nachschlenderten und an den Häusern hinangafften, und sagte zu ihnen, daß er vorschlage, sich durch alle diese Gassen bis zur eigentlichen Stadt durchzuhauen, dort die Universität zu erfragen und von da aus gerade der zunächst gelegenen Vorstadt zuzugehen, um dort, womöglich heute noch, eine Stube zu mieten, in der sie sich dann morgen sogleich einrichten könnten. Die Bill ging durch, und nach Verlauf von einer halben Stunde und nach vielfältigen Fragen standen die drei seltsamen Gesellen auf dem Universitätsplatze und starrten das massive Gebäude an, von dem ihnen Heil und Segen ausgehen sollte und das mit seinen Frontsäulen und dem ruhigen Plätschern der zwei Brunnen ernst herniedersah auf die drei neuen exotischen, bestaubten und abenteuerlichen Burschen. Das sah Urbanus gleich ein, wie er sich und die zwei andern hier stehen sah, daß eine gänzliche Reform mit ihnen vorgehen müsse, wenn sie sich nur einigermaßen der Kultur und Zivilisation annähern wollen, die in dieser Stadt herrschen; denn wie elend standen sie da in ihren schleppenden, hängenden, überlangen Rökken gegen die Eleganz und Pfiffigkeit, mit welcher jedem der Vorübergehenden seine Kleider saßen, als wäre er ein Genie. Auch in Quirins Herzen mochte etwas Ähnliches vorgehen, denn sein Angesicht sprach sichtlich Verlegenheit aus, wenn er merkte, wie sie alle drei von den gelegentlich Vorübergehenden neugierig angeschaut und gemustert wurden – aber mit Pfeiffer wird da wohl schwer etwas anzufangen sein, denn er stand da ohne die geringste Ahnung der Gefühle seiner Freunde, und sein unendlich grüner Rock hing ihm am Körper wie eine Standarte hernieder – und dieser war sein schönster; denn im Koffer hatte er nur mehr einen von Loden, der zwar nicht lang, aber so zottig war wie das Goldne Vlies.

Noch ein anderer Gedanke drückte dem Urban ängstlich auf die Seele: ob ihm dieses mächtige Gebäude ein Tabor oder eine Schädelstätte werden würde; denn er dachte beklemmt an die vielen dünnen ersten Klassen, die er im Ränzlein trug und die er sich doch oft mühsam auf dem Lyzeum erworben hatte, aber auch hierin war Pfeiffer unangreifbar, denn er vermaß sich, ganze Heuwägen hineinzustudieren, wenn er sich nur einmal recht niedersetze, und das rechte Niedersitzen nahm er sich sehr ernstlich vor, also war keine Furcht. Nach gebührlich langem Anschauen des Äußern des Gebäudes gingen sie auch beim Haupttor hinein und gelangten in eine geräumige Halle, mit Pfeilern versehen, welche als Sammel- und Spazierplatz dient, aber da die langen Ferien noch nicht zu Ende gegangen, so waren die Hallen leer und verödet, nur eine einzige heterogene Erscheinung war da, ein alter Mann, der auf einer der hölzernen Wandbänke saß und in der Kühle ausruhte. Mit Vorahnungen gingen sie halb schüchtern, halb linkisch herum und betrachteten verdutzt die hohen dunkelbraunen verschlossenen Türflügel, die zu verschiedenen Sälen führen mochten, und die zwei Treppen, die breit und vornehm einander gegenüber in die höheren Stockwerke emporleiteten, allein sie stiegen nicht hinauf, sondern traten wieder auf den lichten Platz hinaus, um an das Geschäft der Wohnungsschau zu gehen. Die Sonne stand schon ziemlich tief, denn die Universitätskirche und die zwei Türme warfen bereits ganze Massen von Schatten auf die Gebäude, und durch die zwei Gassen zu beiden Seiten der Universität gingen schon abendlich rote Lichtströme nieder; deshalb schritten sie ungesäumt von dannen, und zwar, ohne zu fragen, geradeaus.

Ihr Stern führte sie zum Stubentore und da über zwei Brücken durch eine Allee hoher Pappeln in eine freundliche Vorstadt, auf derem ersten Hause der Name *Landstraße* stand, und sie beschlossen, sogleich in dieser heitern Stadt eine Wohnung zu suchen.

»Eilf Zimmer mit Vorzimmer, Küche, Boden und Keller« – »Zimmer und Kabinett« – »Vier Zimmer mit der Aussicht auf die Gasse nebst Zugehör auf Georgi zu verlassen« – »Wohnung mit neun Stuck« – »ein Keller auf hundert Eimer Wein« – »möbliertes Monatzimmer« – drei Herren werden nicht genommen – also weiter – Wohnungen, Magazin, Gewölbe, Keller, möblierte und unmöblierte Monatzimmer – alles genug, rechts und links in der Gasse, nur keine Stube für sie, außer sie hätten recht viel Geld, und obwohl sie die lange Straße fast bis zur St.-Markus-Linie, die gegen Ungarn führt, abgegangen, so fanden sie doch nichts und schlugen, da es bereits Nacht zu werden begann und kein Zettel mehr lesbar war, den Rückweg ein. Ermüdet bis zum Tode, melancholisch und betrübt durch das fortbrausende Getöse, an allen Gliedern zerschlagen wie die Knappen Rolands, langten sie endlich, von ihren Kreuzzügen rückkehrend, im Gasthofe zum roten Hahn an und verlangten ein Nachtquartier. »Nro. 43 auf die Gasse«; und als nach langem Warten Nro. 43 aufgesperrt wurde, eine große stattliche Stube, und sie sich dort ein wenig von allerlei Reiseanhängseln befreit hatten, ihre Röcke gebürstet, ihr Haar geordnet, so gingen sie hinunter in die Gastzimmer, wo es wieder unerhört elegant und schön war, so daß sie sich an den bescheidensten Platz setzen wollten, wenn nicht schon Pfeiffer, der früher als die zwei andern mit seiner Toilette fertig geworden war, in seinem grünen Flausrock am lichtesten und schönsten Tische vor einem großen Glase Bier gesessen wäre; auch brachte man ihm, bevor die andern ebensolche Biere bestellt hatten, einen Rostbraten, so mächtig, daß er fast allseitig zum Teller hinabhing. Urbanus und Quirin sahen kaum diese heutige tatsächliche Aufhebung des erst vor kurzem so feierlich gegebenen Armengesetzes, als sie, von dem Dufte des Bratens gänzlich verblendet und abtrünnig gemacht, alsogleich ihre Einwilligung dadurch nachtrugen, daß sie auch ebenso duftende und ebenso große Rostbraten bestellten und sich an des essenden Pfeiffers Seite niederließen. Wieviel Semmeln sie schon vor Erscheinen des Bratens gegessen haben, weiß man nicht mehr, aber das ist gewiß, daß sie endlich dachten: ›Ei, was soll denn schon der erste Abend in Wien ein muffiger, elender Knausebart sein‹, und daß sie sich mit diesem Grunde den Gewissensvorwürfen zu entwinden suchten, während Pfeiffer schon rasch im Essen vorwärtsschritt und keine Spur von Gram in seinem Angesicht zeigte – was er aus Kraft tat, taten die andern aus Schwäche – ist doch auf der ganzen Gotteserde nichts so süß für ermüdete, todhungrige Jugend als ein tüchtiges Abendessen und dann ein Spaß – aber so ist die Hinfälligkeit menschlicher Dinge und Reiche – das Armengesetz geriet endlich in solchen Verfall, daß sie sämtlich Wein zu trinken anhoben und

115

schon mutig und gesprächig dasaßen, als sich die Zimmer mit den schönsten, glänzendsten Gästen zu füllen begannen, die da ihren täglichen Wein und ihr tägliches Gespräch zu sich zu nehmen gewohnt waren, und daß sich Quirin bereits das Herz nahm, einen dicken Herrn mit schimmerndem Gesichte und feinem Rocke anzureden, während Pfeiffer längst schon mit seinem Nachbar im eifrigen Gespräch war und ihm offen erzählte, was es mit ihnen sei und daß sie eigentlich im Grunde drei lustige arme Teufel seien, die nur heute den ersten Abend in Wien zelebrierten; worüber sich Urbanus in der tiefsten Seele schämte, weil er eben nachrechnete, wie lange es noch dauern möge, bis er auch so schön gekleidet und so angesehen wie alle diese Herren werde dasitzen können und in Ehren sein Gläschen Wein trinken – – ja, damit ich alles sage, so weit war es mit ihnen an jenem Abende gekommen, daß sie noch am Tische saßen, Gesundheit tranken, mit den Gläsern anstießen und kein Lächeln und Gähnen der Kellner achteten, da bereits kein einziger Gast mehr in den Zimmern war. So wie sie die ersten gewesen, so waren sie nun auch die letzten. Endlich gingen sie auch schlafen, und auf dem Wege nach Nro. 43 mochte es schon manchem von ihnen dunkel aufdämmern, wie sehr es ihn morgen reuen werde, daß er die Stadt Wien und sämtliche zukünftige Professoren so oft habe leben lassen – – aber zur Reife konnte ein solcher Philistergedanke doch heute nicht gelangen, und so verplauderten und scherzten und lachten sie noch eines, bis sie einer nach dem andern entschliefen und eine selige, ruhige erste Nacht in den Mauern Wiens hatten.

Als sie am andern Tage erwachten und Quirin den dichten Lockenkopf aus den Kissen hob, wollte es ihm freilich in Kopf und Stube wüst dünken, und da Pfeiffer das Fenster öffnete, um auf den Platz vor dem Hause hinabzusehen, so sah er unten nichts als Nebel und Weintrauben und Marktweiber – er tat ein paar Züge der frischen, feuchten Herbstmorgenluft und schloß den Fensterflügel wieder zu.

Da sah er nun, wie die Stube im grauen Morgenlichte all den wüsten Anblick der Unordnung und Verwirrung darbot, den nur immer drei übernachtende reisende Junggesellen zu machen imstande sind. Die zwei andern waren in der vollen Arbeit des Anziehens begriffen. Urban stand vor dem Spiegel und wühlte in den Haaren, um ihnen doch einigen Schwung und Anstand zu geben, wie er es gestern fast bei allen gesehen, die ihm begegnet hatten – Quirin blies den gestrigen Staub von seinen Stiefeln und fuhr pfeifend in dieselben hinein, während Pfeiffer folgenden Vorschlag tat: Er selber wolle ausgehen und nicht eher rasten, bis er eine Wohnung für alle drei gefunden hätte; Quirin solle das sogenannte Schanzel auskundschaften und für ihre gemeinschaftliche fahrende Habe Obsorge tragen; Urbanus aber müsse sich auf die Universität begeben und dort Zeit und Ort erforschen, wo jeder von ihnen sich in seine betreffenden Fächer könne einschreiben lassen, und wenn sich jeder seines Amtes entlediget, so wollen sie wieder beim Hahn zusammenkommen und das Weitere besorgen. Man nahm den Vorschlag einhellig an, und da sie endlich mit der Toilette fertig waren (freilich trugen sie dem Wirte einige Bettfedern auf ihren Röcken davon) und als sie mit Schmerzen ihr gestriges Abendmahl bezahlt hatten, so standen sie trübselig im feuchten Morgennebel unter dem Torwege und trennten sich, damit jeder seinem Geschäfte nachkäme. Urban und Quirin gingen miteinander der Stadt zu, Pfeiffer aber blieb ganz allein auf der Gasse stehen und sah ihnen so lange nach, bis ihre Gestalten im Nebel und Getriebe der andern Menschen verschwanden, dann aber schüttelte er sich die Haare aus dem Gesichte, schlug mit dem Stocke auf das Pflaster und schoß in die erste Seitengasse hinein.

Da die Chronik, aus der wir diese Geschichte nehmen, nichts über die Irrfahrten meldet, die jeder von ihnen an diesem Vormittage tat, so können wir den Faden unserer Erzählung erst wieder da aufnehmen, wo sie zusammenkommen, nämlich ungefähr um ein Uhr nachmittags in der Gaststube des Gasthauses zum roten Hahn. Aber auch da können wir nichts weiter berichten, als daß Quirin und Urban schon längst dasaßen und warteten, bis Pfeiffer mit erleuchtetem Antlitze daherrannte und erklärte, er habe für sie einen wahren Palast um ein Spottgeld gemietet, und daß sie dann aßen und daß fast wieder das Armengesetz in Verfall geraten ist, daß auch die andern in ihren Forschungen glücklich gewesen und daß sie beschlossen, alsogleich in ihr neues Tusculum einzufahren. Es lag

dasselbe und liegt heutzutage noch in einer Seitengasse der Vorstadt Landstraße, jetzt ist es sehr verbaut, damals aber lag es einer Masse von Gärten im
Schoße und war vom Schicksal prädestiniert zu
einer Studentenwirtschaft; denn seinem früheren
Charakter nach war es eigentlich ein Fürstenpalais
gewesen; es hatte aber seinen Herrn gewechselt
und stand nun wie eine verwitwete Ritterburg da;
die Säle des ersten Stockes waren groß und unheimlich; in den vielen einzelnen Gast- und Be-
dientenzimmern des zweiten Stockes war längst
das Lachen und Scherzen verstummet, und in den
Remisen und Stallungen der Seitenflügel begann-
nen Spinnweben zu wachsen – bis wieder, wie auf
einem umgewandelten Planeten, neue Bewohner
kamen, und zwar in die Prachtzimmer dieser oder
jener vornehme Reisende oder einer, der den Sommer in reiner Gartenluft zubringen wollte, in die
Einzelzimmer des zweiten Stockes aber ein ganzes
Volk von Studenten und Junggesellen, worunter
auch unsere drei abenteuernden Freunde waren –
auch die Stallungen und Remisen wurden wieder
lebendig, ja blühender, unruhiger und mannigfal-
tiger als je; denn außer dem, daß wieder Pferde
und Wagen kamen, die da untergebracht wurden,
erschienen auch noch Kühe, die da residierten und
ihre Milch in die Nachbarbezirke spendeten; dann
eine Reitschule – eine Ziegenfamilie und mehrere
Hühner, selbst die niedern Vetter der Kutschen fanden sich ein und besetzten die geeigneten Plätze,
vom schweren Leiterwagen an bis zu dem zweiräd-
rigen Karren und dem einrädrigen Schubkarren.

Hinten an das Haus stieß ein großer Garten, aber in welchem Zustande war er! Die ehemaligen Sandwege hatten große Spalten und Risse; hölzerne Stifte mit Blechtäfelchen und den schönsten Namen exotischer Pflanzen standen da, aber mitten im Grase, auch geschah es, daß wohl im Sommer oft mitten unter dem frechwuchernden Löwenzahn mit der rotgelben Farbe eine edle Tulpe der vergangenen Zeit emporsproßte oder eine verkommene Hyazinthe – die Platane war noch da, die Fraxinus pendula, der Schneeballenstrauch, dann jene mit den großen schlanken weißen Glokkenblüten, nebst allen Gattungen lustig treibenden Holunders und allen deutschen, in dieser wilden Freiheit köstlich treibenden Bäumen. – Daß das alles ohne Gärtner wachsen mußte, begreift sich. Gegen rückwärts dieses Gartenwaldes stieß ein zweiter Garten, jetzt von einer Doppelzeile schöner Häuser besetzt, damals ein wahres Wirrsal von Gesträuchen und Unkraut, und mitten daraus stieg ein Tempel empor, dessen Marmorsäulen schon so gewaschen und verschunden waren, daß hier und da bereits das Holz heraussah; der Fußboden bestand aus Marmor, Ziegeln und Brennesseln. Alle Käfer und Falter summten und flatterten in diesem Eldorado, und alles, was Federn und eine Kehle hat, sang und pfiff in den Wipfeln; denn jenseits der Gartenmauer lagen weithin wieder weitere Gärten. Die Benützung dieses Gartens, d.h. das Spazierengehen und Studieren in demselben (wohl auch das Herumtummeln und Liegen im Grase) hatte Pfeiffer nebst der dreifenstrigen Stube von

der Besitzerin dieses Zauberschlosses erhandelt —
und um 4 Uhr desselben Nachmittags fuhr ein
Schubkarren mit einem Koffer, zwei Hutschach-
teln und einem leinernen Packe, in dem allerlei ver-
schlossenes Studierzeug war, den schlechtgepfla-
sterten Hofraum des Palastes einher, und die drei
Landstudenten schritten hoffnungsvoll daneben.

Freilich wäre es jetzt unsere Pflicht, zu sagen,
wie sie sich auf ihrer Stube eingerichtet haben,
aber sie richteten sich gar nicht ein; denn sie be-
wunderten die Aussicht und die Schönheit der andern Häuser und vergaßen ihre Stube, so daß sie
selbst ohne Licht schlafen gehen mußten. Pfeiffer
legte seinen Rock auf den langen gepolsterten Sessel, Urban den seinen auf den Rohrsessel und Quirin den seinigen auf den eichenen; Tabak geraucht
haben sie aber diese Nacht noch sehr. Als sie die folgenden Tage etwas bekannter in der Umgegend geworden, wurde es freilich anders, und sie trugen so
zu Neste, daß selbes wohnlicher wurde. Es darf frei
gesagt werden, daß Pfeiffer den Quirin zwang,
zwei blecherne Leuchter, eine Papierschere und
einen blinden Spiegel von dem ausgekundschafte-
ten Tandelmarkte bei hellem Tage nach Hause zu
tragen; aber fast schäme ich mich, zu bekennen,
daß er selber schon am zweiten Tage in der Abenddämmerung unter seinem grünen Rocke einen unerhört großen Nachttopf nach Hause trug, der dann
nachts (echt republikanisch, daß keiner zu weit
habe) mitten ins Zimmer gestellt und mit einer
steifgebundenen Flötenschule zugedeckt wurde.
Den Besen bestritt Urban, aber er gab einem Jun-

gen neun Kreuzer, daß er ihn in die Wohnung brachte, und fastete dafür abends. Da die Hausfrau bloß ihre Zimmer vermietete, ohne sich weiter zu kümmern, und da im ganzen Palaste kein dienendes Wesen existierte (der damals noch vegetierende, aus andern Zeiten übriggebliebene rotnasige, hagere Portier war unverheiratet), so beschloß unser Triumvirat, sein eigener Diener zu werden, und zwar so: Die Geschäfte wurden eingeteilt in die *staubigen* und *flüssigen*. Letztere zerfielen wieder in die *reinen* und *stinkenden*. Die staubigen bestanden bloß im Auskehren und im Bergen des Kehrichts in irgendeinem unverfänglichen Winkel der Stiegen oder Gänge. Die reinen flüssigen betrafen das Holen des Wassers von dem Pumpbrunnen des Hofes. Es stand dem Beteiligten frei, abends kein Wasser zu holen, wenn auch nicht ein Tropfen zu Hause war, aber des andern Tags früh mußte es zum Waschen dasein, und wenn einer bei der Nacht Durst hatte, so waren die Rechte so streng, daß der Verpflichtete bei ärgstem Sturm in Finsternis, unter Frost und Zähneklappern unten zu stehen und zu schöpfen hatte. Die stinkenden flüssigen Geschäfte – sie wurden sehr gefürchtet, weil man so leicht gesehen werden konnte – bestanden im Wegtragen eines gewissen Gefäßes. Diese drei Geschäfte als solche, die das Allgemeine betrafen, wurden zum ersten Male verlost, dann gingen sie der Reihe nach herum. Die einzelnen, als da sind: aufbetten, die Kleider bürsten usw., besorgte jeder für sich, und da stand es ihm wieder echt republikanisch frei, so viel Staub auf dem

Rocke und den Stiefeln zu lassen, als er wollte, und das Bett so weit zu vernachlässigen, als er nur noch zu seinem Gebrauche tauglich finden mochte, was freilich nicht viel sagen will, da es in späterer Zeit, als einmal wackere Kameradschaft und Kommerz in Aufnahme kam, oft geschah, daß, wenn schon zwei auf jedem Sessel saßen oder ritten, der Koffer von dreien besetzt war und die auf der roten Steinplatte des gemeinsamen Schubladenkastens keinen mehr zu sich hinaufließen, die andern sechs oder zehn in den Betten saßen oder lagen, derer gar nicht zu gedenken, die auf dem Fensterbrette hingen und mit den Stiefelabsätzen die Mauer zerstampften und färbten. Von dem Tabakrauchen, dem Lachen, dem Witze und dem Singen bei solcher Gelegenheit will ich gar nicht einmal reden. Die Ämter konnten übertragen werden, wenn sich einer dazu verstand, ein dem andern lästiges gegen ein Äquivalent zu übernehmen. Schön war die erste Zeit; denn wie es einst in der alten römischen Zeit war, daß ein Diktator jetzt hinter dem Pfluge ging, jetzt aber die Feinde schlug, so geschah es auch hier, daß Pfeiffer auskehrte und dann hinging und ein glänzendes Examen bestand; aber da, wie ebenfalls in den alten heidnischen Republiken, die Ämter nicht besoldet waren, so ging es endlich wie damals, als nämlich die Einfachheit der Sitten nach und nach verlorenging, ja schon einiger Wohlstand und Luxus einriß, so fing Urban an, die unreinflüssigen Geschäfte immer zu verhandeln und beim Auskehren eine Schürze umzunehmen, ja später gar die Fenster zu verhängen, während

Pfeiffer alles noch in der alten Einfalt und in der klassischen Naivetät der Vorzeit verrichtete — ja endlich setzte es die Faktion Quirin und Urban durch, daß eine rüstige Hausmeisterin der Nachbarschaft gedungen wurde, den Staat zu reinigen, wie einst ein Pisistratos und Cäsar kam — und die schöne Zeit war dahin, selbst feines Tuch kam ins Haus, selbst Fracke — ja so weit kam es, daß selber Pfeiffer so tief sank und so schwach war, daß, als es immer mehr und mehr Sommer wurde und die Hitze zunahm und Sommermode erschien und einmal ein Freund auf Besuch kam, ihn derselbe dabei überraschte, wie er eben seinen guten, treuen, alten lodenen Rock abschor und abschnitt, wobei er ihn kläglich wie einen Pudel zerschund, und daß er, da er beim Abschneiden das Lineal zu Rate zog statt des Zirkels, das Elend erzielte, daß er vorne mit den Zipfeln trübselig herabhing, hinten aber mit einem Kreisausschnitt lächerlich emporgaffte. — — Selbst Liebe grassierte endlich in dem zerrütteten Gemeinwesen. — — —

Doch wohin gerate ich? Diese Zeiten liegen eigentlich ferne, während mir doch obliegt, den Beginn ihrer Wirtschaft und ihres Akademielebens zu schildern.

Also, da sie in dem alten Palast eingezogen waren und die weite Stube mit ihren Gerätschaften bevölkerten, aber freilich nicht ausfüllten, da bereits das Heimweh sich zu mildern begann, schlug endlich die Stunde des ersten Kollegiums. Man war förmlich und richtig eingeschrieben worden und begab sich nun zusammen auf die Universität —

aber wie war das stille, ernste Gebäude, welches sie vor ein paar Wochen, als noch Ferien waren, mit beklemmenden Vorgefühlen betreten hatten, – wie war es verwandelt! Einen wimmelnden Ameisenhaufen trafen sie heute an. Schon unter dem Schwibbogen, der von der Wollzeil auf den Universitätsplatz führt, standen Gruppen bärtiger und unbärtiger Leute, sämtlich als Musensöhne erkennbar, und lasen die ungeheuren angeklebten Zettel, auf denen Kost, Wohnung, Unterricht, Theater, Meerschaum, verlorne Gelder, Lehrbücher, verlaufene Hunde, Bälle und Konzerte angeschlagen waren; die nicht lasen, neckten sich oder rauchten gar Zigarren. Der Gang rechts an dem Schwibbogen wimmelte schwarz und grau von denen, die die Philosophie bezogen und sich eben Pfeifen und Röcke und die wichtige Miene angeschafft hatten – weiter hin auf dem Platze standen oder wandelten ganze Partien solcher, die in die höhern Fächer rückten, und da unsre Freunde die Hallen betraten, schlug erst das rechte Brausen über ihnen zusammen, als wären sie in den Bauch eines ungeheuren Resonanzkastens gekommen; dicht und schwarz drängte sich die Menge durcheinander, das Schallen von tausend Fußtritten, das Gewirre der Stimmen, das Klappern der Stöcke, das Rufen, das Lachen, alles wie ein Chaos, wälzte sich durch die Räume, die Saaltüren standen offen, es strömte aus ihnen aus und ein und trieb sich auf den Stiegen auf und nieder, der alte Studiosus bewegte sich leicht in seinem Elemente und ließ es dem Neuling fühlen, daß er hier zu Hause sei und poltern dürfe, während der andere verdutzt und schüchtern auftrat und glotzte; ein Professor schreitet hie und da durch die Menge, und die Hüte flogen von den Häuptern in der Gegend, wo er ging – die fröhlichen Gesichter, die zuversichtlichen Mienen, die leichte Haltung, die dem Großstädter eigen ist, die prächtigen Kleider, die grimmigen Bärte – das alles imponierte unsern Freunden so sehr, daß selbst Pfeiffer kleinlaut zu werden anfing, und er wollte sich in der Tat recht dumm vorkommen unter all diesen, die da so rasch auftraten und gewiß das Glänzendste leisten werden. Nur durch den festen Vorsatz, *ungeheuer* studieren zu wollen, um nicht zurückzubleiben, konnte er seiner gedrückten Stimmung ein wenig aufhelfen – wie hätte es ihm auch ahnen können, daß er nach kaum anderthalb Jahren auch so dastehen werde, eine Zigarre im Munde und selber den ungeheuersten Bart, und daß er aus den Pandekten disputieren werde, ja daß er sogar keck aus dem Barte heraussagen werde, es sei gar nicht so außerordentlich viel mit Justinians Sachen und sie seien eitle Kasuistik – – jetzt stand er einstweilen im grünen Flause da wie ein Specht und schaute verwundert unter der Stirne hervor. Endlich leerten sich gemach die Hallen, und die Säle füllten sich. Da gab es nun darinnen ein Rufen, ein Grüßen, ein Steigen über die Bänke, ein Zusammenschlagen der Stöcke, ein Suchen der Plätze, daß jeder den ihm tauglichsten erhalte, welcher freilich nicht immer der vorderste war – ja es gibt eine Art Weltbürger, die sich aus freier Wahl um die hintersten umtun, weil sie dort am besten ihren kosmopolitischen Ideen und Taten nachhängen können, als da sind: Tarock spielen, schlafen, Romane lesen, gar nicht dasein etc. Alle unsre drei Freunde gerieten unter diese kosmopolitischen Klubs, nicht aus Faktionsgeist, sondern aus purer Bescheidenheit – leider müssen wir aber berichten, daß sie sich nicht ganz rein von diesem Geiste erhalten konnten und sich nachgerade recht wohl auf jenen Grenzgebieten fühlten.

Endlich legte sich der Tumult nach und nach; ein bedeutend großer Saal saß voll Menschen, die Türflügel taten sich auf und – Stille überall, denn der Professor war hereingetreten. Da wir jedoch nicht des Professors Biographie, sondern die der Studenten schreiben, ein ruhiger, horchender Mensch aber ein schlechter Gegenstand für einen Schriftsteller ist, so werden wir nicht nur diese, sondern alle künftigen Vorlesungen unbeschrieben vorübergehen lassen, nur das erwähnen wir, daß unsre drei Freunde wacker aufhorchten und gewissenhaft nachschrieben.

Die erste Vorlesung war vorüber, Pfeiffer ging durch den großen Universitätssaal des ersten Stokkes, dessen mächtig große Türflügel zur freien Passage geöffnet worden waren, um das allzu große Gedränge auf den Treppen zu lichten, und nachdem er die Großartigkeit des Baues und die schwere altertümliche Malerei bewundert hatte, trat er die breite Mitteltreppe hinab wieder in die untern Hallen und staunte, sie ebenso belebt zu finden wie zu Anfang der Vorlesungen, aber er wußte damals nicht, daß, da zu allen Stunden aus allen

Fächern Vorlesungen sind, die Atria der Gelehrsamkeit stets von Kommenden und Gehenden bevölkert sind, derer gar nicht zu gedenken, die sich lieber in den Hallen herumtreiben als dasitzen und horchen – ja, daß jenes Fluten von Menschen sich trotz der so großen Bevölkerung der Stadt sogar in die ferneren Umgebungen der Universität ergieße und dort merkbar werde. Aber wie beim ersten Anblick dieses Gewirre niederdrückend und melancholisch auf ihn gewirkt hatte, so fing es allgemach an, einen belebenden und erhebenden Eindruck auf ihn zu machen, namentlich da es so kräftigend auf jedes Herz wirkt, lauter junge, frische, strebende und meistens schöne Männer zu sehen, lauter heitere Gesichter, glänzende Augen und all das lustige Funkeln und Flackern des eigentlich beginnenden Lebens, und das Ganze noch gehoben durch die Tatsache, daß, obwohl Wien ordentlich wimmelt von schönen Mädchen, es im Durchschnitte doch noch viel mehr schöne Männer als Damen gibt.

Mitten im Schwarme stand Quirin, und da ein sonniger, seltsam warmer Herbsttag war, so gingen sie miteinander zum ersten Male in den Prater.

Und immer mehr und immer mehr streifte die Stadt und die Akademie ihr anfangs befremdliches und imponierendes Wesen ab, und ehe noch der lustige weiße Winter über die Dächer wirbelte, war schon in Haus- und Akademiewesen unserer Freunde ein gut Teil jenes Studentenwitzes und Leichtsinnes eingekehrt, der dieses Leben so fröhlich macht und so unvergeßlich. Der schnöde schmale Gesichtskreis ihres Landlebens erweiterte sich; ungekannte reizende Genüsse stellten sich ein: jenes bezaubernde grüne Tuch, dem kein Studentenherz widerstehen kann, das Billard – durch Kot und Sturm wurde in ein fernes Vorstadt-Kaffeehaus gewatet, weil sie dort die Honoratioren waren, was ihnen sonst nirgends gelang – das Anschaffen eines schönen Meerschaumkopfes – Besuchen und Erwerben von Freunden – und leider auch Unruhe und Lachen im Kollegio, und die unwiderstehliche Sucht (eine Krankheit, die nie ausgerottet werden wird, solang es Professoren und Studenten gibt), die Sucht, diesem oder jenem ihrer Herren Professoren und oft dem geliebtesten und geehrtesten hier und dort eines anzuhängen, wodurch er lächerlich wird, der arme. Um von vielen nur eines anzuführen, so war es den ganzen Winter hindurch ein stehender Witz, daß ein der Türe zunächst Sitzender täglich den obern Riegel des einen immer geschlossenen Türflügels lüftete, wodurch es geschah, daß, wenn der gute alte Herr hereinging und die Tür zumachte, dieselbe mit dem losen Flügel klapperte, worauf er ruhig und ernst den obern Riegel zuschob, aber regelmäßig den Mantel hierbei von der Schulter zu gleiten bekam, welchen dann der Spaßvogel ehrerbietig auffing, worauf ebenso regelmäßig von Seite des Professors ein tiefes, sonores »Ich danke Ihnen, mein Freund« und von Seite des Auditoriums ein unterdrücktes Kichern erfolgte. Leider ist auch das menschliche Geschlecht so schwach und der Bosheit verfallen, daß es gerade da am liebsten und

129

über Lappalien lacht, wo es am wenigsten lachen sollte, wegen Ernst und Heiligkeit des Ortes. Es gehe das geringste Komische, was im Wirtshause keinen Menschen affiziert, z.B. in der Kirche vor, sogleich ringt die ganze Gemeinde mit dem Teufel der Lachlust, und so ist es gerade in den ernstesten Kollegien. Freilich geschah dem Pfeiffer etwas dieser Art, was ihm selbst ein schlechtes Zeugnis, jedenfalls aber eine große Fatalität zugezogen hat. Weiß Gott, welcher Dämon gerade den übermütigen Grafen Braun *neben* und den langen, dünnen, fadenscheinigen Studiosus Springer *vor* Pfeiffer zu sitzen gebracht hat, aber gewiß ist es, daß der Graf eines Tages im Kollegio Weichseln aß und daß er, während er durch eine Papierdüte die Kerne in Springers Rocktasche gleiten ließ, die Stengel künstlich und mühsam in die lange, lockere Rükkennaht des Springerschen Rockes einsteckte, wodurch der Besitzer dann leider wie ein schmächtiger, herabgekommener Eber voransaß, mit der dünnen palisadenartigen Reihe der Rückenborsten, die sich wie ein Fächer ernsthaft sträubten, sobald er sich niederbückte, um einen bedeutungsvollen Satz nachzuschreiben (denn er war ein sehr fleißiger Student), und die sich aber sogleich wieder ruhig neigten und waagrecht wegstanden, wenn er sich der Länge nach aufrichtete und horchte – da schoß nun jener Teufel in das Pfeifferische Nervensystem und zwang ihn, ungebändigt zu lachen – freilich knebelte er mit Riesenanstrengung seine Stimme im Schlunde, daß sie nicht losplatzte, aber in seinem Gesichte wurde desto mehr

alles in tausend Lineamenten sichtbar und veran-
laßte den dozierenden Professor zur ruhigen Frage,
was denn ihm, dem Fünften in der achten Bank, so
lachenswert erscheine — — aber Pfeiffer, weil er weder den Grafen Braun ins Unglück stürzen noch
auch den redlichen Springer lächerlich machen
wollte (welches ehrenwerte Gefühl alle Gentlemen
der Umgebung teilten), schwieg hartnäckig, was
die Drohung zur Folge hatte, daß, falls er sich wieder solche Lachkonvulsionen zuschulden kommen
lasse, er sofort auswandern und entfernt dem
menschlichen Verkehre sich in der letzten Bank
niederlassen müsse. Ins Auge aber war er seit der
Braun-Springerischen Frage schon einmal gefaßt
und wurde alle Augenblicke um seine Ansicht gefragt und sonst angelassen, und bei der Semestral-
prüfung wäre er fast gehunzt worden, hätte er sich
nicht durch die schönsten Antworten das glorreich-
ste Lächeln und Wohlwollen des alten Herrn erworben, der die Hand schwenkte und ihn mit der Vorzugsklasse entließ.

Das häusliche Leben dehnte sich wie das öffentliche aus. Kaum waren die Erdäpfel zu Hause, die
Quirin auf dem Schanzel entdeckt hatte, als er
nach dem Koffer geforscht, und die er als sehr taug-
liches Winternahrungsmittel angeschlagen hatte,
kaum war der alte Taubenschlag vom Boden herab-
transportiert, um für den Winter das trefflichste
Heizmittel abzugeben, und kaum hatten sie sich
recht in ihrer Stube eingepuppt, um das zurückge-
zogenste Leben zu führen, so begannen sie auch
schon, ein sehr *nicht* zurückgezogenes zu führen.

Der zweite Stock ihres alten Palais nämlich verwandelte sich in einen Wespenstock von Studenten, die wie Adler von allen Weltgegenden herbeigeflogen kamen, um in der alten Burg zu horsten; in wenig Tagen entspann sich unwillkürlich ein Bekanntwerden, Gespräch und Umgang, und bald entdeckte es sich, daß die Stube unsrer Freunde die größte der alten Burg und mithin die tauglichste zu einem Versammlungssaale und Gesellschaftszimmer (Salon) sei, und obwohl jeden Abend mit einem hölzernen Kruge und einem Klöppel im Gange geläutet wurde, daß jeder sich rüsten könne, wer heute Lust und Neigung hätte, ins Brauhaus zum Neuling zu gehen, so geschah es doch öfters, daß man an regnerischen und sonstigen Tagen abends sich bei Pfeiffer versammelte, die schönsten Lieder heulte und von dem Gasthause gegenüber Bier kommen und auf den Tisch stellen ließ – ja da sich die Zivilliste des Triumvirats bedeutend besserte, erfand man die niedlichsten Flaggen, die, zum Fenster hinausgehängt, vom Kellner gegenüber verstanden wurden, der dann das vertragsmäßige Bier, Würste und solche Utensilien brachte und dafür zu Anfang jeden Monats eine zu große Rechnung vorwies. Jeder trieb eine Kunst. Pfeiffer malte in Öl, aber man wußte nicht, zu welcher Rasse seine Menschenfiguren gehörten – Quirin raufte abends mit einem Bassetel oder schnob Flöte, und Urban war kunstreich in Pappe. Dazu wurden Knochen und Totenköpfe jeder Gattung ins Haus geschleppt, um daran zu studieren, und Pfeiffer bedeckte Kasten und Tisch mit

Landkarten und statistischen Tabellen. Ein Pudel war im Stocke, aber man wußte endlich nicht mehr, wem er gehöre, weil er allen aufwartete und apportierte und wie ein mißtrauischer Tyrann jede Nacht in einem andern Zimmer schlief. Tarockkarten, Schachbrette wurden angeschafft, gegen Frühling auch von dem Stocke ein Piano in gemeinschaftliche Miete genommen und in den Salon gestellt. Ein schlanker Techniker sang Schubertsche Lieder, die eben damals herauskamen; ein Mediziner hieb die Begleitung, die andern trommelten auf Tisch und Kasten und streuten Tabakasche auf den Fußboden. Im Sommer wurde im Garten studiert, gebalgt, gefochten, gerungen, im Schatten geschlafen, geboxt – ja Pfeiffer und sein Zimmernachbar beschworen einmal im Übermute in dem verfallenden Tempel nachts den Teufel, aber er kam nicht. An allen Enden und Orten standen die Flegeljahre in Blüte – Glück und Freude keimten allerwärts, Enthusiasmus riß ein – ewige Freundschaften wurden geschlossen, ja Liebesahnung schaute bereits herein; denn man wußte eine Zeit, wo sich Quirin den unsichtbaren Bart immer wichste und wo Pfeiffer sich die Haare mit einer Papierschere brennen ließ; – man weiß gar nicht, wie weit sich noch alles gesteigert hätte, wenn nicht zwei Dinge gewesen wären, die dem Dithyrambus ein Ende gemacht haben. – Erstens wurde man leider von Tag zu Tag vernünftiger und kälter. Urban ließ sich zuerst einen sehr schönen blauen Frack machen und verbrannte drei Bände der herrlichsten Vaterlands- und Liebeslieder, die er in Geister- und Weihestunden verfertigt hatte – zweitens vergingen ja die Studienjahre von selber, und man ward leider etwas im Reiche der Menschheit, aber schon früher hatte das Geschick den Bund getrennt. Es trat nämlich eines kalten Wintertages, da Pfeiffer im dritten Jahre war, ein reicher Graf mit seiner Gemahlin in den Salon, da Pfeiffer eben Knödel kochte, und trugen ihm die Erziehung ihres Söhnleins auf, weil er ihnen empfohlen worden sei – Pfeiffer stand hochrot in der Schürze vor ihnen und sagte stammelnd zu – und des dritten Tages war er schon auf seinem parkettierten Zimmer des gräflichen Hauses und gedachte schmerzlich des Salons der verwitterten Burg.

Aber auch die Zeit der andern ging endlich vorüber, und alles wurde zerstreut. Viele von ihnen haben jetzt Kinder und Kahlköpfe, einige Geld, einige keines, und Pfeiffer ist Verwalter auf einer großen Herrschaft seines Grafen und hat bereits fünf Buben, mit bester Aussicht auf deren noch einige – er korrespondiert mit Quirin, dem geehrten Arzte zu***, und sie besuchen sich öfter und lieben sich noch immer. Ihre Frauen wurden Freundinnen und teilen sich Kochrezepte und Romane mit. Urban ist ein Stutzer geworden.

Die Wiener Stadtpost

Zu den charakteristischen Erscheinungen unserer Stadt gehört ohne Zweifel auch die sogenannte kleine Post oder die Stadtpost. Es mochte um das Jahr der Cholera herum gewesen sein, als ich nach längerer Abwesenheit wieder nach Wien zurückkam, und noch ehe ich durch ein paar Gassen gelangte, fielen mir schon die originellen Fuhrwerke auf, die ich sonst nie gesehen. Der nett angestrichene Wagen mit dem Namen einer Vorstadt und einer Nummer auf seiner Rückseite, der gelb blecherne Armring des Fahrenden, sein gewissermaßen amtlicher Hut und entsprechende Haltung überzeugten mich sogleich, daß ich da eine neue Einrichtung des Staates vor mir habe, allein Ziel und Zweck derselben konnte ich nur ungefähr erraten; wie erfreut war ich aber, als man mir alles auseinandersetzte, denn die Einrichtung hat einem dringenden Bedürfnisse abgeholfen.

Die Stadtpost, wie schon ihr Name sagt, hat die Aufgabe, den brieflichen Verkehr in der Stadt selber zu vermitteln, aber nicht bloß auf das eigentliche Wien, sondern auch in die nächste Umgebung erstreckt sich ihr Wirkungskreis. Es war wirklich dringend nötig, daß diese Einrichtung ins Leben trat, denn der frühere Zustand führte viel Unbequemlichkeit mit sich. Wenn ich nach Paris oder

Madrid eine Nachricht zu senden hatte, brauchte ich nur niederzusitzen, dieselbe zu Papier zu bringen und diese auf die Post zu geben; hatte ich aber schnell einem Freunde in der einen oder andern Vorstadt etwas zu berichten, so mußte ich aufbrechen und selber einen Weg von einer Stunde und darüber zurücklegen, um ihn zu suchen, und dann geschah es, daß er nicht zu Hause war oder, wenn er es war, daß ich bei ihm blieb und den Tag verschlenderte. Wollte man nicht selber gehen, so mußte man entweder den eigenen Diener, falls man einen hatte, senden oder erst herumirren und sich irgendwo einen Boten auflesen. Jetzt aber ist man in der Lage, täglich zweimal in alle Teile der Stadt, der Vorstädte und der nächsten Umgebung mittelst Post Briefe zu senden und von da zurückzuerhalten. Das ganze zur Hauptpost Wien gehörige Terrain ist nämlich in Bezirke abgeteilt, und in jedem dieser Bezirke ist ein Briefsammlungskasten, in welchen die nächste Umgebung ihre Briefe, auch solche, die für weitere Entfernung bestimmt sind, zu weiterer Beförderung abgibt. Zu jedem solchen Kasten gehört auch ein Fuhrwerk, wie es auf unserm beiliegenden Bilde dargestellt ist. Dieser vierrädrige Kasten, gewöhnlich mit einem Pferde bespannt, erscheint täglich wenigstens zweimal vor seinem Bezirkssammlungskasten und nimmt dort, was an Briefschaften und kleineren Paketen vorhanden ist, auf und fördert es auf die Hauptpost. Dort werden die Sachen sortiert, die für die Ferne bestimmten der ordentlichen Post übergeben, die für die Nähe gehörenden aber den

136

betreffenden Briefträgern eingehändigt, um den Parteien zugestellt zu werden. Auf diese Weise kann man nicht nur durch die ganze Stadt der Kreuz und Quer nach korrespondieren, sondern auch, wenn man eben in der Vorstadt wohnt, mit größter Bequemlichkeit Briefe in alle Welt senden, denn sowohl in der Stadt als auch in Vorstädten sind obbesagte Sammlungskästen in solchen Distanzen angebracht, daß man immer einen in der Nachbarschaft hat und zur Briefaufgabe nicht wieder eine Reise machen muß, wie es früher der Fall war. Referent dieses hatte bei seiner ersten Ankunft in Wien aus Unkenntnis der Verhältnisse das Unglück, in einem entfernten Vorstadtteile zu wohnen; — da er nun von Hause aus ein schlechter Korrespondent ist, so wurde er nun ein noch schlechterer, denn wenn er sich auch einmal einen Anlauf nahm und den längsten Brief, der ihm möglich war, zustande brachte, so blieb ihm doch derselbe wieder als ein totes Kapital liegen, weil er (der Referent, nicht der Brief) einen Frack hätte anziehen und den eine halbe Meile langen Weg in die Stadt hätte zurücklegen müssen; wer nun die Gabe hat, zu wissen, wie wohl, wie zu Hause man in einem Schlafrocke ist, der wird auch begreifen, daß der Referent den Schlafrock nicht aus- und den Frack nicht anzog und daher der Brief nicht fortkam. — Da der Referent nun auch noch an Vergeßlichkeiten leidet, so geschah es, daß, wenn er am zweiten, dritten, siebenten Tag nachher in der Stadt war, der Brief richtig im Schreibpulte zu Hause Quarantäne hielt und endlich ganz verjährte, so daß er honetterweise gar nicht mehr fortgeschickt werden konnte. Ich habe auf diese Art mehrere Briefe, mit denen ich andern eine unsägliche Freude machen wollte, wieder selber ersessen, und da ich nie ein Autodafé der Briefe halte, so werden sie wahrscheinlich noch in meinem Besitz sein und gleichsam als alte Jungfern unter den andern im Kasten liegen, die ich empfangen und die also ihre Bestimmung erfüllt hatten. Gewiß ist es auch andern so ergangen, und es werden wahrscheinlich heutzutage bloß aus der Ursache mehr Briefe geschrieben, weil das Losbekommen derselben so ungemein erleichtert ist.

Da der Fährmann der täglichen Korrespondenzen seine Tätigkeit dahin beschränkt sieht, daß er jetzt von der Josephstadt auf die Post und dann von der Post in die Josephstadt fährt und morgen dasselbe tut und übermorgen wieder dasselbe, so hat sich auch in seinem ganzen Wesen etwas Stereotypes ausgeprägt, und in der Regel ist er ein gelassener, gleicher und eintöniger Mann, der, wie Charon einst die Schatten, so nun die Korrespondenzen stadtaus, stadtein führt, ohne sich darum zu kümmern, was für unaussprechliche Liebesklagen und Liebesfreuden er in seinem Kasten haben mag, was für Vorwürfe von Gläubigern und verlassenen Schönen, was für Jubel eines Jünglings, der endlich das erste zarte Blatt von angebeteter Hand oder das lang ersehnte Geld von dem Onkel erhalten hat, oder was für ein Durcheinander von Geschäften, Anfragen, Bestellungen, Bitten, Sehnsuchten, Forderungen, Meinungen etc. etc. im Bauche seines Kastens sich rühren mag, so daß ein Ameisenhau-

fen dagegen ein totgebornes Ding ist – er ist gleich-
giltig dagegen, wie ein Mann, der übergeschnappt
ist, gelassen fortgeht und nichts davon weiß, welch
ein Tanz nun in seinem Kopfe los ist –, so führt er
seinen Kram zur Post und leert ihn dort aus und
fährt dann wieder ebenso ruhig in seine Vorstadt
zurück, worin er glücklicher ist als der eben ange-
führte übergeschnappte Mann; denn dieser kann
freilich seinen Tanz nicht aus dem Kopfe ausleeren
und als gescheiter Mensch von dannen gehen. Es
ist erstaunlich, was er von Tag zu Tage führt, welche Masse von Gedanken, Gefühlen da unter dem
Siegel gebunden liegen und gegen den los werden,
der sie entsiegelt; es wäre in der Tat zum Wahnsin-
nigwerden, wenn so jeder Brief reden könnte und
plötzlich sein Anliegen mündlich vorzutragen an-
höbe – – aber dieser Gedanke ist selber halb närrisch, und der Brieffuhrmann denkt ihn gewiß
nicht, denn eigentlich ist es doch nur soundso viel
Pfund beschriebenes Papier, was er führt, nebst
den Pfunden Siegellack und Oblaten, welche mit-
gegeben sind. – In welche Wut und in welches Entzücken die geraten werden, die das Siegel erbre-
chen und sich das herauslesen werden, was der andere hingeschrieben hat, das geht ihn gar nichts
an; er führt das Schießpulver zwischen den Stadt-
parteien hin und her, und es kümmert ihn gar
nichts, wie sie sich damit in die Gesichter schießen
werden, und wenn er fünf Metzen Liebesbriefe
führt, in denen lauter Flammen stehen, so führt er
sie doch so sorglos dahin, als wenn es Schafkäse
wären, und endlich, nachdem er sein Tagewerk

vollendet und wenn es Abend geworden und wenn er manchem in dieser Stadt einen Brief beigebracht hat, über den derselbe aus der Haut zu fahren vermeint, so spannt er gelassen sein Pferd aus, welches ihn an Gleichmut und Mechanismus noch übertrifft, und während der Gaul seinen abendlichen Hafer frißt, sitzt dessen Herr wahrscheinlich in der Kneipe bei einem Glase Wein und seiner Pfeife und verplaudert seine Zeit, bis endlich die tiefe Nacht kommt und sowohl er als auch die, denen er heute Verdruß und Freude ins Haus spediert hat, im tiefen Schlafe begraben sind. Des andern Tages beginnt er sein Geschäft von vorne, um es ebenso wieder zu enden, und so geht es alle Tage fort, die Gott vom Himmel gibt. Zu gewissen Tageszeiten kann man im Hofe der Briefpost mehrere dieser Wagen stehen sehen, die auf ihre Expedition warten; dann aber fahren sie auseinander, dem Orte ihrer Bestimmung entgegen.

Was die innere Organisation, gleichsam das Statistische und Technische dieser Fuhrwerke und des ganzen Briefverteilungswesens anlangt, wieviel dafür gezahlt wird, zu welchen Stunden man die Billets empfängt, welche Pakete befördert werden, wie viele solche Sammlungskasten in ganz Wien sind, davon enthalten wir uns billig, da wir unserm Leser nur ein heiteres Stündchen, nicht aber statistische Kenntnisse von Wien beibringen wollen und er sich überdies zu seiner Notdurft in jedem Kalender über diese Sachen unterrichten kann.

Der Tandelmarkt

*D*er Referent dieser Zeilen gesteht, daß er ein großer Verehrer von Altertümern ist, gleichsam von Worten, die eine längst vorübergegangene Zeit an die unsere redet, oder vielmehr: die Worte lasen wir in irgendeiner Geschichte, und die Altertümer sind der sinnlich eindringende Kommentar dazu, das Gewand, das der Urgroßvater ausgezogen und niedergelegt hat, als er auf immer fortging, welches Gewand nun rührend und naiv Bruchstücke von der Geschichte dieses Urgroßvaters erzählt. Diese meine Liebe zu Altertümern erstreckt sich aber auch auf ganz unnützes, mittelalterliches Zeugs und auf jeden verschollenen Trödel, dessen Sprache wir gar nicht mehr verstehen und der sich nur mehr als übriggebliebener Plunder fortfristet – ich habe solche Dinge lieb, und mir tut es weh, wenn ich sie zerstören sehe oder gar ein Haus abgebrochen wird, in dem ich mir oft zu wohnen gewünscht hatte, weil so viele Ecken und Erker und Stiegen und Gänge darin und daran waren, welches alles aber jetzt zerschlagen und zerworfen wird, weil, wie die Leute sagen, der alte unnütze Kasten wegmuß, damit ein ordentliches, vernünftiges Haus an die Stelle kommen mag – ein ordentliches, vernünftiges Haus aber heißen sie ein großes gerades viereckiges Ding mit vielen Fenstern, das erst recht einem Kasten ähnlich sieht und in seiner Prosa nicht den geringsten Reiz zu Gefühlen einflößt, außer denen der Bequemlichkeit. Für Antiquitäten dieser Art ist daher eine Residenz sehr gefährlich, weil da ein eigenes Treiben und Fortschreiten in Geschmacks- und Modesachen herrscht, und wenn ich noch hie und da ein schwarzes vielgiebliges, hochgestrecktes Haus sehe, so fürchte ich schon, daß, wenn ich morgen vorübergehe, Gerüste dastehen und tausend Menschen daran sind, das Haus und seine Nachbarn abzutragen, um ein glänzendes weißes, gerades viereckiges, reizloses Zinsgebäude hinzustellen. Da nun dies täglich und stündlich geschieht, so sieht Wien wie eine Stadt von gestern aus, nicht wie eine aus der Zeit der alten Römer, so wie seine Damen auch stets wie neu gekleidet einhergehen, da sie die alten Stücke immer weggeben und neue nachschaffen, gerade wie die Baumeister mit den Häusern verfahren, während man in kleinen abgelegenen Landstädten sehr oft noch neben den uralten Mauern uralte Kleider wandeln sieht. Es wird eben, sowie ich dieses schreibe, auf dem sogenannten lichten Steg ein kleines, unbequem gelegenes altes Haus abgebrochen, und mit Recht; denn es ist dringend nötig, daß die Passage dort breiter werde, aber immer, wenn ich dieser Tage her vorbeiging, dachte ich: ›Mein Gott, wo wird nun der liebe, hübsche, steinerne Engel hinkommen, der an der Fronte aus einer Nische sah und seine Flügel so fromm und nett faltete, als wollte er sich wie eine Phaläne einhüllen, – wo wird er hinkommen?‹ Aber die Leute brechen lustig weiter, und der Engel, der am Ende gar nicht von Stein ist, liegt vielleicht auch schon irgendwo zerbrochen umher. Nur die Namen als Denkmale der Vergangenheit bleiben, aber auch die nicht immer. So ist noch das *Lugeck*, jetzt ein kleiner Platz in der Stadt, einst eine Warte in der Stadtmauer gegen das gefährliche Ungarn hin, dann der *rote Turm, der Graben, die Freiung, Maria am Gestade, die Fischerstiege, die Wollzeile* und andere; viele aber sind auch geändert, so z.B. steht an der Stelle des alten romantischen *Katzensteiges* jetzt die prächtige *Seitenstettergasse*; wo es früher im »*Elend*« hieß, liest man jetzt *Zeughausgasse*; andere, wie z.B. das *Paternostergäßchen*, verschwinden ganz und gar. Daß bei einer solchen Bewandtnis der Sache all die kleineren beweglichen Altertumsdinge sich nicht erhalten können, begreift sich, denn wenn es den niet- und nagelfesten nicht anders ergeht, als daß sie zerstört und zerrissen werden – was haben die zu erwarten, die in aller Welt herumkollern und ewig die Hände ihrer Eigentümer wechseln?

Freilich, die etwa historischen, künstlerischen, antiquarischen Wert haben, wandern in Sammlungen, aber das ist, sozusagen, dieselbe Sache gar nicht mehr; denn erstens sind in solchen Sammlungen meist nur Dinge, die uns von dem vergangenen Staatsleben erzählen, aber gerade von dem nichts, was uns das Unmittelbarste und Herzigste ist, von dem alltäglichen Alltagsleben unserer Voreltern, von dem gerade der Plunder und Trödel deutlicher redet als das wichtige Geschichtsstück, das am

Ende doch wieder nur das Schluß- und Endestück des Trödels ist und, aus seinem Zusammenhange gerissen, verstummt – zweitens reden ja die Sachen am rührendsten zu uns von dem Orte ihres einstigen Gebrauches aus und im Zusammenhange ihrer Umgebung; werden sie nun von da herausgerissen und in einen fremden Saal zusammengedrängt, so verlieren sie meistens ihre Muttersprache, und es ist, als hätte man die Worte einer Büchersammlung durcheinandergewürfelt und noch dazu das Ganze in einem Lande aufgestellt, wo man die Sprache dieser Bücher gar nicht mehr spricht. Darum blicken mich Harnische, Speere, Becher, Koller, Fahnen, Urnen, Gemälde, Schnitzwerke, Stickereien und dergleichen so fremd und widerspenstig an, wenn sie in Fächern eines Antikensaales dicht nebeneinander stehen, wie sie im Leben und in ihrer Zeit nie waren: aber ganz anders und traulich schauen sie von dem Platze ihrer einstigen Bestimmung zu uns nieder, z. B. wenn wir in dem Kreuzgange einer Abtei wandeln und die Bilder der Äbte dahängen, im strengen, ernsten Stile gemalt und von Alter schwarz und düster geworden, oder die Steinbilder in Säulengängen oder auf Kirchhöfen; die alten Geräte und Meßgewänder in der Sakristei, die Waffen- und Prunkstücke in der Burg und endlich die Geschirre und Stoffe und Truhen im Hause des Bürgers.

Ich kannte einmal einen Mann – damals hielt ich ihn für einen großen Narren, jetzt aber wäre ich selber so, wenn ich in seiner Lage wäre –, dieser Mann hatte ein Haus auf dem Lande, welches von seinen

Rudolf Alt, Der Neumarkt (1857)

Vorfahren durch Jahrhunderte hindurch nicht bewohnt worden war; es strotzte daher von abenteuerlichen Sachen und Altertümern. Der Mann ließ nun das Haus, wie es war, kein Nagel durfte verrückt, kein Pfosten angestrichen, kein Fensterrahmen modernisiert werden, von Schreinen, Bettgestellen, Getäfel usw. durfte erst vollends nichts angerührt oder verunglimpft werden, nur wurde alles Schadhafte ausgebessert und das Haus in wohnlichen Zustand versetzt, weil der Mann gesonnen war, es sein Lebtage zu bewohnen. Nur hatte er die Ansicht – und dies war es, was ich für die Narrheit hielt –, er hatte die Ansicht, daß man die Ausbesserungen nicht etwa im Geiste und Stile des bereits Vorhandenen machen müsse, wie ich und die andern Vernünftigen getan hätten, sondern wo etwa ein Fensterflügel fehlte, setzte er neben den alten einen ganz modernen hin; der altertümliche invalide Sorgenstuhl bekam einen Fuß heutiger Art; wo das Wandgetäfel fehlte, ließ er die nackte Mauer durchblicken, nur ward das Stück betüncht und nach jetziger Weise bemalt. Da nun überall etwas fehlte, so geriet ihm das Haus zu einem gräßlichen Kontraste, der jeden lachen machte, der hineintrat –– aber er durfte nur einige Zeit darinnen wohnen, dann begann schon die Wirkung sich allmählich zu zeigen; gerade der Kontrast hob uns das Urväterliche heraus, und da nirgends nachgeholfen war, so erwies sich das Alte als echt und wirkte als solches. In diesem Hause nun saß der Mann, umringt mit Dingen seiner Ururgroßväter und täglich gebrauchend, was sie vor drei- bis vierhundert Jahren gebraucht hatten und was damals sehr schön und sehr neu war. Ich war noch ein kleiner Student, als ich den Mann besuchte, damals lachte ich ihn aus; seine grauen Haare waren selber schon eine Antike, und die blitzenden schwarzen Augen standen gerade so dazu wie die neuen Ausbesserungen zu dem alten Hause – jetzt ist er schon längstens tot, sein Vetter, der das Haus erbte, hatte mehr Geschmack. Es ist jetzt ein blankes, luftiges Landhaus, und die Familie besucht es jeden dritten und vierten Sommer auf einige Wochen – ich aber denke recht oft des alten verstorbenen Mannes und seines Trödels. – Ich habe kein Haus, in dem so ahnherrliche Dinge sind, ich bin auch kein Altertumsforscher, aber das ewige Herumkriechen in alten Burgen, in öden Kirchen und aufgehobenen Klöstern impfte mir eine kindische Neigung zu alten Sachen ein und eine ordentliche Liebe zu dem verstorbenen Manne, der das antiquarische Haus bewohnt hatte, und so weit geht die Sache, daß, als ich den Titel dieses Aufsatzes niedergeschrieben hatte – der Leser mag mich immerhin auslachen –, ich mit einer Art Pietät zu der Arbeit ging; denn ich gehöre zu den fleißigen Besuchern des Tandelmarktes, der nicht nur selber eine Antiquität ist, sondern auch die kostbarsten Trödelstücke in sich bewahrt, so daß ich schon öfters mit guter Ausbeute nach Hause kam.

Der Leser folge mir nun nach dieser Einleitung, die ihn auf den Standpunkt setzen sollte, den Tandelmarkt recht vom Grund aus würdigen zu können, in diesen selber – wer weiß, wie lange er noch stehen wird, diese Ruine aus der guten treuherzigen, bürgerlichen Zeit unserer Vorväter. So wie die Hetze abgekommen ist und das Turnen, so wird man auch eines Tages die ganze leichte, schwarze bretterne Stadt abbrechen, daß nichts mehr von der vergangenen Herrlichkeit da ist als der große leere Platz. Auf diesem wird man dann junge Pappeln pflanzen, daß einst eine recht schöne Allee daraus werde.

Ich habe den Lesern schon an einem andern Orte dieses Werkes gesagt, daß um die eigentliche Stadt Wien herum, wie um jede Festung, ein freier Platz, Glacis, laufe, damit bei Belagerungen die schweren Kugeln darauf spielen können, aber wie ein ergrauter Kriegsheld seine Waffen nurmehr als Schmuck und Ehrenzeichen trägt, so trägt heutzutage Wien seinen Harnisch und Schild, mit denen es zu seiner Zeit die Türken so wacker zurücktrieb, auch nurmehr zur Erinnerung und zur Zierde. Darum hat das Glacis eine ganz andere Bedeutung bekommen; zum Teile ist es noch, was es war, ein geräumiger Exerzierplatz der hiesigen Garnison, die andern Teile aber sind so mit Alleen besetzt, daß es wie der anmutigste Spaziergang, ja stellenweise wie der dichteste Park aussieht. Jenseits des Glacis steht der Wald der Vorstädte um die eigentliche Stadt herum, und es wäre schade, wenn einmal eine zukünftige Zeit auf den Einfall kommen sollte, diesen freien Raum zu verbauen; denn er ist als Spaziergang unschätzbar und als Luftreservoir für die große Stadt wahrhaft eine Wohltat. Auf diesem Glacis an dem rechten Ufer des Wienflusses steht nun auch, wovon wir in diesem Aufsatze handeln wollen, der Tandelmarkt. Es ist dies eine Sammlung uralter hölzerner Hütten, die förmlich wie eine Stadt in Gassen geteilt und numeriert sind und all das enthalten, was man von einem Tandelmarkt verlangt. Da nun wenige Städte, namentlich Residenzen, eine Anstalt dieser Art oder vielmehr diesen Überrest einer vergangenen Zeit aufzuweisen haben werden und da sich gerade hier ein guter Teil der originellen Bevölkerung Wiens treibt und schiebt, so haben wir der Sache in unserm Buche einen eigenen Raum gegeben.

»Tandeln, Tandler, Tandlerin« sagt man in der gemeinen Wiener Sprache statt »trödeln, Trödler, Trödlerin«, und man versteht unter dem Geschäfte ein Handeltreiben mit aller und jeder Gattung von Plunder, alten und neuen Zeugs, und es wäre schwer, ja es wäre eine Herkules-Aufgabe, in eine allgemeine Formel zu bringen, was alles Gegenstand des Tandlers sei und sein könne, von dem kostbaren Perlenschmuck und der goldenen Zylinderuhr an bis zu dem einzelnen verrosteten Schuhnagel herab, von dem Zobel- und Hermelinpelze bis zu dem vertretenen Stallpantoffel, von Silber, Borden und Seidengeflechte bis zu altem weggeworfenem Riemwerk und Leder. Alle Stände, alle Alter und Geschlechter, alle Zeiten sind hier repräsentiert.

Es sind auch in der Stadt und in den Vorstädten einzelne Trödlergewölbe, und man erkennt sie von weitem an den herausgehängten Bildern, Uhren, Meerschaumpfeifen, Gewehren, Kleidungsstücken usw., aber der eigentliche Sammelplatz, gleichsam der poetische Klub aller alten, verschollenen und verblichenen Dinge ist und bleibt der Tandelmarkt. Jeder, der da weiß, wie ihm als kleinem Knaben wohl war, wenn etwa die Truhe der Großmutter aufgemacht wurde und nun ein Haufen alten Zeugs hervorkam: der steife seidene, großblumige Brautrock, die schwarze Haube, von der die Seitenflügel eulenartig wegstanden, der messingspangene Himmelschlüssel, die hochstöckligen Schuhe, der Fächer, die Pelzstutzen, der Muff, dann zehn, zwanzig kleine Trühelchen und Büchslein und Fläschlein und anderes, was kein Mensch mehr kennt –, jeder, der das weiß, wird gerne durch die Gassen dieses Marktes gehen, wo derlei Sachen gleich in Massen aufgehäuft sind. Wie die Pferde, wenn sie ausgedient haben, nach und nach herunterkommen, von dem edlen, kriegerischen Reitpferde erst zum Kutschenpferde, dann zum Fiakerrosse, dann zum Zugrosse an Mist- und Ziegelwägen, wo es eines Tages elend verkommt: so haben die Sachen endlich als letztes Ziel den Tandelmarkt, wo sie zum weiteren Vertriebe ausgestellt prangen, und Dinge, die im Leben himmelweit auseinanderstanden, wie z. B. jenes Gold aus den Tressen des Marschallrockes und diese Zigeunerweste mit den unzähligen gelben hochgipfligen Knöpfen, liegen hier friedlich und ebenbürtig beisammen. Freilich sind nicht lauter alte Sachen da, und es kam mir oft des Begriffes eines Tandelmarktes unwürdig vor, daß auch ganz neue Kleider, Bettdecken, eiserne Öfen und dergleichen herumhängen und -stehen, aber die Sache ist einmal so, und wie jedes Menschliche, so degenerierte auch diese Anstalt. – Ich sah, soviel möglich, von diesen unzuständigen neuen Dingen ab und hielt mich an die alten. Und wenn man so die zugedeckten dunkeln engen Gänge voll Menschen und Kleider und Kram entlanggeht, so entschädigt einen wohl hie und da eine echte, rechte Tandelhütte, die schon außen, wo nur ein Nagel an den Brettern Platz hat, und dann erst recht von innen mit Trödel bespickt und belastet ist. Auf den alten befransten Sesseln liegt ein Schwall namenloser Dinge; auf den Brettern des Fußbodens bauscht sich ein Haufen, mittendrin der Eigentümer oder, noch besser, die Eigentümerin, selber in derlei Sachen gehüllt und von dem ewigen Anblick ihrer Ware ein Gesicht bekommend, als sei es auch schon Trödel geworden, und hinten, wo es dunkel wird, ist dir, als müßte gar erst das Zeugs kein Ende nehmen – eine solche Hütte war meine Sache, und ich stöberte und suchte in den Dingen herum, phantasierte mich in ihre Geschichte hinein und ging oft mit einem unschätzbaren erhandelten Preisstücke von dannen, welches die Meinen zu Hause in die größte Verlegenheit brachte, was damit anzufangen sei.

Aber ehe ich mich in einzelne Sachen und ihre Geschichte einlasse, halte ich es für Pflicht, unsern auswärtigen Lesern einen Begriff im allgemeinen zu geben.

Auf dem Glacis, wie wir schon sagten, am Wienflusse von der Karlskirche abwärts bis gegen den Heumarkt zu, stehen dicht aneinandergedrängt mehrere Hundert hölzerner Hütten, fast den aufgeschlagenen hölzernen Buden eines Marktes ähnlich, da ihr Zweck Warenauslage ist, aber doch wieder anders und fast an Wohnhäuschen erinnernd, da sie nicht so wandelbar wie Marktbuden sind, sondern so lange an Ort und Stelle zu bleiben haben, bis sie vor Schwärze und Alter morsch werden und brechen, wo dann an die Stelle der alten eine neue Hütte gebaut wird, bis man etwa einmal die ganze Sache als eine veraltete Barbarei ganz eingehen läßt. Die Hütten stehen fast aneinander und bilden mit ihren offenen Vorderseiten förmliche Gassen, in denen sich das kauflustige Publikum treibt; diese Gassen sind häufig selber wieder eingedeckt, so daß man auf diesem Markte wie in einer ungeheuren Bienenwabe voll Gerumpel und Menschen herumschliefen kann. Jede Hütte hat eine Nummer und fast jede ein gemaltes Schild heraushängen, wovon sie den Namen »Zum Jäger«, »Zur Rose«, »Zum grünen Baum« etc. führt. Das Ganze bildet ein langes Viereck von schwarzen wettergepeitschten Dächern, von denen dir, wenn du sie von weitem überschaust, bange wird, daß einmal ein Feuer darunter komme und in diesem luftigen, gedörrten Geraffel schrecklich wirtschafte. An schönen und besuchten Tagen ist das Ganze von ferne wie ein leibhafter Ameishaufen zu schauen, der sich über und über rühret und regt.

So ist der Schauplatz – und nun, welche Waren, welche Käufer und Verkäufer sind da? Das ist leichter gefragt als beantwortet. Wenn du ein Wiener bist und es fehlt dir was immer in deiner Haushaltung und an deinem Körper, es sei so klein und fragmentarisch, als es immer wolle, es sei so heterogen und allen menschlichen Begriffen ferne liegend als nur immer denkbar: gehe hin auf den Tandelmarkt, und du bekommst es. Freilich sind viele Hütten sortiert, wo man nur *bestimmte* Waren ausbietet, namentlich gilt dies von Kleidern, Lappen und Eisenwaren, aber dafür sind auch andere, und diese, glaub ich, sind die echtesten, wo alles und jedes zu haben ist.

Allein wir wollen hier etwas ins Detail gehen.

Der ganzen südlichen Fronte des Vierecks entlang, da, wo die Fahrstraße vorbeiführt, ist die ausschließliche Niederlage des alten Eisens. Was seit Kains und Enochs Zeiten her an Eisen und groben Metallwaren verfertigt worden ist, das, glaube ich, hat hier seinen Repräsentanten: Ketten jeder Art und Größe, verrostet und neu, liegen wie Schlangennester an den Hütteneingängen und Barrierestöcken herum, daneben das Geschlecht der Öfen, der plumpe viereckige, der gefällige runde und der in lauter zierlichen Säulen emporstrebende, dann sind die Tragherde, Kochöfen, die Zangen, Hauen, Haken, Klammern, die Schaufeln, Sägen, Bohrer, die Feilböcke, all das kleinere Volk der Lichtputzen, Scheren, Beschläge, dann sind die Torsos, die Fragmente von einstigen Ganzen, die bloßen Eisenstücke, Aushängeschilde, Stiefel- und Krückenbeschläge und endlich die Sachen, die gar niemand mehr kennt; ich habe daselbst einmal sogar ein Römerschwert aufgefunden, ich besitze es noch, habe meine Freude daran und lasse durchaus keinen Beweis dagegen aufkommen, daß es nicht echt sei. Solange ich es dafür halte, ist es echt, ich lasse daher gar niemanden darüber reden; denn am Ende käme so ein Fant und bewiese mir, daß es von irgendeinem Komödienhause her sei, und dann wäre es aus mit der Rarität, und ich könnte das Schwert hinauswerfen, während es jetzt bei meinen andern Memorabilitäten und Kuriositäten hängt. Alle Spezies und Spielarten von Leuchtern und Kannen und Tassen und andern Zeugs besetzen das Innere dieser Hütten.

Außer den Metallwaren haben nur noch die Kleider so ausschließliche Hütten, nur daß diese nicht so einen einzigen bestimmten Platz einnehmen, sondern mehr unter den andern zerstreut sind, doch dürfte die Nordseite in dieser Hinsicht am meisten gesegnet sein. Da sind Hütten mit lauter Stiefeln, von dem neuesten und glänzendsten bis zu dem, der das Anziehen scheuen muß, damit er nicht auseinandergehe, daneben, wie Delinquenten, hängen die Röcke gebürstet, gepreßt und herausgeputzt, die Kappen und Mützen gaffen und glotzen auf den Bänken, die Bettdecken sind aufgeschichtet, und Frauenröcke und Schürzen sträuben sich, und die Wäsche ist mit dem schönsten rotseidenen Bändchen umwickelt. Dazwischen geht es lustig und lebhaft zu: Dort probiert einer einen Stiefel und flucht und seufzt dazu, hier kann ein anderer aus dem probierten nicht mehr heraus, und der Tandlerbube muß ihm denselben herabreiten – hier wird um einen Frack gehandelt, dort packt einer einen Bündel aus und bietet ihn zum

Verkauf und erschrickt über die geringschätzigen Mienen, welche er an den zusammengelaufenen Käufern bemerkt – dazwischen geht und schreit der Würstelbub, der seine brennheiße Ware ausbietet – dann wird etwas gestohlen, und es erhebt sich ein Lärm und ein Verfolgen, worin die Weiberzungen am lautesten und tätigsten sind – dann kömmt das Speiseweib und bringt den Zettel, was alles heute zu Mittag zu haben sei, und sie preiset die Sachen und frägt angelegentlich, was sie bringen solle. Die meisten dieser Kleidertrödler sind ihres Gewerbes nach Schneider, manche haben zu Hause oder beschäftigen anderwärts viele Arbeiter, und da werden auch ganz neue Sachen angefertigt, d. h., manche sind wohl ganz neu, andere werden aus alten ganz neu verfertigt – ich habe oft gedacht, woher denn diese vielen neuen Dinge kommen, indem ich den Widerspruch entdeckte, daß der Tandler alle Sachen, die er einkauft, für alt und wenig wert erklärt, alle aber, die er verkauft, für ganz neu und sehr kostbar. Da – nicht in Betracht der Sachen an sich, sondern in Betracht der Börse der Kaufenden – diese Waren doch sehr wohlfeil sind und am Ende doch so lange halten müssen als ursprünglich beim Kleidermacher bestellte, so haben diese Hütten ein verhältnismäßig sehr zahlreiches Publikum, und nicht nur von der Stadt, sondern der ganze dürftigere Teil des umliegenden Landes besorgt seine Garderobe vom Tandelmarkt, wobei er freilich den Vorteil hat, daß er nicht erst lange warten darf, daß er sich nicht zu ärgern braucht, daß der Schneider nicht Wort hält und einen den ganzen schönen

Sonntagvormittag her warten läßt oder daß etwas verschnitten ist. Freilich mit dem Anpassen sieht es auch hier sonderbar aus, aber der Käufer hat die Wahl, er kann das Ding stehenlassen, wenn es ihm nicht gefällt – komisch ist es genug, wenn irgendein redlicher Landmann seinem Buben hier ein „Stück Gewand" kauft, es ihm nun anprobiert, den ganzen Buben auf und ab und hin und her zerrt und ihn endlich, weil er auf das Wachsen rechnet, wie eine Scheuche einballiert, davonführt. Im Frühjahre werden die Mäntel wohlfeil eingekauft und im Spätherbste teuer verkauft. Bei Paradekleidern, Theatergarderobe und bei Uniformen verstorbener Junggesellen lassen sich gute Geschäfte machen. Es soll sich vor vielen, vielen Jahren eine seltsame Geschichte ergeben haben. Ich will sie erzählen, natürlich ohne ihre Wahrheit verbürgen zu können. Es starb ein hoher Militär. In seinem Testamente war einer Summe gedacht, die er an irgendeinem Orte anliegen hatte, allein da man keine Dokumente vorfand und deshalb an jenem Orte anfragte, erhielt man die Auskunft, daß der Verstorbene die besagte Summe einige Tage vor seinem Tode erhoben, wie vorliegende Urkunde ausweise – allein die Summe fand sich nicht vor. – Man warf Verdacht auf seinen Kammerdiener, der Mann war in Verzweiflung, man suchte alle Fächer, alle Winkel, alle Taschen aus – alles vergebens: da erinnerte sich der Kammerdiener in seiner Angst, daß sein Herr gerade an dem Tage, als er erkrankte, in demselben Uniformrocke herumgefahren sei, in dem er begraben worden, und daß er auch in demselben

Uniformrocke in dem Bankierhause abgestiegen sei, wo man jetzt um das Geld angefragt habe – etwa sei es in der Tasche desselben Rockes. Einige Mitglieder der Familie erinnerten sich wirklich, daß der Verstorbene an jenem Tage den besagten Uniformrock angehabt habe. Da die Summe nun sehr bedeutend war, so beschloß man, um Öffnung des Grabes einzuschreiten, allein da nun dies bewilligt und geschehen war, fand man den Verstorbenen nackt im Sarge. Der Totengräber erwies sich in der sofort eingeleiteten Untersuchung als unschuldig. Ob man die Täter endlich entdeckte oder nicht, weiß ich nicht; aber das ist gewiß, daß der in Frage stehende Uniformrock auf dem Tandelmarkt verkauft worden ist, wo er auch von den untersuchenden Behörden mittelst des Kammerdieners entdeckt und erkannt wurde – und siehe! in der Brusttasche desselben steckte, in Papier gewickelt, die abhanden gekommene Summe, wegen welcher die ganze Sache eingeleitet worden ist.

Da täglich viele hundert Käufe und Verkäufe auf dem Tandelmarkte gemacht werden und da namentlich alte Kleider, Luxusstücke und dergleichen dort abgesetzt werden, so ist er schon öfter die Veranlassung zur Entdeckung von Diebstählen und andern Verbrechen geworden; denn da nach Erhebung des Tatbestandes sogleich an alle Trödler die Beschreibungen der inkriminierten Gegenstände abgehen, so kann es geschehen, daß, wenn der Schuldige mit seinem Objekte ankömmt, um es vorteilhaft anzubringen, er samt demselben zurückgehalten und ausgeliefert wird.

Außer den zwei Gattungen von Hütten, nämlich den Eisen- und Kleiderhütten, sind keine mehr, welche so exklusiv wären, nur einen einzigen Artikel zu verschleißen, wenn man etwa die östliche Fronte ausnimmt, wo mehrere Hütten sind, in denen ausschließlich Bettsachen verkauft werden, von dem fadenscheinigen Strohsacke an bis zum blütenweißen schwellenden Flaumenkissen. In allen andern Buden sind die Waren mehr oder weniger gemischt, und je mehr alt und neu, vornehm und gering, ganz und gebrochen, staubig und rein durcheinandergemischt ist, desto mehr, glaube ich, verdient die Hütte den Namen einer Tandler- oder Trödlerhütte. Freilich wäre für einen humoristischen Pinsel eines jener alten unübertrefflichen Holländer eine solche Hütte ein besserer Gegenstand als für meine schwache Feder, aber ich will es dennoch versuchen, mit dieser schwachen Feder ein Schattenbild einer solchen Hütte zu zeichnen: Sie ist vorne ihrer ganzen Länge nach offen, und dennoch ist es schwer, in sie hineinzugehen; denn zu beiden Wänden ihrer Querwände laufen Hindernisse gegen den Eintritt vor. *Rechts* steht ein Ding – einen Stuhl würde ich es nennen, wenn ich es sehen könnte, aber vielleicht auch etwas anderes, kurz, es ist überdeckt mit einem Stilleben von Lumpen und Kram; Tuchenden schlingen sich um Abschnitzel oder was die hundert zusammengerollten Dingerchen sind, das Unterfutter eines Spritzleders drängt sich vor und hängt gegen die Erde; ein spanisches Rohr lehnt daran, zusammengerollte Bettdecken liegen obenauf, ein Lichtschirm strebt empor, und auf ihm reiten Halsbinden; unter einem Kessel quillt ein fast neuer frischgrüner Teppich hervor, der sich auf die Erde fallen läßt; auf seiner Schleppe brütet ein Mantelsack und das Felleisen eines Handwerksgesellen, beide im Dienst ergraut; hinten schaut noch ein Degengefäß hervor – all dieses liegt und lehnt auf dem Stuhle, wenn es einer ist; denn, wie gesagt, es ist eine Erhöhung über den Boden, die mit einem Trödelberge beladen ist, der selber wieder an die Sachen streift, die hängen, nämlich an der Außenwand, wie z. B. eine Wärmpfanne und eine Guitarre an *einem* Nagel, an dem daneben ein Bündel Ausklopfstäbe, Fächer- und Sonnenschirmgerippe, dann Pfeifenröhre, Bratspieße und ein Gewehrkolben, ein eisernes Fenstergitter lehnt an den äußersten Grenzen, beinahe im Rücken der Hütte. *Links* wehren ähnliche Verhaue den Eintritt, oder sie sind eigentlich Festungsredouten, nämlich es stehen Reisekoffer übereinander, beladen mit allem möglichen ledernen Reiseding oder auch nicht zur Reise, wenn's nur von Leder ist; daneben steht noch ein kurzes Bänkchen, welches mit Büchern belegt ist, mit einigen Dosen, alten Notenpapieren, Maultrommeln und Lithographien – und wenn du etwa die Bücher untersuchen willst, so schrecke dich nicht an dem Streicheln, das du an deiner Wange empfindest; es sind nichts als die Röcke und Mäntel und Westen und Damenkleider, die da herabhängen und den Berg unter sich beschatten. Neben ihnen ist noch ein Extrabrett beigenagelt, auf dem Ölgemälde hängen, die Licht brauchen oder einen guten Rahmen haben; die andern lehnen an den Koffern tiefer gegen das Innere oder gar auf der Erde, wo ich einmal den alten Vater Laudon neben zwei Kurierstiefeln auf dem Kopfe stehen sah. Zwischen den Bildern auf dem Extrabrette und unterhalb ihnen hängen Tabakpfeifen, auch Beutel, manchmal ein Klarinett, ein Barometerbrett, eine Windbüchse, ja einmal sah ich einen von oben bis unten aufgesprungenen Fagott so ernsthaft da lehnen, als wäre er durchaus noch zu gebrauchen. So wichtig ist das *Äußere* solcher Hütten, daß, wenn die gegenüberstehende ihre Hinterwand herwendet, gewöhnlich der Besitzer der andern auch noch an dieser ein Bänkchen anbringt, auf dem eine Sammlung Uhren und Glasstürze, Kaffeemaschinen, Tassen nebst Papieren und Büchern stehen; darunter stehen Stiefel und Schuhe, ja zuweilen sind als Servitut, die der Hinternachbar ersitzen will, Nägel in die fremde Hütte geschlagen, und es hängen Pistolen, leichte Flinten und Augengläser daran, während schwere Scheibengewehre und Bolzbüchsen daneben lehnen. Die Sackuhren, als schon leichter zu entwendende Gegenstände, sind meist mehr in der Nähe des Verkäufers. Während auf diese Weise schon das *Äußere* einer echten Trödelbude so ausgestattet ist, sollte man vermuten, mit welchem Reichtum und welcher Mannigfaltigkeit erst das *Innere* bedacht sein müsse, aber derjenige, welcher diesen Schluß macht, irrt sich meistens bei Menschen – und bei Tandelhütten – ich will nur von den letztern sprechen. Da des Tandlers Zweck offenbar der ist, zu verkaufen, und da so viele Nebenbuhler in seiner härtesten Nähe denselben Zweck haben, so muß er seine verkaufbaren Dinge so legen, daß sie dem Lustwandler, der sie etwa not hätte, am leichtesten in die Augen fallen, d. h., er muß sie so sehr als möglich am Rande seines Gebietes anbringen, wo eben der Strom der Besuchenden vorbeistreicht, und da er aber *alle* seine Dinge zum Verkaufe hat, so muß er mit allen gegen außen drängen; daher die meisten dieser Buden gegen innen verhältnismäßig leer aussehen, aber im Grunde sind sie es doch nicht, sondern der Trödler oder die Trödlerin räumt alle Dinge, von denen sie eben jetzt nicht erwartet, daß sie einen Käufer finden werden, zurück in das Innere ihrer Behausung; auch andere, die nicht gerade ein kursierender Artikel sind (und gerade sind dies oft die besten und antiksten Kuriositäten), befinden sich in seiner Nähe; aber auch nicht selten geschieht es, daß auch der ärgste, ausgedienteste Plunder hinten liegt und sich hinter die Bänke und Fächer zurückzieht, wo er mit dem uralten Staube fraternisiert. In der meist etwas dunklen Tiefe der Bude sitzt der Tandler oder die Tandlerin, entweder mit Sortierung beschäftigt oder das erkorne Handwerk treibend oder auf Kunden spähend oder mit den Nachbarn und Nachbarinnen scherzend und plaudernd, und in der Tat, es findet sich bei diesem Schlage von Menschen eine eigene Gattung von Witz, der nicht selten recht jovial und wienerisch, manchmal sogar sprühend ist. Die Bilder und Gleichnisse sind von ihrer Umgebung genommen und meist sehr treffend. Unvergleichlich sind sie im Einkaufen ihrer Artikel, und sie müssen es sein, da sie nicht anders als wieder wohlfeil verkaufen können. Ich selber stand einmal dabei, als ein hageres, blasses Weib mit einigen Zinntellern kam, die sie schüchtern aus einem Fetzenbündel hervorzog und zum Verkaufe anbot. Der Mann der Bude sah wie zufällig hin und fragte um den Preis; er wurde genannt; der Mann sagte, diese Sachen könne er überhaupt nicht gebrauchen, er rate ihr, nach Hause zu gehen und die Dinge aufzubewahren – es war erstaunlich, mit welcher Trostlosigkeit das Weib dastand; nie habe ich das Bild getäuschter Hoffnung deutlicher gesehen – der Budenmann kramte auf dem Boden herum, ordnete seine Artikel und fing endlich aus einer Goldborde die Fäden zu zupfen an – das Weib stand noch immer da und regte sich nicht; endlich, da sie sehr zögernd fortzugehen sich wendete, sagte er ihr, daß er höchstens aus Rücksicht soundso viel geben könnte, dann aber dürfte sie gewiß sein, daß die Teller so lange da liegenbleiben werden, bis sein Urenkel ein alter Mann sei – der Preis aber war ein Fünftel der Summe, die sie anfangs gefordert hatte und die mir ohnedem sehr bescheiden geschienen. »So geh die Frau herein«, rief er wieder, als sie noch immer halb zu gehen, halb zu bleiben zauderte – dieser Ruf schien sie plötzlich zu bestimmen, auch deuchte es mir, daß sie froh war, auf diese Weise den Blicken der Umgebung zu entgehen. Endlich kam sie wieder aus der Hütte zum Vorschein, aber ohne die Teller, und sie ging schnell durch die Reihen davon. In der Absicht, zu dem Blutgelde der abgepreßten Ware noch eine Kleinigkeit hinzuzufügen, ging ich ihr nach; denn ich bildete mir fast ein, nur die allerbitterste Not habe sie zu dem Verkaufe der Zinnteller bewegen können, die etwa noch ein altes Hausstück von Voreltern her sein mochten; denn wäre sie bloß leichtsinnig, so wären die Zinnteller gewiß schon längst nicht mehr in ihrem Besitze, da sie schon vor langer Zeit aus aller Mode und allem Gebrauch gekommen waren und meist nur als tote Küchenstücke herumliegen mögen. Als ich sie erreicht hatte, fragte ich sie, ob sie die Teller verkauft hätte. »Ja.« — »Nun! hat der Mann mehr gegeben, als er anbot?« — »Ach nein«, antwortete sie, »aber es ist ein kurioser Handelsmann; er kaufte mir die Teller ab um den Preis, den er selber bestimmt hatte. Als aber der ganze Handel aus war, gab er mir geradesoviel darauf, als ich anfangs gefordert hatte, und sagte: ›Sieht die Frau, den Markt kann ich nicht verteuern, und Zinn ist eine Lumpenware, aber da schenke ich der Frau das andere, es ist ein pures Almosen, weil jetzt die Zinszeit erscheint. — So in Gottes Namen! Wenn morgen die Frau wieder mit Zinn kömmt, so kaufe ich der Frau keines ab und schenke der Frau nichts.‹ Diese Worte hat er gesagt, und das Geld hat er mir gegeben.« Ich gab der Frau nun die beabsichtigte Münze und verließ sie. Fast hätte ich aus romantischem Geiste schon die Zinnteller gekauft, an die sich ein so edler Zug eines so unscheinbaren Menschen knüpfte: aber der Mann forderte einen so hohen Preis, als ich angelegentlich um Zinnteller fragte, daß ich schamrot von dannen zog, ohne ihm nur irgendein Anbot daraufzulegen.

Es ist wahr, im Studium der Charaktere der Verkäufer mögen derlei Einkäufer gewiß sehr vieles weiter sein als ein harmloser Philantrop, der nur unter diesen Buden nach altertümlichen Seltsamkeiten herumforscht. In welchen Masken mag der Leichtsinn, die Lüderlichkeit, die Verschwendung und auch wieder die Not und die Armut zu diesen hölzernen Gebäuden und ihren Bewohnern kommen, um ihr letztes oder ihr bestes Scherflein feilzubieten! Wie oft mag auch der Wuchergeist anklopfen, um ihnen Ware anzutragen, an der er selber wieder Gewinn ziehen will! Wenn da eine Art kalter Technik und ruhiger Pfiffigkeit in sie kömmt, so ist es gewiß nicht zu verwundern, und mein Zinnkäufer mag am Ende doch noch ein so edelherziger Trödler gewesen sein, als es nur immer einen auf Erden geben mag.

Zuweilen aber werden auch seltsame Käufe gemacht, bei denen der Trödler wieder der verlierende Teil ist, weil es doch geschehen kann, daß ihm Objekte in die Hände kommen, über deren Wert und Wesenheit er keine Ahnung hat. So geschah es z. B. vor fünf oder sechs Jahren, daß eine Frau, die öfter alte Fußteppiche und dergleichen auf dem Tandelmarkte zu kaufen pflegte, auch wieder einmal dort war und mehrere größere und kleinere Stücke grauen Seidenzeugs, einiges Messinggeschirr und illuminierte Soldaten für ihre Kinder kaufte. Da aber der Trödler sagte, er gebe das Messinggeschirr nicht ohne den 6 Bildern in Goldrahmen, die dabeilagen, weil er alles zusammen einlizitiert habe, und da die Frau das Geschirr

165

besonders gerne gehabt hätte, die Bilder aber auch nur zwei Gulden kosteten, so nahm sie dieselben, indem sie meinte, so viel müsse sie ja wieder für die Rahmen bekommen, wenn sie dieselben putzen und verkaufen ließe. Aus dem Seidenzeuge wurden die schönsten Puppenkleider gemacht, das gescheuerte Messing prangte und funkelte in der Küche, mit den Soldaten hatten die Knaben die größte Freude, die sechs Bilder aber lagen in der Plunderkammer. Erst ein Jahr nach dem Einkaufe, da einmal die ganze Wohnung frisch ausgemalt und gereinigt wurde, dachte man an die Bilder, und die Mutter und die älteste Tochter begannen aus Unkenntnis der Sache die Goldrahmen, die geschwärzt und mit Fliegenkot über und über beschmutzt waren, zu waschen und erzielten auch glücklich, daß das Gold verschwand und stellenweise eine rote Grundierung oder gar das bloße Holz zum Vorschein kam, man lachte einander aus, und die Bilder – die erst recht schwarz und dunkel waren, so daß kaum hie und da ein roter oder blauer Lappen zu erkennen war – wurden nicht einmal einer Waschung würdig gehalten und wären beinahe gänzlich weggeworfen worden, wenn nicht zufällig der Vergolder dazugekommen wäre, der die neuen schweren Spiegelrahmen brachte und der Frau riet, die Bilder doch untersuchen zu lassen. Sie willigte ein, und er verschaffte ihr einen jungen Mann, der das Geschäft übernehmen wollte. Es ging anfangs bei dem ersten behutsamen Waschen dichter brauner Ruß und fast Küchenpech von den Bildern, worauf sie sich sämtlich als alte niederländische Genrestücke auswiesen von mittelmäßigem Werte, nur daß zwei von ihnen deutliche Spuren späterer Reparaturen und öfteren Übermalens aufwiesen, und da man nun mit Weingeist und Terpentin und andern Mitteln vorsichtig diese jüngeren Retuschen behandelte, so kamen unter ihnen die geistreichsten Striche und Lichtsetzer zum Vorschein, und endlich, da man die Urbilder mit größter Sorgfalt bloßgelegt hatte, so zeigten sich zwei der allerschönsten, kaum sichtbar beschädigten Tenier. Der Frau wurden hundert Dukaten für die beiden Bilder geboten, allein sie hatte eine solche Freude an ihnen und an dem seltenen Zufalle, daß sie dieselben in neue prachtvolle Rahmen setzen und im Prunkzimmer aufhängen ließ, wo sie noch zu dieser Zeit makellos hängen und die Freude und Bewunderung der Kunstkenner erregen.

Wie oft sich nun solche Zufälle auf dem Tandelmarkt ereignen, kann ich denen, die etwa Neigung zu solchen Käufen haben, nicht sagen, wenigstens ich, der ich seit der Zeit jedes nur im mindesten verdächtige Bild, das mir in den Wurf kam, kaufte, habe bisher nichts anderes erstanden als elende Scharteken, und je mehr Ruß auf einem Bilde war, ein desto greulicheres Familienporträt kam zum Vorscheine, wenn ich es wusch. Auch mit den Rahmen hatte ich wenig Glück, außer mit einem, der von Semilor war, sich daher reinigen ließ und jetzt einem guten Bilde zur Zierde dient, das in meinem Zimmer hängt.

Außer den Bilderspekulanten, deren Zahl ich

durch diese meine Erzählung wahrscheinlich vermehrt habe, existiert schon seit längerer Zeit eine Rasse, die den Tandelmarkt wie eine andere Leipziger Messe befährt. Es sind das die Bücher-Spekulanten, die darauf ausgehen, ob sie unter den schon von Urahnen her liegenden Büchern nicht etwa eine seltene Ausgabe, ein Kuriosum oder dergleichen ergattern können. Man sieht sie da oft stundenlange an einem Bücherbrette stehen und die daraufliegenden Stücke einzeln durchsuchen, ja wenn nur mehr Fragmente vorhanden sind, werden die Reste von Blättern befragt und erforscht. Kommen irgendwo zwei dieser Bücherhamster zusammen, so sieht man, wie jeder dem andern zuvorzukommen sucht, in Ergreifung von solchen Stücken, die etwa mit einem Schweinslederbande hervorblicken oder in Folio sind oder klein, beschmutzt und von Pergament. Die Geduld dieser Leute ist von keiner übertroffen, höchstens steht ihr die eines Anglers gleich, wenn sich nur einmal die Sage verbreitet, es habe einer ein Exemplar dieser oder jener seltsamen Edition aufgetrieben, so stärkt sie dieses wieder zu siebenjähriger Ausdauer, wo sie nichts finden als die »Vier Heymonskinder«, Basedows »Elementarbuch«, »Sophiens Reise von Memel nach Sachsen« oder gar neue Taschenbücher und Albums, die solchen Klassikern ein Greuel sind. Es fällt mir bei dieser Geschichte immer ein verstorbener Onkel von mir ein, der fast auf dem Punkte war, das Angeln aufzugeben, als ihm der Himmel das Unglück geschehen ließ, daß er einen Aal fing, was die Folge hatte, daß der selige

Onkel noch siebenzehn Jahre angeln ging und von dem Aal erzählte, bis er sich nasse Füße und das Podagra zuzog, das ihn hinter den Ofen bannte.

Ich wünschte in diesem Aufsatze noch zu erwähnen, daß der Tandelmarkt auch der Stapelplatz jener Tüchersorten aller Qualitäten und Farben ist, welche Sorten nur in *sehr kleinen* Stücken verschleißt werden (der Pöbel nennt sie Flecke) und welche Sorten durch eine industriöse Klasse hingeliefert werden, die diese Formate erst geschickt erzeugen: aber ich fürchte, man mache mir den Vorwurf, ich satirisiere auf die Sünde eines ganzen Standes, an deren Dasein ich doch eigentlich gar nicht glaube. Wer weiß, wo die Flecke des Tandelmarktes her sind, die freilich existieren – oder können es nicht ganz legitime Flecke sein? ganz notwendige Flecke? apodiktische, würde der Philosoph sagen.

Bevor ich schließe, bin ich eigentlich noch schuldig, in zwei Worten zu sagen, warum denn *ich* den Tandelmarkt besuche und hier sogar beschreibe.

Beschrieben wird er, weil er in dieses Buch gehört, daß ihn aber gerade meine schwache Feder beschreibt, ja mit Vorliebe beschreibt und daß ich ihn schon früher, ehe noch an eine Beschreibung gedacht wurde, besucht habe, daran ist eigentlich das schöne Geschlecht schuld. Mit seiner ungeheuren Vorliebe für Flitter und Schmetterlingartigkeit, mit dem wesenlosen Tande, womit es sich behängt, hat es mir vermöge des Widerspruchgeistes, der mich beseelt, eine ordentliche Zuneigung und Liebe für antike, verschollene und allen Begriffen

169

heutiger Schönheit trotzbietende Sachen eingepflanzt, so daß ich mich in meinem Arbeitszimmer mit allerlei soliden uralten Objekten umgab, die den nötigen Kontrast bilden zu dem Falter- und Spinnenwebengeiste, der draußen herumflattert – freilich wenn alle Mode wieder in diesem Stile wäre, würde es mir vielleicht noch unerträglicher und langweiliger werden, ich weiß es nicht – kurz, ich liebe die alten Sachen und freue mich immer schon im voraus, wenn ich z. B. eine ganz alte und seltsame Pfeife aufgetrieben, was das Abendkränzchen im Gasthaus sagen werde, wenn ich damit angezogen käme. – Einen Narren heißen sie mich – mag sein, ich beneide den nicht, der keine Narrheit hat. Die jetzige Rokokonarrheit kömmt der meinigen ziemlich nahe, da meine aber noch rokokoer ist, so hoffe ich damit schon zu halten bis zu meines Lebens Ende, und dann mögen unsere Enkel und Urenkel zusehen, wie sie mit der ihrigen zurechtkommen. Bis dahin besuche ich noch zuweilen den Tandelmarkt und erziele doch von Zeit zu Zeit ein Stück in meine Raritätensammlung, das mich auf Wochen hin stärkt.

Die Karwoche in Wien

*E*s ist eine eigentümlich melancholisch sanfte Erinnerung, wenn ich nur den Namen dieser Woche nennen höre; ein Stück meiner Heimat und Kindheit, ein liebes, reines, feierliches Stück derselben kömmt mit dem Namen zurück. Selbst die Jahreszeit, in welche dieses Fest fällt, wirkt mit, um den Eindruck hervorzubringen, den es macht. Auf den Feldern, die meinen Geburtsort umgaben, war der Schnee bereits weg, aber sie lagen noch naß und schwarz vor der Sonne; die Luft war schon mild und blau, aber die Bäume standen noch mit dem schwarzen laublosen Gitter in derselben; die Wiesen begannen sachte zu grünen, und an dem Bache und an den Wasserfäden der Wiesengräben liefen bereits dunklere grüne Säume mit der Knospe oder gar schon der Blüte der Butterblume, welche Blume bei uns zu Hause den schönen Namen Osterblume führt – die ganze Frühlingssehnsucht, in allen Wesen, besonders aber in Kinderherzen lebendig, schlug bereits in heller Lohe auf: Da kam noch die Karwoche dazu, diese magische Woche voll religiöser Feier und Gefühle, voll Mysterien und Geheimnisse, die mit zauberhafter Gewalt auf die jungen Herzen wirken. – Schon am Palmsonntage begann sie in unserer Kirche mit einem Walde aller möglichen Zweige, die Kätzchen tragen, wel-

che Kätzchen man dort Palmen nennt, wahrscheinlich, weil man durch die Zweige jene Palmen repräsentiert, die einst dem einziehenden Heilande gestreut wurden – die Landleute der umliegenden
Dörfer hatten den Wald in die Kirche gebracht, und
fast jeder Mann hielt einen Palmenstamm empor,
den er schlank und zierlich aus trockenem Fichten-
holze geschnitzt hatte und an dessen Spitze sich ein
dichter Busch von Palmen, d. h. von jenen Kätz-
chenzweigen ausbreitete, untermischt mit dem
dunkeln Grün der Tannen, die dem Ganzen eine
düstere, ernste Feier gaben, namentlich wenn der
sanfte blaue Weihrauch der Kirche durch ihre
Zweige quoll und über den Wipfeln die ruhigen Or-
geltöne hinschwammen. Dann kam der Montag,
und die Vorbereitungen begannen zu dem traurig-
feierlichen Feste. Die Altäre waren von oben bis unten mit Schwarz behängt; statt der wehenden Fahnen der Zünfte standen die nackten Stangen empor; ein emsiges Hämmern und Sägen hörte man
des Nachmittags aus der Kirche – ein Gerüste er-
hob sich – ungewöhnliche feierliche Kirchenge-
bräuche geschahen in den Vormittagen, dann
hörte jedes Glockenläuten, selbst das Schlagen der
Uhren auf, was auf mein Kinderherz den Eindruck
der tiefsten Trauer machte; in der Kirche aber
stand das schwarze Grab mit seinen flimmernden
Lampen von düsterem Rot und Grün und Blau,
und die andächtige Menge kniete davor, in tiefer
lautloser Stille betend, und in tiefer lautloser Stille
knieten auch die zwei Kirchendiener als Wächter
bei dem heiligen Grabe – so groß ist die Macht der

dem Menschen angebornen Religionsweihe, daß mir als Kinde, wenn ich in jenen Tagen nur kaum erst die Schwelle der Kirche betreten hatte, schon die Schauer der Ehrfurcht ins Herz kamen und daß ich mit tiefster Andacht und Zerknirschung vor dem heiligen Grabe kniete, das, obwohl von Menschenhänden gemacht, nun nicht mehr Holz und Leinwand war, sondern das bedeutete, was vor zweitausend Jahren als das Geheimnis der Erlösung geschah und seither in der Seele der Menschen fortwirkte. Dann lösete sich gemach die Trauer: Als Vorbote kamen schon samstagsvormittag die Glocken, ihr Ton war so erfreuend und noch Erfreulicheres kündend. Abends war das Fest der Auferstehung. Sonnenhell war es in der Kirche von hundert funkelnden Kerzen; erhabene Musik rauschte, und die Menschen waren geputzt, um jenes Ereignis zu feiern, das als das größte Wunder, als der Grund des Glaubens anerkannt wurde, die Auferstehung. So freudenreich ist dies Ereignis, daß bei uns die fromme Sage geht, die Sonne gehe am Ostersonntage nicht wie gewöhnlich auf, sondern hüpfe dreimal freudig empor. Jeden Ostersonntag wollte ich das Wunder ansehen, aber jedesmal verschlief ich es – und als ich so groß gewachsen war, daß ich es nicht mehr verschlief, da glaubte ich es nicht mehr. Des andern Tages beim Hochamte leuchteten alle Altäre, hingen die Zunftfahnen in schwerer Seide herab, wallte der Weihrauch, ertönte die Musik, und am Altare klangen die feierlichen Hymnen, und freudig ging ich aus der Kirche, daß die Trauer so zum Jubel geworden, aber auch traurig, daß die schöne Woche vorüber ist und nun eine Reihe ordinärer Tage folge.

Was ich auch seitdem geirrt und gesucht, wie ich gestrebt, wie ich errungen und verloren, wie ich glücklich und unglücklich war, was sich auch immer geändert: jenes tiefe religiöse Gefühl für diese bedeutungsvollste Woche der Christenheit hat mich nicht verlassen, und immer ist mir die Karwoche die heiligste, feierlichste Zeit geblieben. Als ich nach Wien kam und ein Bewohner der großen Stadt wurde und die erste Karwoche erlebte, da berührte es mich freilich unangenehm, daß es hier so ganz anders sei, als es seit meiner Kindheit in meinem Herzen nachdämmerte – ich hatte nämlich den Eindruck meiner Kindheit hier verloren und den hiesigen, wenn er von allen Unwesentlichkeiten entkleidet wurde, noch nicht gewonnen. Ich konnte eben damals von den Unwesentlichkeiten nicht absehen und glaubte, das Fest werde von ihnen gestört. So meinte ich z. B., alle Buden und Kaufgewölbe müßten in jener Woche geschlossen sein, weil auch in meinem Geburtsorte jede knechtliche Arbeit in derselben ruhte; hier aber drängte sich die kirchliche Feier und die industriöse Bestrebung für mein Auge zu hart aneinander. Ferner, in meiner Heimatkirche kniete alles vor dem Grabe oder stand andächtig davor oder saß betend in den Stühlen; hier aber erlebte ich, daß Gruppen in der Kirche herumgingen und bloß neugierig alles anschauten, daß man ein und aus ging wie in einer andern Halle, daß draußen dem Kirchtore vorbei die Wägen rasselten, ja daß Leute bei dem einen

Kirchtore herein-, bei dem andern hinausgingen, ohne sich weiter aufzuhalten, daß man miteinander sprach und sich die Kritik über die kirchliche Anordnung zuflüsterte und daß man endlich von einer Kirche zur andern, von einem Grabe zum andern ging, bloß um die hier übliche Gewohnheit des Gräberbesuchens mitzumachen. Es berührte mich, wie ich sagte, unangenehm – ›Wo ist hier die heilige, die tiefe, die stille Feier deiner Kindheit?‹ rief es in mir, und ich war so entrüstet, daß ich durch mehrere Jahre meines ersten hiesigen Aufenthalts in dieser Woche gar nicht ausging, um sie nicht profanieren zu sehen. Aber wie die Gewalt der Dinge langsam, jedoch sicher wirkt, so geschah es auch, daß, als ich wieder einmal die Feier der Karwoche besuchte, dieselbe auf ganz andere Weise in meine Augen fiel als sonst. Ich hatte eben in der Zeit Hauptstadt-Augen bekommen; die Einseitigkeit und die harte Intoleranz des Provinz-, ja eigentlich des Waldbewohners hatte sich abgestreift; ich hatte Menschen achten gelernt in dem, was sie sind, und nicht sogleich *ver*achten in dem, was sie nicht sind, ja auch die nicht gänzlich wegzuwerfen, die *nichts* sind (gleichsam der leere Raum zwischen den Weltkörpern), wenn sie nur nicht positiv etwas werden, nämlich Zerstörer an der sittlichen Welt – darum erkannte ich, daß der heilige Ernst der Kirchenfeier gerade in der Hauptstadt hart neben dem Bestreben der Industrie und neben dem Leichtsinne des Müßigganges bestehen müsse, ja, daß gerade dieses harte Nebeneinanderstehen etwas Tragisches habe und ein eindringliches Bild des Lebens sei, dem festen Herzen zeigend, wie hoch das, was immer und allzeit an der Menschheit das Heilige war, über dem Treiben und Genießen des Tages stehe, wenn dieser Zwiespalt auch das idyllisch weiche Gemüt beleidigt.

So steht denn auch in Wien in keiner Zeit des Jahres dieser Gegensatz schroffer da als gerade in der Karwoche. In allen Kirchen beginnt die Feier dieser heiligen Zeit und in vielen Herzen aufrichtig und ernstlich mit – dann aber gibt es viele andere, die das Fest mit begehen, weil es einmal so ist; sie denken eben nichts Gutes und Schlechtes, nur zuweilen sind sie gerührt – endlich kommen die, denen es Gelegenheit zu Schaugepränge wird und die da kommen, um zu sehen und gesehen zu werden: immer aber ist es noch ein Herüberwehen jenes Geistes aus einer einstigen schöneren, tieferen, religiöseren Zeit, das die Menschen gerade dieser Tage gleichsam zu einer Feier im Großen auf die Gassen und Plätze treibt, um sich da zu ergehen und das allgemeine Gepränge zu heben – wenngleich jener Geist nur in dem tieferen Herzen noch fühlbar ist, indes er die Massen herausführt, ohne daß sie von ihm wissen; denn bei wie vielen mag es bloß darum sein, daß sie herausgehen, weil es so Sitte ist, und bei wie vielen sind es noch schlechtere Motive, die sie regieren, wie es ja bei einem Zusammensein so vieler Menschen nicht anders denklich ist.

Dem äußern Anblick nach ist die Sache so: Wenn die Zeremonien in den vielen Kirchen Wiens beginnen, so bemerkt man schon ein regeres Wandeln auf der Gasse und ausgezeichnetere Anzüge als zu jeder andern Zeit, vollends aber erkennbar wird es erst dann, wenn die Gräber aufgebaut stehen und die Andacht zu denselben beginnt. Da sieht man ganze Familien, ehrbar angezogen, über die Gasse schreiten; Menschen, die das ganze Jahr nicht in die Stadt hereinkommen, verlassen ihre Wohnung in der entfernten Vorstadt, um ein oder das andere heilige Grab in der Stadt zu besuchen, zu dem sie schon von alters her eine besondere Andacht hegen; manche hohe Dame steigt vor der Kirche aus ihrem Wagen und läßt sich von ihrem Diener das schwerbeschlagene oder in Samt gebundene Gebetbuch reichen; eine Versammlung von Kutschen wartet auf ihre Herrschaften vor der Kirchtüre; Neuvermählte gehen zum ersten Male heuer, ihren Gräberbesuch zu machen, manche Mütter mit ihren Töchtern, manche einsame Matrone geht aus ihrer Wohnung, um ihre Andacht zu verrichten, wobei es Sitte ist, daß man nicht etwa nur ein einziges oder zwei Gräber besuche, sondern in der Regel werden alle in der eigentlichen Stadt befindlichen nach der Reihe besucht, so daß es in jenen Tagen den Anschein gewinnt, als wenn die ganze Bevölkerung Wiens auf der Wanderung wäre, und zwar in ihrem Staate, in sonntäglichen und Feierkleidern, daher es sehr leicht seine Erklärung findet, was ich einmal aus dem Munde eines Fremden bemerken hörte, daß man gerade in der Karwoche in Wien die schönsten Kleider und die schönsten weiblichen Angesichte zu sehen bekomme. Daß von dem bloßen Müßiggange, von der Putzsucht und Frivolität diese Zeit auch benützt wird, um ihren Götzen Opfer zu bringen, ist wohl begreiflich; daher zu gewissen Stunden ein ganzer Strom von geputzten Menschen durch die Gassen geht, ja daß die ganze äußere Erscheinung in den Straßen zuletzt in ein bloßes Spazierengehen ausartet. So ist es z. B. gerade am Karfreitage und Samstage gegen die Abenddämmerung Sitte, daß man im höchsten Putze über den Kohlmarkt, Graben und Stephansplatz spazierengeht, von welcher Sitte auch so reichlich Gebrauch gemacht wird, daß buchstäblich Mensch an Mensch nebeneinandergeht und daß auch die, die sonst immer zu Wagen sind, hier zu Fuße erscheinen und ein breiter glänzender Strom von Menschen über die ganze Straße ausgegossen ist, selten von einem fahrenden Wagen gestört, da eben in jenen Momenten fast alles geht, ungleich dem ersten Mai, wo wieder alles fährt. Trotz der augenfälligen Sucht, hier den größten Kleiderprunk zur Ansicht zu bringen, bemerkt selbst das an Harmonie und Schönheit gewöhnte Auge keinen Verstoß gegen den eigentlichen Charakter der Zeit; denn insbesonders das weibliche Geschlecht unserer Hauptstadt hat einen eigentümlichen Takt, hier wenn auch seine schönsten, doch solche Kleider zu wählen, die dem Ernste, der Ruhe und der Feier der Zeit nicht nur keinen Eintrag tun, sondern sogar dieselbe emporheben. Einzelne Grisetten oder Närrinnen, die durch Übertreibung wirken wollen, können dem Charakter des Ganzen schon darum keinen Abbruch tun, weil sie in der Masse doch verschwinden, wenn sie auch im Augenblicke des Vorüberwandelns mißfällig erscheinen mögen. Diese feierliche Abendpromenade dauert gewöhnlich bis in die Nacht hinein, wo es nach dem Anzünden der Laternen nach und nach aufhört und dem gewöhnlichen Treiben des Tages Platz macht.

Tritt man im Laufe der drei letzten Tage der heiligen Woche in das Innere einer Kirche, so haben fast alle dasselbe Ansehen. Sankt Stephan hat seine Riesenglieder in Trauer gehüllt; ein düsteres Dunkel herrscht durch die großen Räume; einer der Seitenaltäre ist zu dem schönen einfachen Grabe des Heilandes eingerichtet, und eine andächtige Menge kniet dichtgedrängt davor. Wie der Tod alle gleich macht, so auch die Begeisterung und die Religion. Neben der Fürstin, hinter welcher der reichgekleidete Diener steht, harrend, daß er ihr beim Hinausgehen Platz mache, kniet die Bettelfrau, und manches Mal mag es sich wohl zutragen, daß die Fürstin ebenso inbrünstig um Abwendung ihres Wehes zu dem Grabe des Heilandes beten mag als die Bettelfrau um Abwendung des ihrigen. In den Stühlen sitzen die andächtigen Gruppen herum; bei den Fenstern spinnen die Frühlingssonnenstrahlen herein, und eine solche Stille ist in der weiten dämmerigen Kirche, daß man die Fußtritte der Gehenden und Kommenden hört und das Flüstern der bloß Neugierigen vernehmlich wird – nur draußen geht das dumpf hereintönende Brausen und Arbeiten des Tages fort, und wenn man aus dem Tore der Kirche hinaustritt, so schlagen einem Licht und Lärm entgegen und werden augenblicklich als ein harter Gegensatz gefühlt zu der schwermütig-schönen Poesie, die in dem ernsten großen

179

Baue liegt, den die einfältige und fromme Kraft unserer Voreltern aufgetürmet hat. Und in der Tat, ich weiß nicht, ist es die Gewalt der Andacht in dieser heiligen Zeit oder wirkt die Erhabenheit des Baues mit: Wenn man so die Mienen der Heraustretenden ansieht, so haben sie etwas Feierliches, und selbst das Gesichtchen des Bürgermädchens, das vielleicht nicht bald irgendwo so schön und lachlustig angetroffen werden dürfte als in Wien, selbst dieses Gesichtchen, der treue, aber schönere Abdruck der ältern, neben ihr gehenden Mutter, sieht sehr ernsthaft und gesammelt aus und läßt demütig die Augenlider sinken über den einzigen Schalk, den sie sonst vielleicht nicht völlig zu verbergen imstande wäre – und in Wahrheit, wenn man die Herausgehenden an mehreren Kirchen beobachtet, so bilde ich mir ein, jederzeit bei Sankt Stephan den größten Ernst und die größte Feierlichkeit auf den Angesichtern gesehen zu haben, so daß wohl die Erhabenheit und Wunderbarkeit des Kunstwerkes mit feiner Gewalt auf die Herzen wirken mochte, wenn sie es selber auch nicht immer wissen.

Wie bei St. Stephan ist es mehr oder minder auch in den andern Kirchen, je nachdem ihr Raum es gestattet. Bei St. Peter ist ein schönes, fast heiteres Grab, und vorzüglich schön und herzerhebend sind dort die sogenannten Lamentationen – bei Maria am Gestade ist eine große Lichtermasse und eine Fülle der schönsten Blumen – und so hat jede Kirche der Stadt und die unzähligen der Vorstädte ihre eigentümliche Grabesfeier, und wenn man bedenkt, daß ein großer Teil der Wiener Bevölkerung

die Meinung hat, die Andacht habe einen desto größern Wert, bei je mehr Gräbern sie verrichtet wird,
so kann man sich eine Vorstellung machen von
dem Menschengedränge in den Straßen. Es ist dies
die einzige Zeit des Jahres, wo die Kirchengänger
vor der übrigen Volksmenge auffallend werden
und der Stadt ein feierliches gottesdienstliches Gepränge geben.

Am belebtesten ist der Samstag abends, vielleicht der belebteste Tag des ganzen Jahres in Wien.
Die Auferstehung wird in den mehr als hundert
Kirchen, in jeder mit der ihr möglichst größten
Pracht gefeiert, und da dies nicht überall zu gleicher Stunde geschieht, so beginnt bereits um zwei
oder drei Uhr nachmittags das Gedränge auf den
Straßen; es ist *buchstäblich* ein Gedränge, durch
das es stellenweise schwer wird, durchdringen zu
können; reitende Polizei und Militär muß aufgestellt sein, um Ordnung zu handhaben und über Sicherheit zu wachen, namentlich geht gegen 4 Uhr
der drängende und glänzende Zug den Kohlmarkt
entlang, der k. k. Hofburg entgegen, wo die Auferstehung durch eine feierliche Prozession auf dem
Burghofe gefeiert wird, der die Glieder der aller-
höchsten Familie, dann die hohen Würdenträger
und Militärs in glänzendsten Uniformen beiwoh-
nen und die das Schönste und Feierlichste ist, was
man an diesem Tage sehen kann. Da aber des sonst
zu großen Volksandranges wegen der Burghof
durch Militär abgesperrt ist, so sucht jeder, der nur
irgendeinen Bekannten in der k. k. Burg hat, ein
Plätzchen an einem der Fenster zu gewinnen, die

den Burgplatz umgeben, damit er die Feier sehen könne, und die, welche keinen Freund oder Bekannten haben, bestreben sich dennoch, durch einen oder den andern Eingang hineinzukommen und irgendwo ein Zuschauerplätzchen zu gewinnen. Da aber alle Tore und Pförtchen durch Wache besetzt sind, so stauet sich vor ihnen die Strömung auf, insbesondere da es doch der einen oder andern Gruppe gelingt, durch Unterhandlung und List oder ein klein bißchen Gewalt einzudringen, was die Hoffnung der übrigen wieder ansport, stehenzubleiben und auszudauern, da sie gar wohl wissen, daß der österreichische Soldat viel zu gutherzig ist, als daß er gar arg mit dem Kolben gegen seine Landsleute stoßen sollte, vorzüglich, da es sich hier gar nicht um das Heil des Landes handelt und es einerlei ist, ob noch ihrer zwanzig mehr drinnen sind oder nicht – und wenn sie auch nichts mehr sehen können, so stehen sie dann doch ruhig und sicher in dem dunklen Gange und hören die Gesänge des Umganges hinein. Diejenigen, welche durchaus nicht eindringen können, begnügen sich mit der Lust, die in ihren Uniformen auffahrenden Chargen zu beobachten und zu bewundern, welche der Prozession beizuwohnen haben. So ist in jenen zwei Stunden die Hofburg dicht von einem Schwarme von Menschen belagert, aber von geputzten, friedlichen, schaulustigen Menschen. Wenn nun die Feier vorüber und der freie Durchgang wieder geöffnet ist, so versiegt und verrinnet die Menge in die anstoßenden Gassen.

Gehen wir nun auf den Platz von St. Stephan.

Eine den Platz erfüllende Masse von Volk steht auch hier um die Kirche, das schwarze Gebäude steigt wie ein Gebirge aus der bunten Menge empor, und die tiefen Klänge der großen Glocke fallen von dem Turme nieder, so wie von allen andern Kirchen der Stadt und der Vorstädte ein zusammenklingendes Läuten über die Häuser hinwallt. Das Riesentor ist geöffnet (das Haupttor, welches nur bei besonders feierlichen Gelegenheiten aufgetan wird). Soviel tausend Menschen außerhalb teils aus Andacht, teils aus Gewohnheit, teils aus Neugierde stehen mögen, so viele sind darinnen, wie sie nur immer der große Raum des Gebäudes zu fassen imstande ist. Die Bürgergarde ist im mittleren Schiffe aufgestellt; die Stadtbehörden erscheinen; ein wahres Heer von Lichtern wird angezündet, und dennoch (und gerade dies gibt einen Begriff von der ungeheuren Größe des Bauwerkes), und dennoch vermag dieses Licht nicht in alle Räume zu dringen; denn hoch oben in den Spitzbögen wohnt die Dämmerung und die Finsternis, was, da man die Verzierungen und steinernen Ornamente nicht mehr sehen kann, dem Dome erst recht das Ansehen der Unendlichkeit gibt. Nun ertönen die Klänge der Riesenorgel (die ebenfalls, wenn ich nicht irre, nur dreimal des Jahres gespielt wird), und der Prozessionszug beginnt, von der hohen Geistlichkeit, von den Staatsbehörden und den Bürgergarden begleitet. Es ist eine wahrhaft erhabene Feier in diesem Gebäude, bei dieser Gewalt der Töne, die vom Chore und von dem Turme fließen, und bei dieser Entwicklung und Entfaltung kirchlicher Pracht. Auch empfinden es die meisten Menschen; denn zu keiner Zeit, den Mitternacht-gottesdienst am Christenabend etwa ausgenom-men, ist die Kirche so gedrängt voll als am Aufer-stehungsfeste, und selbst auf die Stühle steigen die Entfernteren, um die Feier sehen zu können.

Wenn der letzte Klang vom Turme St. Stephans gefallen ist, die Menschen aus den Toren der Kirche herausströmen und auch all die andern Türme der Stadt schweigen: dann beginnt ein anderes, von dem früheren sehr verschiedenes Schauspiel. Da nämlich der Ostersonntag ein sogenannter gesperr-ter Tag ist, d. h. ein solcher, an dem selbst die ge-wöhnlichsten Lebensbedürfnisse nicht verkauft werden dürfen, so öffnen sich nun, nachdem man die Laternen angezündet hat, alle möglichen Bu-den, worin Lebens- und Luxusgegenstände für den folgenden Tag zu haben sind, und da der Wiener gerne gut ißt und an großen Festtagen womöglich gerne am besten ißt, so fängt nun ein Laufen und Rennen nach Versorgung für den folgenden Tag an, und die heimkehrenden Kirchgänger begegnen den forteilenden Mägden und Frauen, die da große Körbe an dem Arme tragen, um noch einen schö-nen und vortrefflichen Braten für morgen zu er-jagen. Der grüne Markt ist mit tausend Lichtern bewegt, Kirchenleute und Einkäufer sind durch-einandergemischt, an den Fleischer- und Räucher-buden herrscht Geschrei und Gedränge, in den Vik-tualien- und Bäckerläden ist alles glänzend ausge-stellt, daß man Ostereier und Osterflecken kaufe. Der Hausvater geht nach Hause und bespricht sich

mit den Seinen, wie es dort und da und wieder wo-
anders sehr schön gewesen sei, der Junggeselle, der
Pflastertreter, der Durstige wandern ermüdet in
ein Gasthaus, erquicken sich und erzählen, was sie
heute gesehen und erlebt – und steht erst eine recht
schöne Nacht am Himmel, so daß Aussicht zu Pro-
menaden und Ausflügen auf den morgigen Ostersonntag vorhanden ist, so ist ganz Wien selig und
vergnügt, und der Karsamstag ist der schönste gewesen, der sich nur immer im Reiche der Möglich-
keit erleben läßt.

Warenauslagen und
Ankündigungen

*E*s ist eine ganz einfache Tatsache des Verstandes, daß derjenige, der etwas kaufen, tauschen, erhandeln will, wissen muß, *wo* er zu kaufen, zu tauschen, zu erhandeln habe, und daß hingegen der andere, der zu verkaufen, zu vertauschen, zu verhandeln hat, sagen müsse, daß und was er zu verschleißen wünsche, oder daß er die Sachen selber zur Ansicht auslege: jedoch nicht so ganz einfach scheint es, daß diese Auslagen und Ankündigungen nicht nur den Zweck haben, daß *der* kaufe, der will, sondern vielmehr und eigentlich den, daß *der* kaufe, der *nicht* will. – Die Sache scheint sonderbar – aber ich will vom Anfange an beginnen.

Der erste Geschäftsmann, der einen Artikel durch Ankündigung und erlaubte Herausstreichung geschickt an Mann brachte, war die Schlange im Paradiese, und Eva ist das Vorbild und die Patronin aller folgenden nichtkaufenwollenden Käuferinnen gworden, deren Zeile seit den etlichen Jahrtausenden ziemlich lange geworden ist und sich in unsern Tagen rasch verlängert. Da damals das Warengewölbe und Obstlager eigentlich der Baum selber war, so kann man nicht sagen, daß die Schlange eine Warenauslage gehabt habe; also ist wohl die *Ankündigung* die erste Form des

Geschäftsbetriebes gewesen. Wie es später geworden, kann ich nicht sagen, und wenn ich es auch könnte, so täte ich es nicht, da ich den Leser doch nicht durch das ganze Alte und Neue Testament bis zu den Wiener Warenauslagen und Ankündigungen führen kann; aber das ist gewiß, daß schon in den allerältesten Zeiten Waren angepriesen sein mußten, wie ja der Name *Marktschreier* hinlänglich dartut – wahrscheinlich war er damals ein Ehrenmann und rief nur amtsmäßig aus, was alles auf diesem oder jenem Platze zu haben. Kauflust ist ohnedem ein altes Erbübel des menschlichen Geschlechtes; daher ist es kein Wunder, daß man bald auch darauf verfiel, diese Kauflust noch mehr dadurch zu locken, daß man die Waren, die unsere Leidenschaft und Begierde reizen, in natura herumbreitete und mitten darunter saß. Und wenn Witterung und Umstände den Verkäufer nötigten, in ein Gemach oder Gewölbe mit seinem Trödel zurückzukriechen, so half er sich doch dadurch, daß er wenigstens ein großes Schild vor seine Bude heraushing, auf dem er die verkäuflichen Gegenstände auf das lockendste konterfeien und symbolisieren ließ. So entstanden die Wappen und Herolde des Krämerstandes: die Aushängeschilder und Firmen. Ja, gewisse Handwerke und Krämereien bekamen ganz stereotype und stationäre Embleme und Symbole, wie ich mich denn recht gut entsinne, daß auf dem großen Bäckerhause meines Geburtsortes zwei grimmige rote Löwen eine riesenhafte Bretze in den Klauen hielten und daß dasselbe Bild größer oder kleiner bei den Bäckern un-

zähliger Orte zu sehen war; auch Kerzen und Seife
hielt gerne der König der vierfüßigen Tiere in den
Tatzen. — So ist der Türke oder wenigstens sein
Kopf der stete Wächter und Portier eines Tabakla-
dens, und jeder Reisende weiß, welche Kette von
goldenen, silbernen, schwarzen, weißen Adlern er
auf den Schildmauern der Wirtshäuser angetroffen, der grünen Tannenreiser und des geschnitzten
Bierzeigers gar nicht zu gedenken, die an keiner
Kneipe fehlen dürfen. Das Ding ging endlich so
weit, daß selbst Privathäuser, wie es z. B. in Wien
der Fall ist, gar nicht existieren zu können glaubten, wenn sie nicht so eine Art Schild und Embleme
führten, die oft wunderlich genug sind, wie es z. B.
in einer Vorstadt Wiens irgendwo *»Zum Flusse
Jordan«* heißt oder gar *»Zur Unmöglichkeit«*. Auch
schöne Kästchen ließen die Kaufherren endlich
machen, wo sie unter Glas und Rahmen einige pre-
tiose Sachen aufhängen, um den Vorübergehenden
nur einen schwachen Begriff von den Herrlichkei-
ten zu geben, die erst drinnen zu haben seien. Dieses Aufmalen und Auslegen der Waren war den
Kaufleuten vor Erfindung der Buchdruckerkunst,
um so weniger zu verargen, da sie ja damals nicht
durch die Presse der halben Welt sagen konnten,
welche solide, vortreffliche und unentbehrliche Sachen bei ihnen bereitliegen. Als aber die Buchdruk-
kerei endlich erfunden war, da konnten sie es freilich
sagen, aber sie behielten die Auslagen und Aushängschilder dennoch bei und benutzten nebenher
die Buchdruckerpresse zur Anpreisung ihrer Waren,
was freilich anfangs sehr schwer war, als man nur

WIEN

Der Hohe Markt. *Fratschelweiber, ein Stubenmädchen, Vorstadtwirte mieten Musikanten für den nächsten Sonntag, Juden.*

G. Opiz, Der Hohe Markt.
*Fratscheweiber, ein Stubenmädchen,
Vorstadtwirte mieten Musikanten
für den nächsten Sonntag, Juden*

erst Bibeln und Folianten druckte, aber gegen unsere Zeit her unendlich leicht wurde, da die schreienden Marktschreier und Anzeiger nach und nach abkamen, dafür aber die stummen in Schwung gerieten, nämlich die Zeitungen, die auf gutem Löschpapier alles in die Welt tragen, was geschieht, und auch das, was nicht geschieht, und die weit schneller und ausgebreiteter reisen als jeder Geschäftskommis und überall lesen lassen, was dort und da, bei dem und dem in trefflichster Qualität zu haben sei. Man sollte fast glauben, daß nun Löwen, Adler, Kamele, Laufer, fliegende Rössel, goldene Ochsen etc. überflüssig wären und die Auslagekästchen ganz verschwinden würden, da ja die Zeitung alles sagt und bis in die innersten und geheimsten Kabinette bringt: aber die Erfahrung lehrt, daß namentlich die Warenauslagkästen immer mehr und mehr werden, so daß an gewissen Plätzen Wiens buchstäblich streckenlang kein einziges Mauerstückchen des Erdgeschosses zu sehen ist, sondern lauter aneinandergereihte, elegante, hohe Gläserkästen, in denen das Ausgesuchteste funkelt und lockt. – Die Sache scheint mir daher zu kommen: Der redliche Verkäufer weiß recht gut, daß, wenn er seine außerordentlichen und erlesenen Artikel in den Zeitungen bescheiden anzeige, das hartnäckige Publikum doch noch immer glauben könne, er schneide auf; deshalb geht er hin und läßt die Sache gelassen selber reden: er tut sie nämlich in einen unerhört schönen Glasschrank, stellt selbigen vor seine Bude heraus und denkt: ›Jetzt seht.‹

Freilich muß ich als ein aufrichtiger Schriftsteller eingestehen, daß auch hier allerdings eine Art Aufschneiderei möglich ist, die aber ebensogut im Schönheits- und Harmoniensinne ihren Grund haben mag als in etwas anderm und jedenfalls dem Verkäufer nicht zur Last fallen kann, da der Käufer die Sache ja sieht und es sich selber zuschreiben muß, wenn er so unvernünftig ist, von außerwesentlichen Nebendingen, die die Pracht der Erscheinung darstellen helfen, nicht abstrahieren zu können. – Jede einsichtsvolle und erfahrne Jungfrau von 17 Jahren soll ja doch um des Himmels willen wissen, wenn sie ein Stück Mousselin de laine kauft, daß sie nicht den schimmernden Glaskasten und die hundert Ellen andern Zeuges, die ringsherum lagen, mit nach Hause nehmen kann: – aber leider ist die Erziehung in diesem Stücke so sehr vernachlässigt, daß sie es nicht weiß, und wenn sie nun den Stoff zu Hause auf ihrem Nähtische liegen sieht, daß sie betrübt meint, sie habe einen wahren Lappen erstanden, der kaum wert ist, daß man ihn zu einem Kleide zerschneide. Freilich umgeben von den gehörigen hebenden Farben, in dem vornehmen Kasten, unter spiegelndem Glase hatte das Ding ganz anders ausgesehen – aber das sollte sie ja wissen, und diese Nebendinge sollte sie sich wegdenken können, ehe sie nach dem Lappen hascht; denn von dem Verkäufer kann sie doch nicht erwarten, daß er seine Dinge in greulicher Unordnung und Widerspenstigkeit in den Auslageschrein sperre und ihr dadurch die Meinung beibringe, sie seien noch viel schlechter und ganz und gar elend, namentlich da sie bedenken sollte, daß ein Mensch, der täglich Dinge unter Glase zu ordnen hat, die dann tausend Augen sehen, doch auch sein Ehrgefühl hat und die Dinge so legen und stellen muß, daß sie seinem Geschmacke Ehre machen, und daß er doch um Gottes willen nicht hinter seinem Nachbar zurückbleiben kann, der durch alle möglichen Auslage- und Toilettenkünste seiner Bude lockt.

Die ganze Sache mit diesen Ankündigungen und Auslagen beruht auf einer wunderlichen Eigenschaft des menschlichen Geschlechtes, und dies führt uns wieder auf den zu erweisenden Punkt zurück, daß durch sie nämlich gerade die Nichtwollenden kaufen sollen. – Über diese wunderliche Eigenschaft habe ich viel nachgedacht, um ihren Grund herauszubringen, aber vergeblich; diese Eigenschaft ist nämlich jene durch alle Stände und Alter herrschende Kauflust, oder wie ich sie nennen soll, jene Lust und Sucht, um einige runde unbedeutende Metalldinge oder gar um ein klein Stück Papier ein großes, schönes, unbekanntes, vielleicht unsäglich brauchbares oder sehr schmückendes Gut zu erzielen. In der Kindheit, wo uns die Güter und ihre Anwendung auf unser Ich am unbekanntesten sind, ist auch jene Kauflust am größten. Jeder von uns erinnert sich, wenn er als Knabe einige Münzstücke in der Tasche verspürte, daß sie ihn ordentlich brannten und daß er ungeheuer viel dafür kaufen wollte und dann mit etlichen schlechten Birnen und Nüssen nach Hause geschickt kam. Nach den Kindern kommen gleich die Weiber. Ihnen sind Ankündigungen und Auslagen höchst gefährlich, vorzüglich wenn sie unbekannte Formen oder neue, womöglich ausländische Namen bringen, weil ihre Phantasie da gleich zu arbeiten beginnt, wie mag die Sache aussehen, wie mag sie stehen, schmecken etc. Versuchen möchte ich es doch, es kann nicht so hoch kommen usw., und da sie von Geschäften weniger abgezogen werden als Männer, so haben sie Zeit, das verzogene Kind »*Einbildungskraft*« noch immer mehr zu verziehen, und da ihnen die Natur für ihren Körper, der als erster Wohnort des Menschengeschlechtes freilich wichtig genug ist, eine ungleich größere Sorgsamkeit eingepflanzt hat als uns für den unsrigen, den wir höchstens in einer Kanzlei krummsitzen: so geschieht es ihnen auch gar leicht und schnell, daß sie neuangekündete oder angeschaute Güter sogleich zu sich in Beziehung setzen und vor Begierde brennen, zu erfahren, wie sich's machen würde; daher sie dann Waffelkuchen, Asphalt, wohlfeile Perkails, Haarwuchspomade etc. schnell versuchen müssen, nachdem sie's kaum in der Zeitung gelesen. Kinder lassen sich weniger durch Worte, aber mehr durch das Glänzen der Sachen bestechen. Weil das schöne und zarte Geschlecht nun einmal diesen Hang hat und ihm auch mehr nachgehen kann, so erlangt sein angebornes Schicklichkeitsgefühl einen bestimmten sicheren Takt, daß sie doch nicht leicht sehr weit fehlgehen und Absurditäten ins Haus schaffen: jedoch wir Männer, da wir von diesem Adamsübel ebenfalls nicht frei sind, dasselbe aber nicht so üben und zügeln lernen wie die Frauen, – wenn wir einmal von dem Kaufteufel angepackt werden, dann treiben wir es gewiß recht plump und ungeschickt und verfallen auf das Entfernteste und Heilloseste. So erinnere ich mich noch recht gut, wie mein Vater, der mit uns in einer schönen kornreichen Ebene wohnte, eines Tages von einer Gebirgsreise einen ganzen Bündel Steigeisen brachte, die er dort in einer Lizitation glücklich erstanden hatte. Sie lagen lange im Hause und wurden nicht gebraucht, außer daß sich einmal mein Bruder an einer Spitze derselben bald ein Auge ausgeschlagen hätte, dann kamen sie auf den Boden, und dort, glaube ich, liegen sie noch.

Durch das Wort »Lizitation« verschlage ich mich auf eine kleine Abschweifung von meiner Sache, nämlich auf die Bemerkung, daß bei keiner Gelegenheit so sehr die unvorhergesehensten und tollesten Einkäufe gemacht werden als bei Lizitationen. – Keiner meiner Bekannten, wenn er überhaupt einmal die Gelegenheit hatte, kann sich rühmen, von einer Lizitation weggekommen zu sein, ohne daß ihm ein Kauf widerfahren wäre, von dem ihm früher nichts geträumt hatte – so wie z. B. erst neulich bei einer solchen Versteigerung mein sehr ehrwürdiger Freund, der Pfarrer von ****, eine Heerpauke und einen Sturmhut gekauft hat. Die Ursache dieser Erscheinung mag darin liegen, weil einem die feilgebotenen Gegenstände immer nur in lockender Ferne gezeigt werden, dann, weil man durch das Mitbieten angefeuert und durch das Überbieten zum Widerspruch herausgefordert wird, d. h. zu neuem Überbieten. Die Tante eines meiner Bekannten, ein ewig gehendes Predigtmaul und ein stetes Besserwissens-Bureau, darf in keine Lizitation gelassen werden; sie erstände das sämtliche Warenlager.

Auf diesen Kauf- und Erwerbtrieb der Menschen, denke ich, sind nun die Warenauslagen und Ankündigungen berechnet. Wenn ein Mann, der sein gehöriges Geld hat, vom Lande hereinkommt und nur den Stephansplatz, Stock im Eisen, Graben, Kohlmarkt entlanggeht und all die glänzenden, lockenden Gläserkästen ansieht, wie sie ohne Unterbrechung endlos fortlaufen – der Mann ist verloren, er muß etwas kaufen, vorzüglich wenn er etwa eine Frau und Töchter zu Hause hat, an die er denkt. Aber nicht bloß dieser, sondern auch der geborne Wiener, der von Kindheit an doch an solche Anfechtungen gewöhnt ist, wird zu Einkäufen verleitet, wenn er auf eine neue oder besonders wohl angeordnete oder glänzende Auslage stößt, hineinblickt und nun Dinge sieht, die alles übertreffen, was er bisher in dieser Art gesehen hat. Wirklich hat sich aber auch in letzterer Zeit der Geschmack und Luxus an Warenauslagen ungemein gesteigert, und Schilder und Auslagekästen, die man noch vor wenig Jahren als überaus geschmackvoll und prächtig bewunderte, stehen nun beinahe dürftig und armselig da, und jede neue Anstalt dieser Art übertrifft immer wieder die bestehenden an Eleganz und Großartigkeit. Dabei steigert sich auch Kunst und Aufwand in Herstellung der Aufschriften und der Aushängeschilder, und es ist gar nicht selten, auf letzteren wirklich vortreffliche Gemälde anzutreffen, ja selbst bei Läden von

Viktualienhändlern und sogenannten Greißlern geschah es schon, daß alles Volk stehenblieb, weil Käse und Besen, Essiggläser und Eier, Seife und Wichse und Stroh und Bastbündel und dergleichen wirklich täuschend und meisterhaft darauf gemalt waren. Aber nicht bloß die Fassung und die Kästen sind elegant und prächtig, sondern in der Anordnung der darin befindlichen Waren tut sich ein wahrhaft verführerischer Geschmack kund; ich sage *verführerisch;* denn sie verstehen die Sachen so nebeneinander zu stellen und zu legen, daß es wie zufällig und malerisch leicht aussieht, daß aber doch das eine dem andern zur Folie dient und es hebt. Dies ist besonders bei denen der Fall, die mit Stoffen handeln, wo die Farben und Zeichnungen so gelagert sind, daß sie sich gegenseitig beherrschen und geltend machen, so daß jedes Stück mit eigentümlichem Feuer und Glanze hervorblickt; – daher gebe ich meinen schönen Leserinnen den Rat: Sobald ihnen ein Kleiderstoff in einer Auslage ganz besonders gefällt und sie ihn zu kaufen gesonnen sind, sollen sie immer früher überdenken, ob sie zu Hause einen Anzug oder andere Nebenstücke von der Farbe der jenen Stoff umgebenden Artikel haben oder nicht. Ist ersteres der Fall, dann dürfen sie getrost kaufen, sie werden ein Ding nach Hause bekommen, das trefflich steht, nämlich eben zu jenen Farben. Ist aber letzteres, dann ist es rein zufällig, ob das Gekaufte neben dem zu Hause Befindlichen dieselbe Kraft und dasselbe Feuer bewährt, wie es neben seinen Nachbarn im Auslagekasten tat.

Wie weit es noch in der Steigerung der Pracht der Auslagen gehen wird, ist nicht abzusehen, da jede neue alle alten überbieten muß; denn das Publikum ist so gewöhnt, daß man ihm alles so unmittelbar vor die Augen lege, gleichsam auf den Händen vortrage, ja daß man es blende und verführe, – daß es nichts kauft, wo dies nicht der Fall ist. Es habe einer die beste und die erlesenste und wohlfeilste Ware in seinem Gewölbe, vor demselben aber eine elende Scharteke von Schild, so geht kein Mensch hinein und kauft – selbst der Schreiber dieser Zeilen gesteht aufrichtig, daß er weit lieber da hineingeht, wo es schon von außen schön aussieht, und daß er sich dort weit weniger zu handeln und etwas abzudingen getraut als in ordinären, altbürgerlichen Läden, sie mögen wie solid immer sein. Freilich ist der Referent als Ideal eines Einkäufers durchaus nicht zu empfehlen, aber die meisten Leser dieser Zeilen, denke ich, werden es auch nicht sein.

Diesem Geschmacke und dieser Pracht in Auslagen, die gegenwärtig in Wien herrscht, ist es auch zuzuschreiben, daß es an Sonn- und Feiertagen, wo es auf dem Lande und in kleineren Städten am glänzendsten und feierlichsten ist, gerade in Wien am ödesten und einförmigsten aussieht; denn abgesehen davon, daß an solchen Tagen die meiste Bevölkerung in die Umgebung ausfliegt, so sieht man die Straßen und Plätze entlang statt der reizenden Auslagen nichts als die dunkelfarbigen Tore und Läden, womit sie geschlossen sind, während an Wochentagen alle Pracht und aller Luxus entfaltet wird, dessen die Kaiserstadt nur immer mächtig ist. Besonders sind einige Straßen und Plätze ganz eigens hiedurch ausgezeichnet, als da sind: der Stephansplatz, der Stock-im-Eisen-Platz, der Graben, der Kohlmarkt, die Kärntnerstraße, die Rotenturmstraße und andere. Auch in den Vorstädten schwingt es sich schon so empor wie in manchen Gassen und Plätzen der Stadt.

Wenn man so an einem heitern Vormittage jene obgenannte Plätze entlanggeht, so dürfte wohl der routinierteste Reisende noch gefesselt, der Eingeborne angezogen, der ferne und einsame Landbewohner verwirrt werden; denn da reihet sich ohne Zwischenraum Gewölb an Gewölb, und vor jedem, in eleganten Kästen ausgelegt, was darin als Prächtigstes zu haben ist. Da ist die Schnittwarenhandlung, und vor ihr, wie ein wahres Farbengetümmel, hinter glänzendem Spiegelglase die Stoffe aus Seide, aus Wolle, aus Baumwolle, alle die hundertnamigen Zeuge auf alle die hundertnamigen Kleider der Menschen, von dem echten Kaschmir an bis zum leichtesten und schalsten Fähnchen Baumwollenstoffes; dann ist der Spitzenhändler mit seinem spinnenfadigen luftweichen Zeugs; dann die Blechwarenhandlung mit allen erdenklichen bekannten und unbekannten Gefäßen und Leuchtern und Klammern und Lampen, in gelben, weißen, grünen und andern Farben – dann die Tuchauslage mit den feinsten und geschmackvollsten Mustern – die Buchhandlung mit den Kunstwerken der Typographie und des Grabstichels – der Juwelier mit seinen edlen Warenstücken. Da funkelt aus den geöffneten Etuis auf dem reichsten Bette von schwarzem, purpurrotem, violettem und auch aschgrauem Samte das verschiedenartigste Geschmeide, vom Diamantdiademe an, das eine halbe Grafschaft kostet, durch alle Gattungen von Federn und Fächern und Sternen hindurch bis zu dem Geschlechte der Ringe, die in allen Formen und Größen in den Rinnen ihrer Samtpolster stekken, mit Steinen aller Farben und Feuer besetzt; daneben liegt auf dunklem Samte, in Reihen geschlungen, der sanfte Schmelz der Perlen oder blitzt das weiße Feuer des Brillanten. – Dann folgt das Pfeifengewölbe: Meerschaumköpfe aller Art, sämtlich von dem tadellosesten, schwammweichsten Weiß, das sich sanft abhebt von dem feurigen Blitzen der Silberbeschläge – alle Größen und alle Schnitte prangen da, der glatte Kopf, der gotische, der mit einer, mit zwei oder mehreren Figuren gezierte, ja selbst der, auf dem ganze Schlachten ausgeschnitten sind – unten auf der Basis des Kastens, auf Purpursamt ruhend, mit einem Glassturze bedeckt, steht das Prachtstück, ein riesengroßer Kopf, mit den edelsten Figuren besetzt, mit Silber von getriebener Arbeit beschlagen und auf dem Scheitel als Stern einen Rubin tragend. Zwischen dem zarten Weiß der Köpfe hängen die reinen, goldgelben Bernsteinstücke, von dem winzigkleinen Zigarrenstücke an durch alle Sorten und Längen derselben hindurch bis zu der riesengroßen türkischen Dute, die am Ende eines ebenfalls riesigen, gewundenen, seidenen türkischen Rohres prangt – dann folgen die Silber- und Goldgewölbe mit ihren gleißenden Stücken, dann wieder Schnittwaren, dann die Kunsthandlung mit ihren Bildern, Stichen, Lithographien etc. ... dann der Zuckerbäcker, die Bänderhändler, die Pelzwaren, dann eine blitzende Armee von Messern, dann ein Wald gemachter Blumen – und so geht es weiter, wenn du die Häuser entlangschreitest, Gasse aus, Gasse ein, nur daß es nicht in allen Gassen gleich ist, sondern in einer mehr, in der andern weniger; aber es wird wohl in ganz Wien keine einzige geben, wo nicht eine oder mehrere Auslagen sind.

Diese Auslagen sind die lockendsten Mittel des Luxus und der Eitelkeit, darum stehen auch von Stunde zu Stunde die kompetentesten Richter vor denselben und urteilen oder suchen sich aus oder wünschen sich wenigstens. – Mit welch traurigem Gesichte steht oft die arme Dienstmagd vor einem ganzen Berge von farbenflammendsten Stoffen und verzweifelt fast, sich je zu diesem Eldorado schwingen zu können, um dies oder jenes Stück Seidenzeug endlich mit nach Haus fahren zu können! Was Wunder nun, wenn sie alle Wege versucht und alle Minen springen läßt und endlich doch den Seidenlappen nach Hause schleppt! Vor dem Pfeifengewölbe steht der alte besonnene Raucher und die strebende zukunftbegierige Jugend – vor der Kunsthandlung ballt sich immer eine ganze Böschung von Menschen in die Straße zurück und schaut die Bilder an, und wenn ein pfeifender Schusterjunge des Weges daherkömmt, so drängt er sich mit seiner Nase an die Mauer und stellt sich just als den allerersten vor die Bilder. So natürlich, so unschuldig die Auslagen sind: so sehr, glaube ich, reizen und verführen sie gerade die untern Klassen, vorzüglich des weiblichen Geschlechts, zur Begierde nach Luxus und Hoffart und natürlich auch zu den Wegen dahin.

Was die Ankündigungen betrifft, so ist die Hauptniederlage derselben die Wiener Zeitung, wo hinter dem politischen und Amtsblatte die bunte Schar der Anzeigen folgt, und oft in drolliger Nachbarschaft; da ist der Champagner grand mousseux, neue Teppich- und Meubelstoffsniederlage, ganz neue Erfindung von Butterschnitt-Messern, tragbare Maschinherde, Brillen – aus echt englischem Maschinenzwirn verfertigte, unendlich billige Hemdknöpfe, vierfacher Königsstrickzwirn, Blutegel, Grätzer Zwieback, Ausverkauf von 9000 Ellen Tuch, Ruster, Milliseife, Mädchenerziehungsanstalt, wasserdichte Stiefel, k. k. und privilegierter Wiener Salon-Stiefellack usw. Ich kenne einen alten Herrn, der ganze Stöße von Zettelchen besitzt, die er alle aus seiner Wiener Zeitung schneidet und nach denen er seine Bedürfnisse kauft und allen seinen Freunden und Bekannten anrät. Aber auch in andern Blättern bald in dieser, bald in jener Form tauchen allerlei Empfehlungen und Anpreisungen hervor, die, wenn auch nicht immer dem Eigentümer, doch ganz gewiß dem Verfasser nützlich sind. Daß bei diesen Anzeigen alles Angezeigte echt, unvergleichlich, spottwohlfeil und unentbehrlich ist, versteht sich wohl von selber; daß es aber immer noch Menschen gibt, die das alles Wort für Wort glauben, versteht sich wohl nicht von selber, ist aber demohngeachtet so. Vorzüglich sind Damen gegen neue und womöglich sehr komplizierte Namen schwach und müssen das Ding, sobald nur immer tunlich ist, kaufen. Außer den Zeitungen tragen die Straßenecken in riesigen Buchstaben aller Farben, vorzüglich aber rot, auf torgroßen Anklebzetteln die dem Publikum nötigen Kenntnisse zur Ansicht, und an manchen Stellen wie z. B. außer dem Rotenturm-Tore sind ganze große Mauerstücke von oben bis unten beklebt, so daß man zur erschöpfenden Lektüre dieser Dinge mehrere Stunden brauchen würde. – Da ist ein Riese zu sehen, dort ein Zwerg; Reunionen, Bälle, Erheiterungen, Rekreationen, Menagerien, Eisenbahnfahrten, Gesellschaftswägen, Musiken etc. etc. ... In neuester Zeit hat sich gar eine eigene Ankündeanstalt zusammengetan und schlägt ihre Zetteln auf großen dunkeln Holztafeln auf, was recht elegant und nett aussieht, aber doch nicht verhindert, daß nicht daneben die frühere Weise in ihrer ursprünglichen Unschuld fortbesteht, nämlich die Zettel gleich weit und breit auf die nackte Mauer zu kleben.

Auch in den Auslagekästen liegen nun bereits geschriebene oder gedruckte Zettel, die vorderhand aber noch nichts als den Namen und manchmal den Preis der Sache enthalten. Wer weiß aber, was auch noch aus diesem Industriezweige werden kann und ob wir nicht einmal auf derlei fliegenden Blättern die ganze Biographie der Warenartikel werden lesen können. Bis dahin werde ausgelegt, angekündigt, gekauft und verkauft nach Herzenslust; der Verkäufer gewinne, der Käufer sei entzückt, so ist beiden geholfen, und niemand kann dies freundlicher wünschen als der Verfasser dieser Zeilen, der nie etwas kauft, als was ihm unendlich gefällt, und es dann immer spottwohlfeil findet. Die Seinigen zu Hause mögen dann lachen, soviel sie wollen, er ist zufrieden und wünscht dem ganzen lesenden Publikum vom Herzen dasselbe.

Wiener Wetter

*W*er den Titel dieses Aufsatzes liest, der wird fragen, ob denn die Wiener ein eigenes, gleichsam privilegiertes Wetter haben oder ob es dort nicht vielmehr auch so sei wie in aller Welt.

Hierauf antworten wir: Allerdings, mein verehrter Frager, hat Wien sein eigenes Wetter. Wenn du je in unterschiedlichen großen Städten warst und gute Beobachtungsgaben mitgebracht hast, so wirst du gesehen haben, wenn es regnet oder hagelt oder ein erschrecklicher Wind geht, daß es in London ganz anders regnet als in Paris und Nanking und daß, wie jeder Mensch beim Rasieren, Tanzen oder Kegelschieben ein eigentümliches und ganz neues Gesicht macht, ebenso auch jede Stadt eine andere Miene zieht, wenn in ihr abscheuliches Wetter ist. Ein Feinschmecker von Reisen merkt schon den Unterschied in benachbarten Dörfern und klassifiziert sie darnach.

So verarbeiten auch wir die stockfinstern Nebel, den Platzregen, das Glatteis, den Staub, die Hitze, den Wind auf ganz eigentümliche, d. h. Wiener Weise – ja ich getraue mir im Verlaufe dieser Zeilen nachzuweisen, daß wir wirklich auch an objektivem Wetter ganz andere Sorten besitzen als die Leute außer unserm Weichbilde – ja daß es sogar bei uns wieder Unter-Unterschiede gibt, daß eigentümliche Vorstadtwetter existieren oder gar originelle Platz- und Gassenklimate. So z. B. ist die Annagasse ein wahrer Eiskeller und der Stephansplatz ein Windbalg.

Man wende mir hier nicht ein, die Sache sei lächerlich, sondern man höre mich geduldig zu Ende reden und urteile dann, wie es immer beliebt, wenn man dann noch den Mut zum Urteilen hat; denn ob es noch irgendwo zwei emsigere Wetterbeobachter, Klassifizierer, Kenner und Wettersammler gibt als mich und meinen Freund Grimbucker, lasse ich dahingestellt sein, habe aber billige Zweifel darüber.

Ehe ich zu meinem Gegenstande übergehe und ihn mit dem Ernste behandle, den er verdient, ist es nötig, daß ich den Leser in Kenntnis setze, was unsere Erkenntnisquellen der Stadtmeteorologie sind, wie wir beobachten und mit welchen Instrumenten und Schlüssen.

Ich war eigentlich seit meinen Studien her ein Grübler, obwohl zuzeiten ein lustiger Vogel und Schalk, vorzugsweise aber beschäftigte ich mich mit Sammlungen von Käfern und Altertümern, an Wettersammeln dachte ich nicht, ich meinte auch, es gäbe kein solches Ding, obwohl ich auch schon damals an gewissen Wettern meine Freude hatte, z. B. an einem schönen Glatteise mit Regen und Wind – schon damals ging ich gerne mit meinem Freunde, dem jetzigen Rentamtskontrolleur Geraumuer, an solche Orte, wo ein unversehener Wind um eine Ecke pfiff, und da sahen wir zu, wie er mit Regenschirmen, Hüten und Röcken wirtschaftete, wenn er sie plötzlich ergriff, und wie der

Inhaber all dieser Dinge mit dem Winde raufte und nach seinen Sachen haschte, während er auf Erden keinen festen Fuß fassen konnte und der Regen ihm in das entblößte Gesicht schlug. Oder wenn recht eine satanische Kälte war, daß einem die Augen aus dem Kopfe froren, die Wagenräder klangen, die Schornsteine rauchten und die Blechdächer funkelten: da hatte ich meine Freude daran, wenn die kleinen Beamten in ihre warmen Kanzleien liefen und sich all die Leute sputeten, die auf der Gasse keine Freude haben; mir aber machte all das schöne Eis auf dem Bassin des Belvedere und die Schlittenbahn und das Schellengeklingel Entzücken. Doch das war alles nur Jugendspielerei. Als ich später den Herrn Grimbucker kennenlernte, sah ich freilich ein, daß er das Wetterwesen in einem viel großartigeren Maßstabe betrieb. Grimbucker kann freilich auf seine Passion viel mehr verwenden als ein anderer, denn er ist ungemein reich und unabhängig. Da er Mitglied der Stadtmeteorologie wurde, wandte er diesem Institute große Vorteile zu und hob es beträchtlich. Nicht nur wurden viel mehr Instrumente und Beobachter angeschafft und an den verschiedensten Teilen der Stadt und Vorstädte disloziert, sondern auch die wöchentlichen Versammlungen wurden in seinem Hause gehalten, und es floß viel Wein dabei. Später wurde er Präsident, und da war es, wo ich ihn kennenlernte. Erst von ihm bekam ich Einsicht in den Ernst der Sache und in die wunderbarsten Wetternuancen, die bei uns herrschen. Da er Talent für diesen Zweig der Wissenschaften in mir entdeckte (und dies schloß er daraus, weil er sah, daß ich auf dem Tandelmarkte ein ständiger Gast war, in dem Gerumpel herumsuchte und allerlei alte Phantasiestücke für meine Raritätensammlungen erstand) – ›wieviel mehr‹, dachte er, ›muß dieser an Meteorsammlungen und Wetterkatalogen Geschmack haben und an den sonderbaren Wirkungen auf das physiologische und soziale Leben, die solche Wetterraritäten hervorbringen‹ –, da er also, sage ich, Talent für dieses Fach in mir vermutete, so nahm er eines Tages einen Fiaker und fuhr mit mir auf allen Beobachtungsstationsplätzen an der ganzen Stadt Wien herum. Da waren Ehrenmitglieder, die nur das Thermometer ihres Fensters und das Barometer ihrer Wand zu beobachten und darüber zu referieren hatten; da waren Gärten, in denen Ombrometer (Regenmesser) standen, mit einem förmlich besoldeten Beobachter dabei – gegenwärtig, während ich dies schreibe, sind bereits fünfzehn solcher Ombrometer auf dem Areale Wiens stationiert –, dann war einer, der die Vormittags-, einer, der die Nachmittagswolken beobachtete. Dreie zählten die Sternschnuppen (jetzt wechseln achte ab); fünfe beobachteten und maßen den Wind – dann waren die Tau- und Reifglieder, die Eismesser, der Feuchtigkeitsausschuß; sechzehne arbeiten in Schnee; dann war die Elektrizitäts- und Magnetismussektion, das Bureau der Regenbögen, der Finsternissenat … usw. – Der Leser sieht schon, daß der Verein ins Große und Verwickelte ging, aber das ist alles noch nicht zu Ende. Da sind die Mitglieder selbst wieder unterabgeteilt,

die bloß referierenden, dann die, so die Durchschnitte aus den Beobachtungen berechnen (selbst
Gauß' Verfahren ist bei uns in Übung), dann die
speziellen Katalogführer, die Eintrager in den
Hauptkatalog, die Summarienzieher – – auch solche Mitglieder sind, die die Nebenfächer betreiben,
z. B. stete, das Wetter begleitende Wirkungen zu beobachten wie Gesundheitsstand, Holz- und Getrei-
depreise, moralischen Einfluß, Fallimente, Selbst-
morde etc. ... Bloße Ehrenmitglieder, d. h. solche,
die gar nichts zu tun hätten, als den Wein des Präsi-
denten zu trinken, gibt es gar nicht. Als ich für die
philosophische Sektion, d. h. für die, welche
Schlüsse ziehen muß, aufgenommen war, hätte ich
einmal bald mein Diplom verscherzt, indem ich
vorschlug, man solle auch solche Beobachter kreie-
ren, welche die Scherz- und Schimpfszenen sam-
meln, die bei schnellem Wetterwechsel und argem
Wüten desselben in einer so volkreichen Stadt notwendig vorfallen müßten. – Einige jüngere Mitglieder stimmten mit mir, aber die älteren waren sämtlich dagegen; es würde uns schlecht anstehen,
meinten sie, wenn die Nachwelt einst solche Annalen von uns fände, sie dürfte uns Hanswurste heißen, müßte mit Recht auch den andern Büchern
mißtrauen, und von unsern jetzt so ausgebreiteten
riesenhaften Bestrebungen hätte dann die Wissenschaft keinen Pfifferling – die Wissenschaft, die gerade ohnehin in der Meteorologie so arm und dürftig sei. Ich wurde überstimmt, und fast denke ich,
mit Recht – ein Antrag auf Entfernung eines, dem
es nicht ganz ernst mit der Sache sein könne, ging

nicht durch, da man doch sonst von meinem Eifer und meiner Brauchbarkeit Proben in Händen hatte. Aber wurmen mußte mich die Sache doch immer, und da ich von jeher einen Spaß liebe, ja im Alter statt gesetzter nur immer närrischer werde, so konnte ich es mir nicht versagen, da ich jetzt als Vereinsglied die Wiener Wetter in allen Abstufungen beobachtete, nebst der philosophischen Seite auch die gesellige, die anthropologische, die närrische zu beachten, und da ich in dieser Hinsicht eine ganze Menge von Daten zusammengebracht habe, die in keinem unserer Kataloge Platz greifen dürfen, so nehme ich die Gelegenheit dieser Blätter wahr, dem Publikum einige derselben darzulegen, da ich vermute, daß es daran mehr Freude haben dürfte als an den dicken wissenschaftlichen Katalogen, obwohl sie Herr Grimbucker in rotes Leder einbinden ließ.

Zu meiner großen Erheiterung habe ich ein junges Vereinsmitglied gefunden, das in andern Dingen ziemlich mit mir übereinstimmt, daher wir manche Stunde bei einem Glase Wein versessen haben und von Antiken, von Geschichte, von Kunst und Poesie, von unserm Vereine und endlich von gegenseitigen Privatbeobachtungen gesprochen haben. Der Leser hat gar keine Vorstellung, wie falsch der Satz ist: »Jede Sache hat zwei Seiten« – *hundert* hat jede. – Wenn nur einer unparteiisch das Wetter und seine Wirkungen nur ein paar Jahre (statt wie ich dreizehn) beobachten wollte, so würde er finden, welche Quelle von neuen Tatsachen, überraschenden Resultaten und Vergnügen er aus der Sache zöge und wie unendlich viele Seiten sie habe.

Jedoch zum Ziele.

Ich habe oben gesagt, daß unsere Stadt auch ein ganz eigentümliches *objektives* Wetter und Klima habe, welches außer unserm Weichbilde sogleich aufhöre. Diesen Satz will ich nun beweisen, und unsere Verzeichnisse werden mich hierin trefflich unterstützen. Die Wärmekommission hat physikalisch dargetan, daß ein poröser Körper sich in den Sonnenstrahlen mehr erwärme als ein kompakter, was sie dadurch erwies, weil sie einmal unter vielen übereinandergestellten Glasstürzen ein Ei briet, und zwar durch eitel einfache Sonnenstrahlen. Nun ist es aber klar, daß die ganze Stadt nichts anderes ist als eine große poröse Scheibe unter dem Netze der darauf niederfallenden Sonnenstrahlen; sie muß sich daher heftig erwärmen, wie ein in der Sonne liegender Sandkuchen. Allein dies ist nicht alles; auch das lehrte die obige Kommission, daß von glatten weißen Wänden die strahlende Wärme mehr reflektiert werde als von dunklen rauhen – und wo sind denn mehr lichte glatte Wände, die die Wärme eine der andern zuwerfen, als gerade in der Stadt? Ich darf nur an manche Stellen erinnern, wo sich dieses Backofenklima erzeugt. Wer von uns ist nicht schon an einem schönen Sommertage von der Schottenkirche längs der weißen Mauer gegen die Renngasse gegangen, wo er sich fast die Schuhsohlen geröstet und die Haare verbrannt hat? – Es ist aus dem klar, daß die Tage innerhalb der Linien heißer sein müssen als außer denselben, und jeder

211

weiß, welch wohltuendes Lüftchen ihn anwehe, wenn er die Barrieren verläßt und die grünen Felder um sich hat. Nachts fällt Tau – das Feuchtigkeitskomitee weiß nun, daß sich derselbe sehr gerne an zarte und rauhe Körper anlege und die Luft kühle, z. B. an Schaffelle und Gras – wie wenig aber Schaffelle und Gras in einer großen Stadt ausgebreitet sind, weiß ja jeder, und er kann sich daher leicht abnehmen, wie wenig Tau und Luftabkühlung da zu haben ist. Dies wissen viele Hofräte und Grafen sehr gut, die imstande sind, eine nette Sommerwohnung auf dem Lande zu haben; denn während sie in der Stadt bei offenen Fenstern schlafen und fast vor Hitze umkommen, müssen sie die Fenster der Landwohnung abends schließen; sonst verkühlen sie sich.

Aus dem, glaube ich, geht zur Genüge und objektiv hervor, daß in unserer Stadt ein ungleich heißeres Klima ist als auf dem umliegenden Lande und daß auf ihr ein boshafter, erhitzter Luftberg stehe, der wieder die traurigsten Folgen nach sich zieht, denn wenn nun auch schon ein feuchtes Wölklein über uns heranzieht und schon nahe daran ist, seine kühlenden Tropfen herabzuschütten, so läßt es dasselbe wieder bleiben, sobald es in jenen heißen Luftberg gerät, und verdünstet lieber – im Kleinen das nämliche, was in der Sahara im Großen geschieht – und ich glaube, wir dürften die Stadt nur so groß bauen, als die Sahara ist, und wir hätten dasselbe prächtige Wetter wie sie – jahraus, jahrein.

Wenn es wahr ist, was die Gasabteilung sagt, daß

auf der ganzen Erde das Verhältnis von Stickstoff und Lebensluft dasselbe ist und daß eine Armee von einer Million Mann die letztere nicht zu mindern vermöge, so werden wir wohl auch genug an derselben haben, obwohl in Wien wacker genug geatmet und geschnaubt wird; aber wenn es ebenfalls wahr ist, daß außer obigen zwei Grundbestandteilen der atmosphärischen Luft auch noch allerlei kohlensaures Gas und Wasserdünste und organische Stoffe und Salpetersäure beigemischt sind, so mag es bei uns an Dünsten und verdächtigen Gasen ein gutes Maß geben, des Rauches gar nicht zu gedenken, der täglich aus so vielen hunderttausend Küchenfeuern emporgeht, und wir atmen mit unserm Pflichtteil Lebensluft gewiß genug lästige Bedingungen mit ein, die eine halbe Million Organismen auf dem kleinen Flecke erzeugen helfen – und noch dazu spart man auf dem kleinen Flecke den Raum, weil er kostbar ist, und unsere Väter bauten hie und da so enge Gassen, daß es in manchen geschieht, daß, wenn ich morgens mein Fenster öffne, um frische Luft hereinzulassen, ich mir die Nachtluft aus der Schlafkammer meines Nachbars gegenüber hereinfange, der ebenfalls geöffnet hat und mir guten Morgen wünscht. Ich rede gar nicht von dem öden Morgenhauche der Gast- und Kaffeehäuser, dem Dampf der Stallgruben, der Gassen und finstern Winkel – diese Gemengsel sind der rötlichtrübe, schöne Duft, den man über unserer Stadt stehen sieht, wenn man von ferne und von einer heitern Höhe auf sie schaut.

Warum doch die Menschen ihr einziges Nahrungsmittel, was sie ganz umsonst, ganz echt und in ungeheurer Menge haben können, selbst so geflissentlich verderben, indem sie solche Städte und Häusermassen bauen. Ich ginge augenblicks in die Berge, um dieses Nahrungsmittel recht zu genießen, wenn ich nicht leider in der Stadt bleiben müßte, um mir die andern zu erwerben.

Wenn nun Atmosphäre und Luftbestandteile einen Teil des Wetters ausmachen, so sehe ich nicht ein, wer mit uns in dieser Hinsicht in Wetterstreit treten und üblere Beschaffenheit und schlechteres Wetter nachweisen könnte wenn nicht etwa Paris und London? eine andere österreichische Stadt gewiß nicht; die Dörfer in unsern Weinbergen herum am allerwenigsten.

Ist dies nicht ein ganz eigentümliches objektives Wetter?

Aber ich gehe noch weiter. Unsere Windkammer tat erst in einer neulichen Sitzung dar, daß träge und schlaffe Luftzüge sogleich lebendiger und reißend werden, wenn man sie durch ein langes enges Rohr gehen läßt, darum man auch auf Lampen die Glasröhre aufsetzt und auf Kohlenherde den hohen Rauchfang; nun frage ich, sind unsere Gassen nicht solche Windröhre? Und wenn eine schöne, breite, gemächliche Luftmasse von Ungarn heranzieht und nun in diese Löcher gerät und vom Nachtrab hineingeschoben wird, muß sie da nicht eilig in der Gasse fortschlüpfen, sich tummeln, an alle Ecken anstoßen und den Leuten Staub und Rheumatismus in die Gesichter blasen? Daher gibt es in

Wien auch gar keinen andern Tag als windige, wenigstens in einigen Gassen, es müßte denn sein, daß eines Tages die Luft in Niederösterreich absolutement mauerstill stünde – und wer weiß, ob nicht auch da, wenigstens an jener Ecke der Stephanskirche, wo der Turm steht, ein leichtes hübsches Lüftchen zöge! Nun – und gehört Wind nicht zum objektiven Wetter?

So könnte ich, wenn ich die Tatsachen unserer Annalen ausbeuten wollte, noch hundert Dinge dartun, daß wir von dem allgemeinen Landwetter immer ein ganz eigentümliches, apartes Stück herauskriegen. Nur eines will ich noch anführen. Kein Ort unserer Nachbarschaft wird sich rühmen können, daß er ein *gemischtes* Wetter habe. – Wir erfahren dasselbe nicht selten, vorzüglich im April, wenn der Himmel voll seltsamer, zerrißner, närrischer Wolken steht und die Sonne hie und da durchbricht und Stadtteile erhellt, da sieht die Scheibe der Stadt nicht anders aus als wie ein scheckiges, blumiges Tuch, derlei die Mährinnen häufig tragen, um sich den Kopf einzumummen – ja an solchen Tagen kann es geschehen, daß die auf der Wieden schüttenden Regen haben, die in der Jägerzeile aber in der schönsten Sonne spazierengehen.

Ich glaube nun zur Genüge dargetan zu haben, daß wir auch an objektivem Wetter eigene Sorten haben, wenn ich noch kurz das herwerfe, daß, wenn es schneiet oder regnet, es auf dem flachen Lande ganz ruhig von einer Seite her regnet oder schneiet, bei uns aber gleich von allen, von Osten,

Westen, Süden, Norden und allen Zwischengegenden der Windrose, daß es kein seltener Fall ist, daß, wenn ein Herr mit seinem Regenschirm mühsam gegen die Luft bohrt, ihm derselbe im nächsten Augenblicke umgestülpt von der Nase wegsteht wie ein Trichter.

Ich gehe nun, um wie ein Professor zu verfahren, auf den zweiten Teil meiner Abhandlung über, nämlich zu zeigen, daß wir sogar in unserer eigentümlichen Wettersorte wieder Unterabteilungen und eigene Platz- und Straßenklimate haben. Jeder weiß, daß die Alpen in ihrem nördlichen Abhange gegen die Schweiz ein rauheres Klima haben als in ihrem südlichen gegen Italien – und sind ganze Häuserreihen nicht solche Alpen? Wer von uns weiß nicht, daß die Südfronte des Erzherzog-Karlschen Palastes ein mildes Italienklima hat, die nördliche aber in der Augustinergasse feucht und kühl ist wie ein Miniaturdänemark? Gewisse Gassen zeichnen sich dadurch besonders aus. Wenn sonst überall der Schnee von den Dächern schmolz und die Ziegel schön und trocken sind und du gehst durch die Annagasse, so tropft es dir auf den Hut. – In einem Winkel der Stephanskirche gegen den erzbischöflichen Palast hockt gewiß, wenn's Frühling wird, am allerlängsten eine Schneehaube, und man muß ihr fast alle Jahre die Ehre antun, sie ganz allein und extra wegzuschaufeln und von hinnen zu führen, wenn man es nicht darauf ankommen lassen will, daß es dort ewig auf dem Pflaster naß ist, wenn schon anderwärts die Bäume ausschlagen. – Nach dem Regen, wenn alles trocken ist, glitscht noch jeder Fuß im Schmutze der Adlergasse aus; — man geht nie über den Minoritenplatz, ohne daß einem Schnee oder Staub entgegenbläst und an der Basteimauer eine fröstelnde Kälte ist. — Wie sehr zwei Ecken des Domes von St. Stephan, die des großen Turmes und die diagonal entgegengesetzte, windig sind, ist hier unnötig zu erwähnen; mancher dort hinabgewehte Hut könnte davon Zeugnis geben, wenn darüber statistische Tabellen vorlägen. Auch ganze Vorstädte unterscheiden sich hierin: Wie schön und warm z. B. duckt sich die Leopoldstadt im Winter zusammen, und wie frei und windig klafft die Jägerzeile auseinander — im Sommer ist es freilich entgegengesetzt.

Jedoch wir wollen hier von dem objektiven Wetter und seinen Unterabteilungen enden, um die Geduld jener Leser nicht gar sehr zu ermüden, die sich um wissenschaftliches Wetter gar nicht kümmern, sondern nur dann meteorologische Betrachtungen anstellen, wenn sie durchaus naßgeregnet sind oder wegen entsetzlicher Kälte unsäglich viel Holz kaufen müssen. Wir gehen daher zu jenem Teile unseres Wetters über, der allen viel näher liegt, nämlich zu dem *subjektiven*. Wir verstehen darunter jenen Charakter und Zustand unserer Stadt und Bevölkerung, der durch die verschiedenen Wetter angeregt und bedingt ist. Daß die ganze Menschheit vom Wetter und Klima wesentlich berührt und verändert wird, haben unterschiedliche Gelehrte schon in dicken Büchern dargetan, und ich würde mich nur lächerlich machen, wenn ich in diesen Blättern mit einem gründlichen Beweise nachgehinkt käme; daher werde ich nur den Sack meiner Beobachtungen auftun und gelassen dartun, welche Gesichter unsere Stadt macht, wenn dieses und jenes Wetter ist. Ich könnte auch hier wieder pedantisch sein und Unterabteilungen machen — — und ich tu es auch. Zuerst wollen wir reden von den Physiognomien unserer Stadt infolge allgemeiner Wetterveränderungen, dann, um mit dem Pikanteren zu schließen, Szenen spezieller Wetterausbrüche malen.

Ich falle in den schrecklichsten Gemeinplatz und beginne mit den vier Jahreszeiten. Der Lenz, sonst der Freudenbringer der Natur, der Dekorateur des Schauplatzes, der allerseits besungene, ist für uns ausgezeichnet fade — ich rede von der Stadt, nicht von den Umgebungen —, die Grünspeisen werden wohlfeiler, und die Leute gehen auf das Land. Anfangs sind noch einige Basteispaziergänger, einige Schneegestöber, Aprilgüsse, dann Praterfahrten; die Bäume schlagen aus, etliche eingesperrte Nachtigallen schlagen, wenn nachts das Wagengerassel aufgehört hat, und dann — ehe man sich's versieht, ist die Stadthitze da und der Sommer, die unerträglichste, schändlichste Jahreszeit, wenn man das Unglück hat, ihn hier zubringen zu müssen; die Gärten und das Glacis schmücken sich nach und nach mit dem versengten Braun, die Gassen füllen sich mit Hitze und Staub und die Gasthausgärten mit Menschen in Hemdärmeln. Die elegante Welt ist fort, selbst der Student macht sich mit Ende Juli von hinnen, der Handwerksmann und der Handelskommis steht gelangweilt vor seiner Bude, und

vorbei fährt der ewige träge Wechsel der Gesellschaftswägen oder der Omnibus der Eisenbahnen.
Ein schöner Strom fließt ja freilich in unserer Nähe
vorbei, aber zwei Hauptsommervergnügen fehlen:
eine großartige Schwimmübungsgelegenheit im
freien Wasser und die anderwärts so gebräuchli-
chen Wasserspazierfahrten – jedoch dies gehört
nicht zu dem Wetter, und ich komme eigentlich von
meinem Thema ab. – Im Sommer also hält Wien
Siesta, und oft eine bedrängte, abgemattete genug;
denn es hat oft im Spätsommer wochenlang das sa-
tanisch schönste Wetter, und wenn du dich abends
auf dein Bette hinlegst, so denke ja an kein Ausruhen, sondern an ein lindes Schmoren, bis dir etwa
die Nachmitternacht ein frisches Lüftchen bei dem
offengelassenen Fenster hereinschickt; aber ehe du
es recht genießen kannst, geht schon wieder die
Sonne auf, und die glatten Mauern werfen überall
die Hitze herum. In solcher Zeit sieht Wien, von fernen, frischen grünen Hügeln aus gesehen, wie eine
ungeheure gedörrte Käserinde aus. Der Herbst
bringt zwar vieles wieder ins gleiche, allein er beginnt hier ungewöhnlich spät, meistens erst mit Beginn der Fröste, weil er früher bloß den Sommer
fortsetzt und oft an Hitze mit ihm wetteifert. Berühmt schön sind die Wiener Nachsommer, aber
unsere Stadt hat leider wenig davon, indem er
größtenteils in der Umgebung gefeiert wird – wir
werden an einem andern Orte dieses Werkes davon
reden. Aber wenn endlich der Winter kommt, die
Nebel über die Häusermassen hereinziehen, daß
eine die andere nicht sehen kann, wenn die Krähe

bis auf das Glacis hereinzieht, der Stephansturm ins öde, wochenlange Grau verschwimmt: dann beginnt die schönste Jahreszeit Wiens; die Wohnungen füllen sich, die Zirkel glänzen, die Karossen rollen, die Gasflammen beleuchten die prachtvollen Warenauslagen für den Karneval, die Kaffeehaus-Sessionen beginnen, die Spiel-, die Gespräch-, die Streit-Klubs organisieren sich, die Zechbrüder haben lange Abende, die Verleumdungsjunta fixe Tage, die Oper und das Schauspiel überfüllen sich, die Konzerte überschwemmen uns, der Kreuzzug der Virtuosen hebt an, Strauß und Lanner musizieren an öffentlichen Orten, und in tausend Häusern hämmert das Piano-Forte — das Gesellschaftsbuschwerk wuchert, und die Bälle und aller Teufel ist los. Anderwärts, z. B. in Wäldern und Feldern, ist die Natur tot; bei uns wird sie erst recht lebendig. Es ist ein sonderbarer Kontrast, wenn eine recht trübselig trübe Februarnacht anbricht, wenn des ganzen Tages ein so dicker Nebel gelegen, daß man darin den Schatten des Stephansturmes hängen sehen konnte, und nun die Laternenlichter wie trübrote Meteore kämpfen; wenn sich nun Tausende von Fenstern nach der Reihe beleuchten, hinter denen entweder selber ein Vergnügen vorbereitet wird oder wo man sich wenigstens zu einem schmückt; wenn sich das Strahlenmeer in allen Buden über die glänzendsten Dinge ergießt, die ausgebreitet sind, um die Karnevalskauflust zu wecken und die Nachfrage zu befriedigen — ich möchte die Tränen nicht zählen, die wegen Versagung dieser Dinge in einem einzigen

Winter fließen, noch weniger aber die Jubelrufe, die wegen überraschender Erlangung derselben ausgestoßen werden – dann beginnt das Rollen der Wägen, in denen Ballgestalten oder Gesellschaftsbesuchende sitzen. Dort ist ein erleuchteter Palast; an den Fenstern sieht man ein Schattengewimmel von Gestalten, unten steht das Volk der Vorübergehenden und schaut hinauf, und seitwärts zieht sich die lange Wagenreihe derer hin, die oben sind und hier auf sich warten lassen. In einer andern Straße rollt es dem Theater zu, und lebhafte Fußgänger drängen sich. – – Fast aus jeder Kneipe, weil Lustigkeit so recht zum Lebenselemente des Wieners gehört, tönt Musik – in der Redoute flutet und wogt ein Wald von Glanz und Fröhlichkeit – der kleine Bürger und Gewerbsmann gibt einen Punsch – der Student ist im Kaffeehause, und die ganze Stadt gleicht einem brausenden, kochenden Kessel der Freude und der Lust, indes ringsum auf den Fluren und Feldern die düstere, lastende, schwere, leblose Nacht liegt, durch deren dicke Dünste man kaum das Schellengeklingel eines zur Freude der Stadt fahrenden Schlittens hört oder dessen Lichter sieht, die wie trunkene Kometen durch die Nebel streichen, während über der Stadt ein heller Schein steht, der die Stätte des Jubels und des Schwärmens anzeigt – ein paar Meilen von der Stadt ist schon die tote, öde, geräuschlose Winternacht und das traurige Tuch des Todes gebreitet. Einen einzigen Zug von Winterfreude hat unsere Stadt fast gar nicht oder wenigstens im Verhältnis viel geringer als die unbedeutendste Landstadt, nämlich die

Schlittenpartien. Wegen der ungeheuren Konkurrenz und der großen Unbequemlichkeiten, die für dieselbe von vielem Schnee hervorgehn, nämlich endloser Schmutz, strömendes Wasser, Anhäufung von Hügeln und Knollen, die den Fahrzeugen gefährlich sind, usw., ist es hier gebräuchlich, daß der Schnee aus ganz Wien fortgeschafft wird. Kaum daß er fällt, sind schon an die tausend Hände beschäftigt, ihn in große Haufen aufzuschaufeln und von da auf Wägen fortzuschaffen, und fällt morgen wieder einer, so wird er wieder aufgeschaufelt und fortgeführt; so daß, wenn er auf dem Lande mauerhoch liegt, wir auf dem nackten Pflaster gehen und keine Ahnung haben von der Bedrängnis, mit der sich ein Fuhr- oder Postwagen durcharbeiten oder mit der ein einsamer Wanderer waten muß. In drängenden Zeiten wird selbst nachts gearbeitet, daß man den roten düstren Schein der Fackeln längs den anstoßenden Häusern gleiten und auf die kräftigen Gestalten fallen sieht, die da arbeiten. Auf diese Weise sind die Schlittenpartien sehr beschränkt, und zwar auf die Zeit, die zwischen dem Schneefall und seiner Wegräumung verfließt, die meistens kurz genug ist.

Demohngeachtet hascht der Wiener auch dieses Vergnügen weg, soweit es möglich ist; denn wie durch Zauber verwandeln sich die Fiakerwägen in Schlitten, und wenn hier bereits die Schneekruste aufgebrochen wird, tönt dort noch das lustige Geklingel. Auch das Stadtklima steht dem Schlittenfahren sehr entgegen, indem es in unsern Mauern, wie wir oben sagten, immer wärmer ist als drau-

ßen, daher eine mäßige Linderung der Kälte draußen bei uns schon Tauwetter ist und ein Schneekoch macht.

Allein wir wollen hier abbrechen, die Winterphy-
siognomie unserer Stadt zu malen, und lieber zu
dem versprochenen letzten Teile unserer wissenschaftlichen Abhandlung übergehen, nämlich zu
den rhapsodischen Wetterszenen und ihren Wirkungen.

Ich will hier zuerst von dem unterhaltenderen
Wetter beginnen, nämlich von dem schlechten.
Wenn es in der einfältigen Landstadt (ich meine hier
die meiner Geburt) zu regnen anhebt, so sind die
Verhältnisse sehr einfach: *Man geht nach Hause*,
d. h., unser Nachbar schiebt seinen Mietwagen in
den Schoppen, mein Vater macht die Haustüre zu,
und alles bleibt drinnen, so daß nichts naß wird als
die Gänse und solche, die nicht schnell genug nach
Hause kommen. In Wien ist es anders. In wieviel
tausend Verhältnisse ein Regen eingreift, insbesondere ein plötzlicher, kann nur *der* mit Gewissenhaf-
tigkeit ermessen, der im Geschäftswege den Regen
beobachtet und protokolliert und dessen Auge daher geschärft sein muß. Wenn ich z. B. beauftragt
war, den Steckbrief eines Maitages zu entwerfen
und denselben abkonterfeit der Sitzung vorzule-
gen – Himmel! welche närrische Nebenspäne von
Beobachtungen fielen da für mich ab, wenn so ein
urplötzlicher, dauernder Regen vom Himmel fiel; –
noch lieber aber war es mir immer, wenn ich zur
selben Zeit keine offiziellen Beobachtungen zu machen hatte, sondern nur die anstellen konnte, die

ich eben wollte. Wenn sich die Landstadt verödet, sobald ein Regen beginnt – nur einen einzigen Fall einer närrischen Ausnahme weiß ich, den ich schnell erzählen muß: es liegt ein Flecken nicht weit vom Böhmerwalde, bei dessen Bewohnern die Leidenschaft der Graszucht eingerissen ist, weil der ursprünglich trockene Wiesengrund doch vortreffliches, sehr gesuchtes Heu gibt, das durch künstliche Bewässerung auch *viel* Heu wird: daher es sich ereignet, daß, wenn ein Regen beginnt, die Bevölkerung erst recht rührig wird, und wenn es erst zu strömen anhebt, so sieht man so viele Hausväter, als es Häuser gibt, nach allen Richtungen auseinanderrennen, jeder in dem ältesten Rocke, einen breiten Hut auf und ein Grabscheit auf der Schulter, um die Gräben, Gräbchen und Ausläufer zu lüften, daß das Wasser auf seine Wiese laufe, und um auch allenfalls hie und da ein wenig zu verlegen, daß seinem Nachbar nicht so viel darauf rinne, wenn dieser lässig war und nicht selbst auf dem Schauplatze erschien. Dieser Ort, wie ich sagte, macht eine Ausnahme von den Landstädten, und ich kehre nach der Abschweifung wieder zu meinem Texte zurück: wenn sich also eine Landstadt verödet, sobald der Regen beginnt, so wird Wien gerade lebendiger. Dem Bauern wächst sein Korn auch während des Regens, er braucht ihm nicht zu helfen; dem Großstädter aber wächst sein Kapital in der Tasche nicht während eines warmen Mairegens, namentlich wenn er sich dieses Kapital durch Rennen und Laufen und Agieren auf der Gasse verdienen muß – und wenige, die in Wien

auf der Gasse herumgehen, tun dies mutwilliger-
weise, sondern es treibt sie irgendein schweres Geschäft, z. B. ihrem Vergnügen nachzugehen, oder
ein anderes. – Alle diese können daher nicht, wenn
ein Regen erscheint, wie der Bauer nach Hause gehen und zuschauen, sondern sie müssen in ihrem
Berufe ausharren, und da jeder doch sowenig als
möglich naß zu werden wünscht, so läuft er desto
schneller, was ein närrisches Rennen und Stoßen
zur Folge hat, das *den* sehr belustiget, der seines
Geschäftes halber an den Regen gewohnt ist und
daher gelassen seines Weges geht und sich auf den
Mackintosh trommeln läßt. (Beiläufig gesagt, ich
gehöre zur »Schlechtwetterbranche«, Abteilung
»Niederschläge«, was wohl der Leser schon aus
meiner Vorliebe für Winter und Regen wird bemerkt haben.) Schon *vor* dem Regen, wenn etwa
der Himmel finstere Gewitterbrauen zieht oder
sich mit jener sanften grauen Hülle überdecket, die
dem Landregen vorherzugehen pflegt, – schon damals fängt die Unruhe an, da geht schon ein und
der andere dicke oder elegante Herr mit einem Regenschirme in der Hand, die Damenwelt sieht zum
Himmel und ist ängstlich, der Botengänger und
Kommissionär beeilt sich, der Trödler, Tischler und
andere räumen ihre auf die Gasse oder unter die of-
fene Ladentüre gestellten Sachen ein, die Prome-
nadplätze verdünnen sich, und die Musik darauf
läßt in ihrem Eifer nach; – wenn aber nun vollends
der Regen beginnt, so siehst du wie mit einem Zau-
berschlag die Population mit einer Unzahl von Regenschirmen bedeckt, daß es mich immer an

jene altrömische Kriegs- und Belagerungsfigur erinnerte, die man testudo hieß, nur daß hier die Schilde nicht so wohlgefügt passen, sondern sich ohne Unterlaß über- und untereinander verschieben und regen – dann, wenn die Straßenpflaster weithin in ihrer Nässe glänzen, dann beginnt erst ein rechtes Rasseln und Donnern, als stiegen die Wägen aus der Erde hervor und führen, wie Frösche, die es geregnet, kreuz und quer herum. – Diese Zeit ist auch die Ernte der Fiaker. Selbst in den Häusern verändert ein solcher Regen alles und jedes. Die zum Spaziergange geputzten Töchter sitzen verdrüßlich herum, unter den Torwegen stehen Gruppen, meist regenschirmlose Frauen, und in den Kaffee- und Gasthäusern wird es ordentlich finster vor Gästen. – Mancher, der selbst einen Regenschirm hat, redet sich zu, ein wenig unterzustehen und ein Glas zu trinken. – Wenn nun erst so ein Regen ein Platzregen ist und, seiner Natur zuwider, ewig dauert und wenn er gar an einem Sonntagsnachmittag einfällt oder endlich gar in ein Volksfest! – Wie wenn Stürme auf dem weiten Meere wüten und an die festen und ruhigen Küsten nun nach und nach ein ganzer Saum von Trümmern angetrieben wird: ebenso sehen die, so an solchen Tagen in sicherer Behausung geblieben sind oder gemächlich unter dem Vordache eines Kaffeehauses sitzen, wie die Trümmer hereinverschlagen werden von denen, die da draußen auf dem Meere der Freude trieben und doch endlich herein müssen. Vollgepfropfte Gesellschaftswägen schwanken wie Lastwägen einher; die Köchin trägt ihren neuen Hut, in ein Sacktuch gebunden, in der Hand; das weiße Kleid klebt triefend an Armen und Schultern und hat unten einen riesenbreiten Horizont von Kot; ihr Geliebter zieht sie am Arme, hat auch seinen Hut eingehüllt, und Frack und Pantalon und alles trieft von Wasser, wie die Wolle eines Waschbären. So ziehen sie einher, und der Regen stürzt unbarmherzig auf sie nieder. – Dann folgen erst die unglücklichen Väter mit ganzen abgeregneten Familien; Studentenketten, die gleißend vor Nässe heranmarschieren und vor Freude über den Spaß pfeifen und singen – dann der Spießbürger, der seinen Rock hinten aufgestülpt und mit Stecknadeln angenestelt hat, daß er wie ein Käfer einhergeht, dem die Flügeldecken zu klein sind. – Ich will nicht reden von den tausend ruinierten Damenhüten, zerwaschenen Hauben, häßlich herausragenden Schultern, umhergeschleuderten Dachtraufen, sprudelnden Rinnen, sondern bemerke nur noch, daß die Dächer sehr rein werden, die Straßen wie ausgefegt und mancher Pudel wie neugeboren, indes die Menschheit voll Kot ist.

Sanfte, einfältige Landregen machen keine bedeutende Wirkungen als einige beschmutzte und bespritzte Kleider, wobei ich die Bemerkung nicht unterdrücken kann, daß, wie ich durch meine langjährige Praxis erfahren habe, es fast durchschnittlich dicke Herren sind, die von Fiakern und anderen fahrenden Wägen so sehr und plötzlich angespritzt werden. Auch das muß ich noch erinnern, daß ich öfters zwei Herren gleichen Schrittes und sonst auch ganz gleich habe gehen gesehen, wovon

227

der eine den letzten Spritzer, den er sich selbst gab, auf dem Hute hatte, der andere keinen einzigen auf dem Rocke, höchstens ein paar auf dem Bein-kleide. – Es muß die Sache angeborne Anlage sein. Ich ging, als ich noch eitle Tage hatte, oft, wie wenn ich den Eiertanz tanzen wollte, und hatte des an-dern Tages einen ganzen Sternenhimmel von Kot auf dem Rocke. Das Reinbleiben im Regenwetter läßt sich nicht erlernen, sondern so etwas liegt im Blute, wie die Poesie und wie das Konservieren der Röcke; – ich habe z. B. immer gleich Greise von Röcken an, während die meines Freundes Grim-bucker immer Röcke in den schönsten Jahren sind.

Ich redete bisher bloß von einem einfachen Re-gen: aber so wie es einfache und qualifizierte Dieb-stähle gibt, ebenso gibt es einfaches und qualifi-ziertes abscheuliches Wetter. Ich will in Folgendem ein solches Wetter zu schildern versuchen, z. B. ei-nen Regen mit unerhörtem Sturme am Himmel und gänzlichem Glatteise auf Erden. Es ist dies, was ich erzählen werde, keine aus der Luft gegrif-fene Einbildung, sondern das Porträt eines Tages, den ich selbst in Wien erlebte. Es hatte fünf Tage so heftig geschneit, daß es unmöglich war, den Schnee so schnell hinwegzubringen, als er vom Himmel herabfiel, daher wurde er zu einer festen Kruste zusammengetreten, und nach allen Rich-tungen klingelten die Schlitten: – aber die Freude nahm ein abscheuliches Ende. Am sechsten Tage fuhren zerfetzte, blaugeschwollene Wolken durch den Himmel; alle Schornsteine und Bodentüren klapperten und heulten; der Regen schlug an die

Fenster, und unten war so glänzendes, kompaktes Eis, als hätte der Glaser einen einzigen Glasguß über das ganze Straßenpflaster gemacht, und das rieselnde Wasser und der Wind, der es dahintrieb, polierten das Eis noch immer mehr, daß es die reinste und glatteste Oberfläche gewann.

An regnerischen Sturmtagen schaut unsere Stadt wie eine zerzauste Perücke aus – alles, was an schönen stillen Tagen recht artig parallel aufwärts steht, wie z. B. Kleider und Körper der Menschen, das ist nun zerbogen und weist nach allen Richtungen der Windrose; der Rauch über den Schornsteinen zerflattert, eine hölzerne Türe hoch oben am Turme reißt sich ewig auf und zu – ich will der fliegenden Dachziegel gar nicht gedenken, um niemandem Furcht einzujagen. Aber wenn nun noch dazu ein schönes feines Glatteis kömmt, auf dem nicht ein einziger Fußtritt haftet: welch ein kläglicher Anblick unserer heitern, belebten Stadt! – eine belebte ist sie auch da noch, sie muß es sein, sie kann gar nicht anders, und wäre selbst der Jüngste Tag auf der Gasse: der Kommis muß das Handelsgewölbe aufsperren, das Dienstmädchen muß einkaufen gehen, weil die Herrschaft nicht erhungern kann; zu demselben Zwecke müssen die Marktleute mit ihren Lebensmitteln zugefahren kommen, der Beamte muß ins Bureau, der Stundenlehrer zu seinen Zöglingen, das Putzmachermädchen in ihre Arbeit und vor allem die vielen hundert Schneeschaufler in die Gassen, um das vermaledeite Eis aufzuhauen und wegzuschaffen, der fahrenden Wägen nicht zu gedenken, und aller derer

auch nicht, die aus purem, blindem Spaß herausgehen, um sich die Sache anzuschauen – also belebt wäre es genug, aber wie es aussieht? Ich mußte
auch jenes Tages ausgehen; ich legte sonach Juch-
tenstiefel an, band meine Kappe unter dem Kinne,
nahm den Mackintosh und begab mich auf den
Weg. Der Stephansplatz war merkwürdig – ich
griff mich an den Häusern der Rotenturmstraße zu
dem Platze hinauf: ein Fiaker rollte und glitschte
über das Pflaster daher, sein gelber Mantel hoch
flatternd im Winde wie der Faltenwurf einer tragi-
schen Künstlerin – dort lauft einer seinem Hut
nach, den er nicht einholen kann; hier sitzt einer
sanft ins Nasse nieder, weil er sich, um eine Gewöl-
betür zu öffnen, mit den Füßen gegen den Boden
stemmte und ausglitt. – Um die Ecke des Bischof-
hofes werden die Menschen herumgeschleudert;
aus dem Tore der Brandstatt wirft mir der Wind ein
Buttenweib in die Arme; ein Mann steht mitten auf
dem Pflaster und stemmt seinen spitzen Stock ein,
daß er *drei* Füße habe und sich erhalte – ein alter
Herr darf nicht von einem Barrierstocke weg, an
dem er sich hält, während der Wind hinter ihm
seine Schöße in kurzen erbitterten Schwingungen
rüttelt; hinter ihm vorbei schwebt ein Mädchen
(*gehen* kann man das nicht nennen) – der Wind
faßt sie an allen ihren Segeln, sie greift nach Tuch
und Hut, die unglücklichen Röcke fliegen im Kreisel, und die Arme muß sich in Verzweiflung gänzlich niederducken und setzen, um keine Blöße zu
geben; an einer andern Dame faßt er Wimpel und
Rahen und wirft sie durcheinander. – Dort öffnet

ein Herr in elegantem Schlafrock sachte sein Fenster, um zu sehen, wie es sei: flugs reißt der Wind ihm den Flügel aus der Hand und wirft ihn an die Mauer, das gestickte Schlafkäppchen dreht sich noch ein paarmal in den Lüften und fliegt dann über einen Schornstein hinüber. – Die in Pelze gehüllten Kutscher der Herrschaften fahren wie ruhige Felsen in den Wirrwarr hinein, während Wind und Regen um die Rosse brausen und an das Kutschenfenster schlagen und während Fußgänger teils einzeln, teils Arm in Arm mit dem Winde raufen und den Boden wegen seiner Glätte nicht selten mit Teilen berühren, die sonst nur die weichen Kissen des Sofas zu drücken gewohnt waren. – – Welche verrückte Gestalten man an solchen Tagen sieht, welche Gesichterschneider, welche zerknüllte Hüte und zerfetzte Regenschirme, kann nur *der* ermessen, den seine Pflicht an solchen Tagen zu Beobachtungen antreibt, während alle andern den Elementen lieber aus dem Wege eilen und, statt Beobachtungen an andern zu machen, lieber selber trachten, mit heiler Haut und ohne Lächerlichkeit an ihr Ziel zu gelangen. Dennoch ist die Freude und Lust der Wiener am Leben so groß, daß gewiß selbst an solchen Tagen nicht ein einziger ist, der des Wetters halber sein projektiertes Vergnügen aufgäbe, und wenn Ball ist, fahren die Wägen lustig durch den Sturm, die Fußgänger steuern dem Gasthause, der Gesellschaft, dem Abendkränzchen zu – aber abends ist gewiß auch das Glatteis wenigstens schon weg, teils durch rüstige Arbeit, teils durch den Regen.

Den größten Sturm zeigten unsere Anemometer Anno 28 im Juli – ich glaube, es war der 19. und ein Sonntag. Er erschien gegen Abend mit Gewitter und überraschte alles, was da spazierenging oder -fuhr. Des andern Tages waren die Straßen mit Ziegeltrümmern und Glasscherben gepflastert; im Stadtgraben lagen Shawls, Tücher und Hüte, die jungen Pappeln am Heumarkte waren noch nach drei Jahren gebogen; der Wind hatte im strengen Sinne Menschen und Wägen umgeworfen, namentlich auf der Badnerstraße, und ein Freund von mir erzählte mir, daß er während der ganzen Zeit, fast eine Stunde, einen Baumstamm des Glacis umarmt halten mußte und nicht weggehen durfte. Zum Glück hatte es nicht geregnet.

Allein es ist Zeit, daß wir einmal vom Winde wegkommen, freilich ist er ein bedeutendes Ingrediens unseres physischen und sozialen Lebens. – Wien ist bekannt wegen seiner Winde – aber außer dem Staube, den er im Sommer aufrührt und der den schönen Herren die Röcke verdirbt, bringt er uns wohl kaum ein lebhafteres und bewegteres Bild zustande, als wir oben zu beschreiben versucht haben. Nur das erwähnen wir noch kurz, daß ihm die Damen ganz besonders feind sind; freilich bieten sie auch seinen schalkhaften Launen viele Flächen und Segel dar, an denen er verknittern und verderben oder die stolzeste Schönheit durch unersprießliche Situationen dem Lächeln der Umstehenden preisgeben kann.

Wie wir die langen Winterabende unserer Stadt assimilieren oder die dicken Novembernebel, in denen die Stadt, solange es tagt, wie in grauer Baumwolle eingewickelt ist und in denen die Lichter, wenn es Nacht wird, wie trübrote Karfunkel mehr glimmen als brennen, – haben wir teils oben schon angedeutet, teils gedenken wir es in einem andern Artikel dieses Werkes, unter dem Titel »Salonleben«, näher auszuführen. Wie wichtig solche Tage freilich für die Kataloge unserer Gesellschaft in hygrometrischer und physiologischer Hinsicht sind, kann man sich denken, da ja jeder weiß, daß ein Nebel nur eine auf der Erde liegende Wolke ist und daher sehr auf das künftige Wetter Einfluß nimmt und daß in Hinsicht des Körpers kein physikalisches Moment von solcher Bedeutung ist als der Feuchtigkeitszustand: aber wie bemerkenswert auch dies alles in unsern Sitzungen sein mag, so ist leider! der Leser so beschaffen, daß er sich um nichts kümmert, was ihn nichts angeht, d. h., auf diesem Papiere hier nichts angeht, oder was er nicht versteht; daher wage ich es auch nicht, von den hygrometrischen, elektrischen, physiologischen und pathologischen Momenten der Nebel zu reden, gesetzt auch, ich verstünde etwas davon. Einen Wiener Witz aber kann ich nicht unterdrücken, den mein verstorbener Kleiderputzer bei solchen Gelegenheiten unermüdet zu machen pflegte, wenn ich ihn nach dem Wetter fragte: »Euer Gnaden! ein Nebel, daß man ihn auf das Brod streichen könnte, und dazu ein so scharfer Luft, daß sich eine Sau daran zu reiben vermöchte.« – Aber er ist nun tot mit allen seinen Sprichwörtern, und früher tot als ich, zu dem er oft sagte: »Prahlen Sie nicht mit Ihrer Jugend, ich kann noch mit Ihren Knochen Nüsse vom Baume werfen.« Es fallen mir nur bei Gelegenheit seine Sprichwörter ein.

Ich möchte nun noch recht gerne eine unsägliche Hitze malen, die wie ein Samum in unsere Häuser fällt und eine wahre Geißel der dicken Herren ist, allein ich befürchte, die Geduld unserer verehrten Leser auf eine gar zu harte Probe zu stellen, und die Ermattung, die ich schildern müßte, dürfte ich eher dem Leser mitteilen als den in meiner gemalten Hitze leidenden Personen.

Zum Schlusse füge ich eine Bitte hinzu: Es wird jetzt auch im Vereine stark auf Magnetismus (versteht sich mineralischen) beobachtet, seit Humboldt und andere auf die Wichtigkeit desselben und seinen Zusammenhang mit dem Wetter aufmerksam gemacht haben. – Wenn nun unter meinen Lesern ein ungeheurer Pedant wäre (natürlich, ich klopfe nur auf den Strauch) – wenn ein solcher Pedant wäre, der täglich fünfmal zur selben Sekunde auf drei Instrumenten beobachten wollte, so würde er höflich eingeladen, sich zu melden. Ich glaube, der Verein stellt keine schlechten Bedingungen.

Somit wünschen wir allen das schönste Wetter und empfehlen uns.

Ausflüge und Landpartien

*E*s wäre ein unverzeihliches Vergehen, wenn wir diese unsere harmlosen Blätter über die Wiener und ihr Treiben schlössen, ohne eines ihrer Hauptvergnügen zu erwähnen, nämlich ihrer Landpartien und ihrer Ausflüge in die Umgegend ihrer Stadt. Mußte schon so manches vermieden werden, was eine Linie mit in der Charakterzeichnung unserer Objekte gewesen wäre, weil wir diese Blätter nicht zu einem Boden der Kritik oder gar des Haders machen wollten, sondern weil sie wie ein heiterer Müßiggänger sein sollten, der vieles beobachtet, was ihm Scherz oder Vergnügen macht oder was ihn eben anzieht, der aber jedem Handel aus dem Wege geht, weil er eben nicht hadern mag; – mußte, sagen wir, vieles vermieden werden: so sollen doch die Spaziergänge, Lustfahrten, Wanderungen, und wie all das Ding heißt, nicht vermieden und vergessen sein. Wer, der je in unsere Stadt kam, hat nicht einige vergnügte Stunden in Baden, Mödling, Brühl, Haimbach oder an andern Punkten zugebracht, die in den Annalen oder Erinnerungen der Wiener gefeiert sind, und wer, wenn er überhaupt gerne an seinen Aufenthalt hier denkt, wird nicht auch gerne jene Stunden in sein Gedächtnis zurückrufen?

Es ist in Wien ein stehender Ausdruck geworden,

»unsere reizenden Umgebungen« zu sagen; allein so wie am Ende jede Stadt, die nur irgend Umgebungen hat, auch sogleich »reizende« Umgebungen hat oder wenigstens »reizende Partien«, so geht es wohl auch hier, und insofern jeder Mutter Kind wenn auch eben nicht das schönste, doch gewiß das liebenswürdigste und holdeste ist, insofern sind auch unsere Umgebungen die liebsten und traulichsten, wenn auch nicht die schönsten in der Welt. Wir wollen sie vorerst ein wenig im allgemeinen beschreiben.

Im Osten unserer Stadt zieht eine weite Ebene gegen die sanftblauen ungarischen Berge hin und ist geschnitten oder gleichsam mit Silberbächen eingelegt durch den vielarmigen, vielgewundenen Strom der Donau, deren Glanz noch erhöht wird durch den dunkelgrünen Saum ihrer Auen und durch das Laub ihrer Inseln, die wie dunkle, weithingehende Flecken in das wallende Silber gestreut sind. Nördlich des Stromes, bis gegen Mähren hin, zieht sich das Marchfeld, im Westen durch das Kahlengebirge, im Norden durch den mährischen Höhenzug und im Osten durch die March geschlossen – ein Boden, reich an Getreide und Dörfern, dreimal ein berühmtes Schlachtfeld, aber für das Auge des Landschafters erst ein gelblichter Fleck, dann ein duftiger Streifen; hie und da ist der Schatten einer Baumgruppe eingestreut oder der weiße Blick eines Kirchturmes. Im Westen dieses Feldes beginnt, wie wir schon an einem andern Orte dieses Werkes gesagt haben, das Kahlengebirge und zieht einen mit Wald, Feld und Reben bedeckten Höhenzug halbmondförmig um die Stadt. Dieser Höhenzug setzt sich, von Nord nach Süd streichend, bis zu jener Alpenkette fort, die von West gegen Ost zwischen Österreich und Steiermark zieht; er heißt der Wienerwald und ist eigentlich ein Arm der Steirer Alpen, den sie nordwärts gegen die Donau strecken, ehe sie selber in den Ebenen Ungarns und in Oststeiermark ersterben. Süd und Südost von Wien besetzt ein sanfter, breitgedrückter Hügel, der Wienerberg genannt. Da wir von den südlichen Basteien der Stadt auch die blauen Häupter und die gezackten Mauern der Steirer Alpen sehen, namentlich einen König derselben, den Schneeberg, und da wir jetzt mittelst der Gloggnitzer Eisenbahn in ein paar Stunden an ihrem Fuße sind, so fangen wir allgemach an, sie zu unsern Umgebungen zu rechnen.

Der Leser sieht, daß bei einer Umgebung so gewöhnlicher Art eigentlich der Ausdruck »schön oder reizend« nicht gebraucht werden kann, in der Art, wie wir ihn von einer Schweizer Landschaft an einem ihrer Seen gebrauchen, ja wer nur die Landschaftsdichtungen des Landes ob der Enns gesehen und genossen hat, begreift den Enthusiasmus der Wiener nicht, in den sie häufig über ihre Umgebungen geraten; aber wer nun drei, vier, acht, elf Jahre in den ewig grauen Mauern und ewig fahlroten Dächern dieser Stadt gelebt hat, nicht einmal einen blauen, sondern häufig durch Staub getrübten Himmel gesehen hat, sich höchstens an der familienähnlichen Sippschaft der Akazien und Kastanien des Glacis oder der Basteien erlabt hat, wer hiebei nur zeitweise die Auen des Praters besucht und sonst in einem drückenden, drängenden Berufsgeschäfte arbeitet: der, wenn er nun einmal hinauskommt, begreift nicht nur jenen Enthusiasmus, sondern gerät selber in den höchsten. Und in der Tat, wenn man nicht eben die erhabensten und epischen Landschaftsdichtungen verlangt, sondern mit einem lieblichen, reichen, gemütanregenden Gemische von Feld, Wald, Weinberg, Hügel, Höhenzug, Strom und eingestreuten Villen und Dörfern vorliebnimmt, bei welchem allen, wenn man nur ein wenig emporsteigt, überdies noch immer das Epos der Alpen im Hintergrunde schwebt, der wird gewiß auch die Umgebung Wiens schön nennen, in dem Sinne, wie man gewöhnlich Gegenden schön nennt, an die man nicht eben die Anforderungen von Hochalpencharakter oder von Meereserhabenheiten macht.

Wir werden im Verlaufe dieses Aufsatzes Gelegenheit bekommen, den Leser in eine oder die andere Partie unserer Umgebungen zu begleiten.

Wie aber gewöhnlich der Wiener oder eigentlich der Mensch das Vergnügen zu dem Vergnügen fügt, das Nützliche zu dem Schönen; oder aber wie jeder gesunde heitere Mensch das Sinnliche zu dem Vernünftigen: so geschah es auch hier, daß immer *schöne Punkte* und *Wirtshäuser* beieinanderstehen. Man hat uns deswegen häufig getadelt, und die Wiener Backhühner sind ordentlich berühmt geworden so wie unser ewiges Weintrinken und Aufwarten mit einem Glase Wein. Aber ich glaube, man hat hierin unrecht. Wenn die kleine Stadt, die uns tadelt, bedächte, daß unsere Spaziergänge nicht sind wie ihre, daß sie außer ihren Toren auf dem Lande und im Schoße der Bäume sind, wir aber so weit gehen müssen, daß sie es schon eine Reise nennen würde, – wenn die kleine Stadt das bedächte, so würde ihr auch einfallen, daß man auf einer Reise einkehren müsse – und deshalb kehren wir ein. Es wäre in der Tat zuviel für ein Vergnügen verlangt, daß man wie bei einer Karawane Speise und Trank mitschleppen müßte; daher barmherzige Menschen an Stellen, denen sie abmerken, daß viele Wiener sie besuchen, gerne ein Wirtshaus bauen, um jenen Wienern ein Obdach und Labung zu geben. Ob hiebei zuviel oder zuwenig Wirtshäuser sind, kann der Fremde gar nicht ermessen, da er nicht weiß, wie viele wir in einem gegebenen Augenblicke da oder dort sein werden, wieviel wir also Labung und Obdach bedürfen. Was das Weintrinken anbelangt, so hat der Fremde auch unrecht, weil er bloß sagt: Wir trinken Wein, wir ihm aber antworten könnten: Wir trinken auch Bier; und wir danken Gott, daß er uns ein Land gab, wo beides gedeiht und Fröhlichkeit dazu, beides zu genießen. Wenn in einem Lande, wo ein guter, derber, gesunder Wein wächst, kein Wein getrunken würde oder knickerisch wenig Wein getrunken würde, so wäre dies ja reiner Undank gegen das Land und den Schöpfer des Landes, und diesen Undank läßt sich der Österreicher überall nicht zuschulden kommen. Was endlich die Backhühner und den Wein anlangt, so zeigt sich das auffallende Phänomen, daß allerlei Fremde, wenn sie zu uns kommen, Backhühner und Wein verzehren wie wir, und zwar so viele Backhühner und soviel Wein wie wir. Ich denke, es muß die Sache entweder in der Luft liegen, oder die Fremden tun dergleichen zu Hause auch wie wir zu Hause – oder sie benützen es, daß hier eben diese Dinge zu haben sind. Bei uns ist es zuweilen umgekehrt; der Schreiber dieser Zeilen wenigstens fand einmal eine Kaltschale, die ihm ein nördlicher Landsmann bereitete, als ein grausames Gericht, das er schnell durch einen einfachen aufrichtigen Grinzinger hinunterschwemmen und amortisieren mußte. Diese kleine Abschweifung über die verkannten Wirtshäuser in unserer Umgebung sei mir erlaubt; ich kehre wieder zu meinem Stoffe zurück. – Doch noch eine Kleinigkeit muß ich hinzufügen: Man wirft uns nämlich vor, daß wir jeden höhern Genuß, z. B. den der Natur, den einer schönen Musik, einer häuslichen Freude usw., sogleich mit Essen und Trinken verbinden. Freilich ist die Sache wahr, aber es ist nur so: Wir sind ein behagliches, sinnliches Volk, d. h. ein Volk, das seine guten, tüchtigen körperlichen Eigenschaften hat und auf selbe hält. Da nun bei jedem gesunden und unverbildeten Menschen der *ganze* Mensch seine Rechte hat, so redet, wenn die Herrschaft »Vernunft« ein Fest feiert, auch die Dienerschaft »Sinnlichkeit« ein Wörtchen darein, und die Sache ist erst vollendet und ganz, wenn sich alles auf gleiche Weise freut, jedes nach seiner Art. Daß es übrigens in andern Ländern auch nicht gar viel anders ist, lese ich ja täglich in Zeitungen. Sobald mit den erhabensten Ge-

fühlen einem großen Manne eine Statue gesetzt ist,
so sitzt man nieder und gibt ein Bankett; wenn natio-
nale Feste gefeiert werden, wenn man sich im
Großen versöhnt, wenn ein Durchreisender gefeiert wird, so deckt man den Tisch – und so ist es,
und so ist es gewesen, und so wird es sein. – Darum,
lieber Mit-Wiener, gehe aufs Land oder halte Hoch-
zeit oder Kindtaufe oder Abschied oder Willkom-
men, so lasse deinen Körper sich mit freuen, gib
ihm ein Glas Wein, bringe ihn in eine behagliche
Stellung, zünde ihm auch etwa eine Pfeife Tabak
an – dann, wenn er so zufriedengestellt ist, so ge-
nieße so die höhere und höchste Freude, die sonst
auch noch zu haben ist. Wenn andere anders sind,
so beneiden wir sie nicht darum; es kommt nicht
darauf an, wie wenig man sich sinnlich freut, sondern darauf, wie stark man dies auch im höhern
Sinne kann.

Nun endlich zu unsern Ausflügen und Partien
zurück. Sie teilen sich in zwei Klassen: in die zufäl-
ligen und in die beständigen. Die ersten sind solche, die eben von der Laune, dem Wetter und dergleichen abhängen; die zweiten aber müssen immer zu einer gewissen Zeit an einen gewissen Ort
hin geschehen. So z. B. ist am Ostermontage und
am 1. und am 2. Mai Pratergang oder höchstens
Augartenbesuch – dann sind für das eigentliche
Volk die sogenannten Kirchtage der umliegenden
Punkte die eigentlichen Tage der Volksfeste. Hier-
unter nimmt der Kirchtag in der Brigittenau, der
zwei Tage dauert, den ersten Platz ein – wir werden
ihm noch in diesem Werke einige Blätter widmen –

dann ist der Kirchtag in Mariabrunn am Feste Mariä Geburt ein wahres Volksfest; dann sind die zu Berchtholdsdorf, Hitzing, Grinzing usw. An einem solchen Kirchtage ist der Ort, wo er gefeiert wird, überfüllt von Menschen der mittlern Klasse; in allen Wirtshäusern, Kneipen, Schenken, Gärten der Weinhauer (Winzer) erklingt Musik, und wenn es auch nichts anders ist als wenigstens eine Drehorgel, und lustige Gruppen sind im Hin- und Zurückwandern begriffen, und an manchen Stellen trifft man Tanz, wenn auch oft die größte Sommerhitze herrscht. Manche dieser Kirchtage haben auch eine hervorragende religiösere Bedeutung, wenn auch das Irdische noch ein wenig stark darin vorherrscht, wie z. B. der in Mariabrunn am 8. September. Wir wollen ein wenig bei ihm verweilen.

Mariabrunn liegt etwa eine Wiener Meile westlich von der Stadt. Es war einmal ein Kloster, die Gebäude sind aber jetzt zu einer Forstschule eingerichtet. In der kleinen Kirche wird das Gnadenbild Marias verehrt. Die heilige Sage erzählt, daß dieses Bild in einem Brunnen aufgefunden worden sei und im Mittelalter viele Wunder gewirkt habe, worauf eine Kapelle und daraus das Kloster entstanden sei. Es liegt außer unserm Zwecke, näher auf diese Entstehung und Ausbildung einzugehen. Der Ort liegt sehr anmutig am Eingange des Wienerwaldes, dessen Berge nebst einem Teile des kaiserlichen Tiergartens ihn umstehen. Gegen Norden breitet sich eine sanft emporsteigende Wiese aus – und diese ist der eigentliche Schauplatz des Kirchweihfestes der Wallfahrer. Schon beim ersten Mor-

WIEN
Dus große Volksfest in der Brigittenau.

G. Opiz, Das große Volksfest
in der Brigittenau

gengrauen des 8. Septembers treffen einzelne Pilger und Gruppen in Mariabrunn ein, die gar nicht gerechnet, welche schon Tags zuvor gekommen sind. Beim Vorrücken des Tages vermehrt sich auch die Zahl der Waller, bis endlich die Straße, die an dem Stifte vorbeiführt, so dicht besetzt ist, daß man dem Strome entgegen gar nicht durchdringen kann. Die Kirche, in welcher feierlicher Gottesdienst gehalten wird, ist bald besetzt, und zwar so gedrängt, daß keine Nadel zwischen den Menschen zu Boden fallen könnte. Diejenigen, welche in der Kirche keinen Platz mehr finden, oder die große Zahl derer, die sich überhaupt um eine Kirche gar nicht bekümmern, treiben sich außen herum. Auch das Gasthaus wird bevölkert, und während die Orgel aus der Kirche herübertönt, erheben sich dort Töne und Klänge, die nichts weniger als nach Andacht und Pilgerfahrt lauten; nämlich Singen, Lärmen, Gläserklirren, Klappern mit Tellern und Gabeln. Gegen Mittag und nach Ende des Gottesdienstes fängt eigentlich das wahre Volksvergnügen an. Es füllt sich nämlich obbenannte nördliche Wiese, so groß sie ist, mit der Menge des herbeigeströmten Volkes. Es lagert sich in allen möglichen Gestalten und Gruppen auf derselben und kampiert im eigentlichen Sinne des Wortes. Tücher werden ausgebreitet, die mitgenommenen Speisen und Getränke werden darauf ausgepackt und verzehrt. Man kann ganze Familien mit Großvater, Großmutter, Tante, Vettern, Eltern und Kindern sehen, wie sie um ein solches Tuch, ja oft bloß um ein Stück Packpapier herum lagern und ihre Mahl-

245

zeit verzehren. Auch herumschwärmende Gruppen trifft man, welche im Lager hin und her ziehen, wobei sie häufig auf einem abgebrochenen Zweig ein Sacktuch oder ein Umhängtuch einer Schönen als Fahne tragen. Buden sind aufgeschlagen, in denen man Bildchen, Eßwaren, Getränke und dergleichen zu kaufen bekommt oder in denen bekannte Volksspiele geboten werden, die die Gewinnlust manches der Vorübergehenden reizen und ausbeuten. An einer andern Stelle postiert sich eine Drehorgel auf und improvisiert aus lustigen Handwerkern und ihren Schönen einen Tanz um sich herum, der nichts als einen weichen Rasen unter den Füßen hat – während an einer andern Stelle ein Harfenist eine tragische blutdürstige Ballade vor seinen Zuhörern herabkanzelt oder ganze Gruppen aufgereizter Burschen jauchzen und Lieder singen.

Wenn man in einer etwas größern Entfernung in einem der stillen Wälder ist, so hört man an diesem Tage das Brausen der Menschenmenge nicht anders als wie das Murmeln entfernter Meereswogen. Es wird nicht übertrieben sein, wenn ich sage, daß an einem besonders schönen Tage dieser Art zehn- bis fünfzehntausend Menschen auf der Wiese gelagert sein mögen, die alle lustig und freudig sind, da der Wiener sich gerne an Volksmengen entzündet und steigert. Hiebei sind die noch nicht gerechnet, welche in den Wirtshäusern und auf den Rasenplätzen der herumliegenden Orte zerstreut sind, z. B. in Hadersdorf, Weidlingau, Haimbach, und auch die nicht, welche Mariabrunn gar nicht er-

reichten, sondern schon im Brauhause zu Hütteldorf klebenbleiben mußten. Dieses Treiben
herrscht gewöhnlich bis gegen Abend; dann lichten sich die Reihen. Der am Morgen hinausge-
kehrte Strom ist nun ein sich zurückwälzender,
und wenn man in der Dämmerung über die Wiese
geht, so ist sie leer, der Rasen ist zertreten, Zäune
und Einfriedungen sind teilweise umgerissen, und
von den Gebüschen hängen Zweige und Äste herunter, an denen man gerissen. Das momentane,
erst heute entstandene Meer ist wieder verronnen,
nur einzelne Nachzügler und schwärmende Gruppen sind in den einzelnen Gasthäusern zurückge-
blieben, weil sie es nicht anders tun können, als
daß sie erst morgen mit wüstem Kopfe und verstör-
ten Gesichtern nach Hause gehen. Mancher arbei-
tende Vater mit seiner Familie aber hat sich eine solche Erholung aus dem aufregenden Gange, aus der
gesehenen und mitgenossenen Lustigkeit, aus der
heitern Luft und der erquickenden Landschaft mit
nach Hause gebracht, daß er wieder wochenlang in
seiner dumpfen Stube arbeiten und aushalten und
abends bei einem Glase Bier mit seinen Nachbarn
oder mit seinen Kindern von dem Kirchtage zu Mariabrunn reden kann. Ich meine darum, daß man
nie und nirgends solche Feste, die sich das Volk selber gibt, um sich in Masse zu freuen, ausrotten soll,
weil ein heiteres Volk auch ein gutes ist, weil der
Österreicher in seiner gesunden Herzensgüte nirgends zu großen Exzessen geneigt ist und weil der
geringe Schaden, der sich zeigt, wenn die Heu-
schreckenwolke wieder verflogen ist, leicht ausge-

bessert werden kann. Die Wiese wird ohnedies immer vorher abgemäht, und die abgeschnittenen Äste und Zweige an den Waldbüschen, welche eine kriegslustige Jugend als Beute mitgenommen, verwachsen sich im Laufe des Jahres bis zum Unkenntlichen wieder.

Die andern Ausflüge, welche nicht an eine Zeit und an einen Ort gebunden sind, sind natürlich viel häufiger; aber sie sind im ganzen minder interessant, da sie im Grunde nichts Volkstümliches haben, sondern jeder großen Stadt eigen sind, nur mehr oder minder nach dem Charakter des Volkes schattiert. Genuß ist die Losung des heutigen Zeitgeistes, und mit der Geselligkeit steigt der Genuß. Ist es ja selbst mit den Tieren nicht anders; die scherzenden, schäckernden, spielenden sind zugleich die in Herden lebenden; der einsame Geier und der Adler sind die ruhigsten und mäßigsten. Die Freude des Landmannes dreht sich in einem einförmigen Kreise, und dies um so mehr, je mehr er im Walde und von größern Städten entfernt lebt. In der Stadt, und insbesondere in der Hauptstadt, drängen sich die Reizungen und die Lockungen, namentlich da ein großer Teil der Bewohner sich davon nährt, andere zu reizen und zu locken. Das Beispiel, die Hoffart tun das Ihrige hinzu – und so rennt und stürzt sich das in den Genuß, um von dem Leben, als sei es nur eine Minute, ja gewiß sein Teil wegzubekommen. Diese Sucht pflanzt sich bis zu den untersten Klassen fort; daher lechzen die, welche die ganze Woche in Arbeit sind, nach dem Sonn- und Feiertag, um da endlich dem Genusse nachjagen zu können. Im Sommer besteht er nun gewöhnlich darin, daß sie sich von der düstern Arbeitsstube losspannen und ins Freie hinaus trachten. Man sieht daher gerade an Sonn- und Feiertagen alle Straßen, die vor den Linien Wiens ins Freie führen, mit spazierenden Menschen der untern Stände bedeckt – es mag wohl Luft, Freiheit, Sonnenschein seinen gebührenden Anteil an dem Spaziergange haben, aber insgesamt ziehen sie doch alle dem einen oder dem andern Unterhaltungsplatze zu, wie sie gleich unzähligen Monden die Sonne Wiens umgeben. Dort geben sie sich der Fröhlichkeit, dem Lärmen, Lachen – und dem Essen und Trinken hin. *Ein* Ingrediens ist es aber immer, das an solchen Unterhaltungsorten nie fehlt und fehlen darf, nämlich die Musik. Es ist, als wenn Wien die Stadt der Musik wäre und das Volk sich von Musik wie von der Luft nährte. Wo nur immer wenigstens eine Bank ist, daß sich ein paar Gäste darauf niedersetzen können, um einige Gläser Landwein zu genießen, dort finden sich bald auch Musikanten hinzu, wäre es auch nur einer, der die Guitarre kneipt, und ein anderer, der dazu singt.

Die Plätze, denen das Sonntagspublikum zuzieht, wechseln auch und haben so gut ihre Moden als die Kleider; ja oft taucht ein Phänomen dieser Art auf, überstrahlt in kurzem alles an Glanz und sinkt wieder spurlos in Nichtigkeit zurück. So z. B. erinnere ich mich, daß im Winter 1830 einer außerhalb der Stadt einen Saal aus purem Eise baute und daß durch Monate jenes harten Winters die dahin führende Straße wörtlich mit Wallfahrern bedeckt war, die samt und sonders den Eispalast sehen wollten, – und daß mancher sich Entzündungen und Rheumatismus zuzog, bloß um sagen zu können, daß er im Eissaale getanzt habe. Das Glück begünstigte auch den Unternehmer; denn ein Tag wie der andere bis zum letzten Februar waren granithart gefroren. Alle Eis-Tempel, Salons und Palais, welche in folgenden Wintern gebaut wurden, schlugen nicht mehr so an und schmolzen schmählich dahin. – Ebenso wurde vor mehreren Jahren bei Meidling, nächst Schönbrunn, eine Rutschbahn unter dem Namen Tivoli angelegt, wo es eine förmliche Schande war, noch nicht dortgewesen zu sein – jetzt spricht fast niemand mehr davon. Aber es gibt auch Orte, welche ihren Ruf unerschütterlich behaupten. Hierher gehören alle jene, welche durch den stillen, aber dauernden Reiz guter Speisen und Getränke wirken. Da kenne ich anspruchlose Feinschmecker, die eine ordentliche statistische Karte der Umgebung Wiens halten. Dorthin gehen sie wegen des erlesen guten Glases Grinzinger, hierher zum guten Märzbier; ein anderer Tag ist dem Karpfen gewidmet, der da am besten gebacken ist, wieder ein anderer dem feinen Schinken, der dort ausgeschnitten wird – und so haben sie die Gänse, den Hasen, die Würste – bis zu den Knödeln herab. Daß diese Besucher nicht auf Pracht und Reiz der Gegend schauen, versteht sich von selbst, über derlei sind sie hinaus; auch die Musik sucht er sich bald durch ein paar Groschen vom Halse zu schaffen. Dann sind Orte, die ihrer Lage nach, ihren sonstigen Annehmlichkeiten und dem

alten Rufe nach beliebt sind. Da ist z. B. Hitzing,
ein Dorf am Ende des Schönbrunner Parkes, wo es
im Sommer so gedrängt ist wie fast in keinem Teile
der Stadt selbst. Dommaiers Casino erschallt von
Musik, meist der des Walzerkomponisten Strauß,
und sein Garten und Salon ertönt von Gläsern und
Rufenden und Lachenden. Das Dorf vergrößert
sich aber auch so, daß es eigentlich eine Stadt ist
mit Gassen, in denen man sich in der Tat vergehen
kann. Im Osten Wiens liegt der Ort Simmering, der
an Sonntagen die Bewohner der ihm nächstgelege-
nen Vorstädte verschlingt; weiter rechts ist das
Stadtgut, ein Salon, wo auch öfter Feuerwerk, Be-
leuchtung, Affenkomödie und dergleichen ist;
dann ist Meidling, Liesing mit dem Felsenkeller-
Bier. – Im Westen ist Penzing, St. Veit, Hütteldorf
(ein Brauhaus) und die kleineren Posten. – In Nord
und Nordwest ist Döbling, Grinzing, Sievering,
Nußdorf, Weidling ... und wie sie alle heißen. –
Jenseits der Donau ist Jedlersee, Enzersdorf, Kor-
neuburg usw. – Wundern mag es den Fremden, daß
wir einen so großen reizenden Strom haben, der
sich noch dazu in der Nähe Wiens in so viele liebli-
che Arme auseinandergießt, und daß er so wenig
von Spazierfahrern und andern Wasserfreunden
bedeckt ist. Die Ursache mag wohl darin liegen,
daß unser Strom, unähnlich dem Rheine und der
Elbe, ein wilder und reißender ist, der nicht nur
sein Befahren, namentlich für den Ungeübteren,
sehr gefährlich macht, sondern auch gegen das
Wasser nur sehr beschwerlich oder gar nicht be-
fahrbar ist. Dies bewirkt, daß das schöne Stromsil-

ber unserer schönen Donau einsam durch den Smaragd seiner Auen rollt, nicht einmal von großen Schiffen besonders belebt, da die Dampfboote oberhalb Wien in Nußdorf, die der untern Donau unterhalb Wien im Prater bei den sogenannten Kaisermühlen anlegen und die Frachtschiffe durch den schmalen, bogenartigen Seitenarm, der sich bei Nußdorf von dem Hauptstrome loslöset, an die Stadt hereinfahren. Und gerade dieser Arm, den sie Donaukanal nennen, hat auch in der Tat etwas kanalartig Reizloses und reicht bei weitem nicht an die Anmut und Großartigkeit der Donau bei Greifenstein, Klosterneuburg oder unten bei der Insel Lobau.

Außer den oben genannten Ausflüglern und Genußjägern gibt es noch andere, zwar auch Genußjäger, aber feinere, nämlich solche, welche ländliche Reize und landschaftliche Vergnügungen aufsuchen. Ich kenne einen Mann, der alle Fußpfade in allen Wäldern und Parken auf zwei Meilen Halbmesser um Wien herum kennt, und das will sehr viel sagen, wenn man an die mannigfaltigen Verschlingungen des Wienerwaldes denkt. Wir wollen es versuchen, einige der schönen Punkte dieser Art in Kürze zu bezeichnen. Von dem oben berührten Forstinstitute Mariabrunn führt rechts von der Heerstraße ab eine Kastanienallee in ein anmutig gelegenes Dorf, Hadersdorf geheißen, hinter dem in englischen Gartenanlagen das Grabmal des großen Generals Loudon steht. Hinter diesem Grabmale führt eine gerade Straße, beständig von den Buchenlaubbergen des Wienerwaldes begleitet, tiefer in das Gebirge hinein, so einsam, daß man in der entferntesten Landruhe zu verweilen vermeint. Wenn man auf dieser Straße in den Ort Mauerbach gelangt ist, steigt man auf äußerst sanften Fußpfaden, bald über grünen Weidengrund, bald zwischen zerstreuten Bäumen, bald zwischen Gebüsch und Wald hindurch, allmählich empor, bis man plötzlich am Rande des Höhenzuges steht, der auf der andern Seite steil abstürzt und unten das kleine Dorf Tulbing und das ganze Tulnerfeld zu Füßen legt. Der Punkt, auf dem man steht, heißt der Tulbinger Kogel. Außer dem Gipfel des Schneeberges wird es wenig Punkte geben, auf denen eine schönere Aussicht ist als auf diesem eigentlich kleinen Berge. Vom Schneeberge an über den Oetscher hinauf bis zu den Häuptern im Lande ob der Enns sieht man den ganzen österreichisch-steierischen Alpenzug, von dem Stifte Göttweig könnte man fast die Fenster zählen, und die Riesenschlange der Donau liegt auf der ganzen Strecke von Krems bis Greifenstein aufgerollt. Das große Tulnerfeld stellt sich wie Mosaik dar, so klein erscheinen seine Felderabteilungen, und auf die Stadt Tuln meint man mit einem Steine hinwerfen zu können. Es steht auf diesem Punkte ein von Holz errichteter Balkon, der die Rundsicht gewährt. Nur gegen Osten ist die Aussicht beschränkt; da stellen sich nämlich dieselben Waldberge wie der Tulbinger Kogel selbst und ungefähr von derselben Höhe vor das Auge.

Aber nicht der Tulbinger Kogel allein ist es, welcher dieser Umgegend Wert verleiht: das Haupttal, welches von Hadersdorf nach Mauerbach zieht, hat ein paar ungemein reizende Seitentäler, Haimbach und Steinbach. In beiden sind nur wenige Häuser, aber höchst anmutig gruppierte Höhen und Gebüsche. Von Haimbach führt ein Pfad den Berg hinan auf die sogenannte hohe Wand, wo eine zwar weit beschränktere Gebirgsaussicht ist als auf dem Tulbinger Kogel, aber dessen ungeachtet eine noch immer sehr schöne. Von Haimbach sind bis Hadersdorf schöne Pfade durch den Buchenwald angelegt und mit Ruhebänken versehen. Aber auch von der hohen Wand aus kann man auf noch viel lockendern und einsamern Holz- und Jägerpfaden zu verschiedenen Punkten der Gegend gelangen.

Der Kahlen- und Leopoldsberg bieten eine Aussicht über das Marchfeld bis zu den ungarischen Bergen und eine Übersicht über die ganze bunte steinerne Scheibe der Stadt Wien. Dann ist in demselben Höhenzuge der Hermannskogel, der ebenfalls eine der lieblichsten Rundsichten gewährt. Und wunderbar ist es, welch stille Waldeinsamkeiten, tiefe Talschnitte mit dem kleinen kühlen Wässerlein, schattende Baumhänge und idyllische Triften man zwischen den obbenannten Höhenpunkten trifft. Selbst der Hirte mit seiner Herde fehlt auf den von Wald entblößten Weideplätzen nicht, nur, daß er hier nicht das Hirtenhorn, sondern eine kreischende Trompete bläst, und meistens noch dazu eine Klappentrompete.

Ein sanftes schönes Tal geht, wenn man die Straße an der Donau aufwärts gegen Klosterneuburg zieht, links aus den Bergen heraus, läßt ein glasklares Wasser gegen die Donau hervorschießen und schließt den Blick jenseits des Stromes mit den sanft dämmernden Wänden des Bisamberges. In dem Tale liegt der Ort Weidling mit seinen berühmten Rebenabhängen. Eine schöne Wanderung dem Bache entgegen führt in den Park von Dornbach, durch welchen man, sich links wendend, wieder zur Hauptstadt gelangt. Der Kahlen- und Bisamberg stürzen gegenüber so steil ab und lassen die Donau zwischen sich durch, daß sie wie zwei andere Säulen des Herkules dastehen und daß sich die Sage gebildet hat, sie seien eigentlich ursprünglich ein einziger von der Donau entzweigerissener Berg gewesen. Dann müßte das Tulner Feld notwendig ein See und die gegen dasselbe schroff absteigenden Tulner Höhen seine Ufer gewesen sein. Wir können uns in diese geognostischen Spekulationen nicht einlassen, sondern bemerken bloß, daß es ein wahrer Segen ist, daß jetzt die Donau zwischen den Bergen herausfließt und daß oberhalb ein so schönes gartenartiges Land liegt. Die Waldhöhen, die von dem Kahlenberge südwärts ziehen, sind es, die die obigen Punkte und überhaupt die von den Landschaftsfreunden gesuchtesten und beliebtesten Stellen enthalten. Seit wir die nach Süden führende Eisenbahn besitzen, gehört auch Baden gewissermaßen zu den unmittelbaren Umgebungen Wiens, da man es von dem Bahnhofe aus in vierzig Minuten erreichen kann – und die Umgebungen Badens und der Brühl sind seit undenklichen Zeiten in den Annalen Wiens berühmt. In weniger als einer halben Stunde erreicht man von dem Bahnhof aus den uralten Markt Mödling, wo einstens die Herren von Mödling hausten, ja selbst zu Zeiten die Markgrafen und Herzoge von Österreich residierten. Der Ort mit seiner malerisch alten Kirche lehnt sich an einen Zweig des Wienerwaldes, der aber hier in kahlen und felsichten Höhen vorspringt. Von Mödling aus ist ein schmales Tal ins Gebirge hineingeschnitten, welches einen Bach hat und zu dessen beiden Seiten mit Häusern besetzt ist, die zerstreut aus dem Grün der Bäume heraus und von dem Grau der Felsen wegblicken. Die Seitenwände des Tales steigen oft als grüne Waldberge, oft als kahle Felsen empor. Dieses Tal heißt die (von den Wienern so geliebte) Brühl. Wer Alpenfelsentäler gesehen hat, kann den Enthusiasmus der Wiener über dieses Tal nicht teilen, aber anmutig und reizend ist es immer, nur daß der Reiz, der gerade Gebirgstäler am holdesten schmückt, hier ganz und gar fehlt, nämlich der der Einsamkeit. Man kann nämlich nicht zehn Schritte weit gehen, ohne auf geputzte Menschen zu stoßen. Die Brühl ist bekannt durch ihre vielen Ruinen, unter denen auch zum Unglücke neue, d. h. nachgemachte sind.

Baden war einst der Lieblingsort der Wiener, da noch der Hof alle Sommer einige Zeit dort zubrachte, aber auch jetzt ist die kleine freundliche Stadt noch reichlich besucht. Sie liegt ebenfalls am Rande des Wienerwaldes, und von ihr führt ebenfalls ein Tal in denselben hinein, das so oft beschriebene und besungene Helenental. Es ist eine der lieblichsten Wanderungen durch dieses Tal bis zum

Kloster Heiligen-Kreuz. Mit seiner andern Seite blickt Baden über eine sehr große Ebene bis zu den Leithabergen Ungarns. Jede seiner Waldhöhen hat daher eine sehr schöne Aussicht. Was es im Sommer in Baden an Reunionen, Bällen und dergleichen gibt, gehört nicht hieher, da dies eigentlich ein Stück Stadtleben ist, welches die Landbewohner mit hinausnehmen, wir aber bloß vom Lande und den Ausflügen dahin reden. Ebensowenig lassen wir uns hier in die Heilquellen Badens ein. Freilich, wenn wir einmal in Baden sind, könnte uns die Lust verleiten, mit allen unsern Lesern in das Gebirge zu wandern, sie nach Guttenstein zu führen, durch das Klostertal, auf den Schneeberg, ins Höllental, in die Preun, dann wären wir bald in Steiermark – – aber da wir hier nur von den Umgebungen Wiens reden, so darf uns die Lust nicht verführen, sonst kämen wir mit demselben Rechte auch in Steiermark sachte von einem Stücke zum andern und ständen dann auf einmal in Triest, was doch wahrlich nicht zu den Umgebungen Wiens gehört.

Nur der Schneeberg und sein angrenzendes Land gehören jetzt beinahe dazu, da man auf der Eisenbahn in drei Stunden in Gloggnitz sein kann und von da in einer halben Stunde in Reichenau am südlichen Hange des Gebirgsrückens, als dessen höchster Punkt der Schneeberg emporragt. Unzählige Male wird jährlich diese wunderschöne Hochalpe von Wienern und Fremden besucht. Die Besteigung ist außerordentlich leicht, wenn auch nicht von allen Seiten gleich leicht, aber gefährlich von keiner, und die Aussicht ist so lohnend wie sehr oft von weit höheren Bergen nicht; denn der Schneeberg ist eine Voralpe und steht trotz seiner Höhe ziemlich weit im Lande draußen, beherrscht daher nach optischen Gesetzen viel höhere, aber entferntere Berge. Um nicht diesen Aufsatz übermäßig breit zu machen, gehen wir nicht näher in dies verlockende Thema ein, ebensowenig als wir den Leser durch das Tal von Schlögelmühl (das erste an Gloggnitz), durch das von Reichenau und Hirschwang zu jener Windbrücke geleiten, die, über die gebirgshelle Schwarza gespannt, das Höllental eröffnet – ein äußerst schmales, tiefgeschnittenes Felsental, von den Wässern der Schwarza durchrauscht, beiderseits von Hochalpen begrenzt; denn auf der nördlichen Seite stürzen die furchtbaren Wände des Schneeberges ab, und gleichsam einen Schritt davon steigen schon wieder die senkrechten Massen der Preuneralpen empor, und beide Gebirge zählen über 6 000 Fuß über dem Niveau des Mittelmeeres. Die Straße, welche durch dieses Tal führt, mußte teilweise den Felsen abgerungen werden, indem sonst nichts als die Schwarza Platz hatte. Der Weg läuft bald dies-, bald jenseits des Flusses, über den bei vierzehn Brücken gespannt sind. Vor noch nicht sehr vielen Jahren war kaum ein Fußpfad in diesem Tale, und man kann sich denken, welche furchtbare und entzückende Wildnis hier gewesen sein mag; zwei hohe Bergkolosse, mit all ihren Wänden, Schründen, Bachgüssen und Waldbreiten so nahe gegeneinanderschreitend, daß man meint, man könne von einem auf den andern hinüberrufen, zwischen ihnen meilenlang nichts als das rauschende, tosende Wasser und an dessen Ufern eine zerrissene, üppig aufsprossende Waldung – – – jetzt eine gute Straße mit Barrieren, Fiaker darauf aus- und einfahrend, Wiener Hüte, Shawls, Mantillen, schöne Herren – usw., usw. Der Schreiber dieser Zeilen ist froh, das Höllental noch lange vor der Entstehung der Eisenbahn gekannt und manche einsame Stunde in seinen Felsen versessen zu haben. – – Doch eben, da ich den Leser nicht hineinführen wollte, führte ich ihn eben hinein. Allein mit diesem schönen, düstern landschaftlichen Bilde schließen wir den Landschaftsrahmen, womit Wien umfaßt ist, da seine östliche und nordöstliche Seite nichts aufweist, was den Landschaftsfreund anzieht, und da dorthin auch die wenigsten Exkursionen gemacht werden.

Wir haben bis hieher, um das System festzuhalten, drei Gattungen von Ausflüglern kennengelernt, nämlich die zu Volksfesten, dann die zu Luft, Licht, Speise, Trank und Lustbarkeit – man glaube nicht, daß diese zwei Klassen zusammenfallen; denn es gibt Leute, die ein ganzes Jahr nicht aus ihrem Stadtviertel kommen, aber zum Brigitten-Kirchtag, zum 1. Mai im Prater und dergleichen sein müssen, und sollten sie dazu die Wäsche vom Leibe und das Bett aus der Kammer verpfänden müssen, – während die bloßen Lust-, Luft- und Genußritter oft Sonntag für Sonntag ins Feld rükken und sich doch von derlei großen Schlachten fernehalten wie die Volksfeste, weil dort sehr häufig grobe Geschütze spielen und das Raffinement fehlt. Zur dritten Klasse haben wir die Landschaftsbesucher gezählt, und wir gehen nun zur vierten über. Es sind dies diejenigen, die aus gar keinem Grunde ausfliegen. In einem schönen, bequemen Wagen zurückgelehnt, schwimmen sie bei einer Linie hinaus, die Straße entlang durch allerlei Bäume und Häuser, und kommen dann wieder heim. Es gibt unzählige solcher Schwimmer; aber umgekehrt ist nicht jeder ein solcher, der in einem schönen Wagen fährt. Ich kenne manche Familie, deren leichtfüßige Renner nur das Mittel sind, sie schnell auf das Land in die schöne Natur zu bringen, wo sie sich harmlos ergehen neben dem Bürger oder Arbeitsmann, der mit einem Pack Kindern angekeucht kommt, um auch ein Stück Natur wegzugenießen. Den echten Schwimmer erkennt man an dem ruhigen, leeren Gesichte, mit dem er an den Dingen vorübergleitet. Es mögen Reiter oder Bäume oder wieder Wagen sein, an denen er vorbeikommt; es mögen schöne Damen in den Wagen sitzen oder eine Schar Handwerksgesellen den »Rinaldo Rinaldini« singen: – ihm ist es einerlei. – Der ist noch nicht der rechte Schwimmer, der noch seinen Gesellschafter fragt, wer diese oder jene sei, wen sie heiraten werde, mit wem dieser oder jener verschwägert sei. – Das tut alles der rechte nicht, sondern er fährt aus, weil er ausfährt, und kommt nach Hause, weil er aus gewesen ist. Oh, wieviel tausendmal glücklicher ist die derbe gesunde Sinnlichkeit manches, dessen Hände mit grober Arbeit beschäftigt sind und der sich doch noch auf seinen irdischen Genuß freut, als dieses Gift des Reichtums, das schon aus dem jungen Herzen allmählich den ganzen Himmel und die ganze Erde heraussog, daß beide nichts mehr haben, um es dem Darbenden geben zu können. Ärgert euch nicht über die, welche lärmend und schreiend, singend und jubelnd auf den Straßen, wenn es Abend geworden, der Stadt zuziehen; ärgert euch nicht, wenn sie selbst des Guten zuviel getan haben und etwas wanken; gebet ihnen durch Unterricht, Beispiel oder sonstwie *Höheres*, so werdet ihr ihnen helfen. Aber dem andern ist nicht mehr zu helfen, darum trauert über ihn; denn das einzige Heilmittel, das ihn retten könnte, ist er nicht mehr stark genug anzuwenden, nämlich Maß und Beschwerde. »Wo das Unangenehme bei Anstrengungen anhebt, hebt auch ihr Nutzen an«, hörte ich einmal sagen – aber diese Leute hören dort auf, wo das Unangenehme beginnt, also kommt der Nutzen gar nie. Jede große Stadt muß sie haben, weil sie ihnen die Lockungen geben kann, an denen sie verschmachten.

Wie schön ist dagegen jenes Bild, wo irdische Mittel zu höheren Zwecken verwendet werden. Wie wohltuend ist der Anblick, wenn ich so eine Mutter mit einem vollgestopften Wagen rotbackiger Kinder, wie ein fahrendes Schwalbennest, sehe, welches sich dann auf irgendeinem Anger ausleert, und die junge Brut in allen Richtungen freudig und rüstig herumspringt und sich an dem Dasein der jungen Körperchen ergötzt. Mögen sie bewahrt werden in dieser vollen, reinen, empfangenden

Kraft, dann ist ihnen auch der ganze Himmel und die ganze Erde gegeben, die jenem genommen sind.

Wie sehr der Wiener seine Landpartien liebt, geht aus dem Umstande hervor, daß an schönen Sonn- und Festtagen nicht nur alle Straßen und Fußpfade vor der Stadt mit Hinauswandelnden bedeckt sind, sondern daß es auch Fuhrwerke und Bewegungswerkzeuge aller Art in Menge gibt, um diejenigen hinauszuschaffen, die ihre Füße nicht gebrauchen wollen oder können. Da sind unzählige Pferdehalter in der Stadt, welche den Sonntagsreitern zu Diensten stehen, die man auf allen Straßen zwischen den Wagen sieht. Da sind ferner die Gesellschaftswagen in ungemeiner Anzahl, so daß man sie auf gewissen Straßen, z. B. auf der Hauptstraße zu Maria-Hilf, an Sonntagen ununterbrochen fahren sieht. In der Regel sitzen neun Personen in einem solchen Wagen, in manchem haben auch zwölfe Platz. Wie sehr sich die Menschen aller Art auf die Sommerfesttage freuen mögen, so sehr würden sich die Gesellschaftswagenpferde, wenn sie die Einsicht in einen Kalender hätten, davor fürchten, da diese Tage wahre Martertage für sie sind. Außer den hier genannten Bewegungsarten harren noch vor den Linien der Vorstädte eigens gebaute sogenannte Steierwagen mit Sitzen und einer Decke, die meist auf vier Stangen ruht, welche Wagen hier Zeiselwagen genannt werden und dazu dienen, Gesellschaften, die sich zu diesem speziellen Zwecke erst auf dem Platze zusammenfinden, weiterzubefördern. Endlich sind noch die Fiaker und die eigenen Equipagen, die an schönen Tagen nicht wenig zahlreich auf den nächsten Straßen dahinrollen.

Wir können uns bei dieser Skizze nicht darauf einlassen, irgend ernste oder komische Einzelheiten von Landpartien auszumalen, teils weil es unserem Zwecke zu fern liegt, teils weil derlei schon unzählige Male da war und oft schöner, als es unsere schwache Feder zu zeichnen imstande wäre.

Wiener Salonszenen

*E*s gibt kaum ein Ding in neuester Zeit, das so vieldeutig geworden, das so verbraucht und verpönt worden als der *Salon;* jetzt gibt es juridische, ästhetische, politische, radikale, konservative, Damen-, Herren-, Friseur- und Schneidersalons, während ich in den glücklichen Tagen meiner Kindheit keinen andern kannte als unsern Gartensalon, der acht hölzerne Säulen hatte und rot angestrichen war – jetzt gibt es solche, aus deren Mund man jeden Augenblick das Wort »fade Salonfigur«, »Blasiertheit des Salonlebens«, »lange Weile – Servilismus – Steifheit des Salons« etc. vernehmen kann, während unserm Gartensalon nur lauter Liebes und Gutes nachgesagt werden konnte, namentlich seit die alte Marta nie mehr Kaffeegeschirr oder gar Biergläser in denselben hinaustrug, sondern er jahraus, jahrein leer blieb und endlich ein gar schönes Rotschwänzchennest darin entstand. Damals bedeutete mir Salon etwas viel Schlechteres und Luftigeres als eine Stube, da es keinen so soliden Habitus wie eine Stube, sondern eher einen komödiantischen Anstrich hatte – nun, das Komödiantische dürfte geblieben sein – aber daß es etwas unendlich Reicheres und Prächtigeres als unsere Stube bedeuten könnte, das ahnte ich damals nicht; ja ich gestehe, als ich schon längst in

den verschiedenen Salons der Hauptstadt herum-
gekommen und halb eingebürgert war, hing mir
noch immer das altfränkische Bild des rotangestri-
chenen Türkentempels nach, wie einem entflohe-
nen Sperlinge das schmähliche Stück Faden, mit
dem er angebunden war.

Daß Salon endlich gar kein Gebäude mehr bedeuten würde, sondern nur eine Versammlung
oder eine Partei und zuletzt gar ein Buch*, das
hätte mir damals freilich eine Umwälzung geschienen, die einer Staatsrevolution völlig gleichkam –
jetzt aber wundert es mich gar nicht mehr, seit ich
weiß, daß man jedes Wort nach und nach für alles
gebrauchen kann, wofür man will, wie man ja jedes
Tags einen Menschen, dem man eben keinen
schlechteren Titel zu geben weiß, mit dem Worte
»guter Freund« anredet, was sonst das Höchste bedeuten sollte, was es außer Eltern und Gatten im
menschlichen Leben gäbe.

Man fürchte sich aber hier nicht, daß ich wie ein
verwilderter, bärtiger Musensohn über die Salone
herfallen und sie in die Pfanne hauen werde – per
parenthesin: ich habe am meisten über Hof-, Zir-
kel- und Salonleben von Menschen schimpfen gehört, die nie bei Hofe, in Zirkeln und Salons waren –,
sondern ich werde harmlos sagen, wie es in diesem
oder jenem Salon aussieht, welch ein Bild er biete
und wie es sich dort bewege; gestehe hiebei aufrichtig, daß ich nicht sämtliche Salons der Stadt
gesehen, sondern aus den gesehenen auf die andern schließe, und ich bemerke gleich im vor-

* Heines »Salon«

hinein, daß es mit dem Salonleben nicht gar so übel ist, wie es uns dieser oder jener junge Weltgesetzgeber glauben machen möchte, wenn er in einer Vorstadtkneipe sitzt und die Kraft des Jahrhunderts entwickelt – sondern es ist in den verschiedensten Dingen der Welt das Verschiedenste zu erleben, nur muß man das Erleben verstehen. – Ich kannte einen Mann, der fast *nur* in einer sehr kleinen deutschen Stadt unter keinen andern Veränderungen als denen der Jahreszeiten die außerordentlichsten tiefsten Ereignisse erlebte – und ich kannte einen andern, der die Napoleonschen Feldzüge mitgemacht und gar nichts erlebt hatte – so geht es auch in der Stube, im Kabinette, im Salon. Die ganze Erde ist selber nur ein Kabinett, eine Stube, ein Salon; der eine sieht Wunderwerke des Lichtes, der Wolken, der Stürme, der Wälder, der Menschen – der andere sieht Gras, Steine, Dünste und Gesichter. – So gehen viele in die Salons und sehen dort Cravatten, Fräcke, Handschuhe, Seidenpolster – und meinen, Cravatten, Fräcke, Handschuhe, Seidenpolster machen das Wesen des Salons; sie schaffen solches in ihrem Hause an und glauben, jetzt gäbe es bei ihnen auch einen Salon – oder sie setzen solches herunter und glauben, sie hätten die Schalheit und lange Weile des Salons charakterisiert – – es ist hier wie überall: die Einseitigkeit gebiert den Ekel und die Vielseitigkeit die Harmonie. In den Salons ist so gut Leere, Abgeschmacktheit, Lauheit, lange Weile wie in der Alpenlandschaft Kot, Steine und Morast – und gewöhnlich sind es die nämlichen Menschen, die in *beiden* das nämliche erleben. Freilich sind es

266

auch wieder andere, die mit einer solchen Zähigkeit ihres Reproduktionsvermögens begabt sind, daß sich ihr Vorstellungssystem gegen jede neue Wahrnehmung sträubt; dieses Sträuben halten sie dann für eine Schlechtigkeit und Verwerflichkeit der Wahrnehmung; daher der Waldsohn den Salon ganz unleidlich öde und schal und peinvoll findet und der Salonsohn den Wald so dumm, verwirrt und langweilig – und beide kennen weder den Wald noch den Salon, sondern nur die Veränderung ihres Wahrnehmens. Die Welt hat tausenderlei Kräuter, und alle geben sie die Wiese – die Menschheit hat tausenderlei Blüten, und alle geben sie das Leben.

Gehen wir also von dieser abschweifenden Einleitung zu den Salonszenen selber über, und der Leser wird dann selber urteilen, ob etwas und was in Salons zu erleben ist.

Der Mensch ist ein geselliges Wesen, deshalb hat er Städte gebaut, deshalb setzt er sich mit seinesgleichen an den Kamin zusammen, und deshalb ist der Salon entstanden. Wem es möglich ist, der sammelt die Seinigen in gemütlichen Stunden um sich, oder er sammelt auch noch ein paar Freunde mit dazu, oder er sammelt Künstler, Gelehrte, Lebemänner und die halbe Welt. So ist es eigentlich schon ein Salon, wenn sommerabends die Mägde oder Knechte eines Landmannes ausruhend in der Stube oder auf dem Bänkchen vor dem Hause herumsitzen oder wenn die Gewerkleute des flachen Landes in der Dämmerung Feierabend halten – und dasselbe Gefühl ist es, welches den Städter und Großstädter treibt, solche Versammlungen zu halten. Bei uns in Wien ist dieser Ursprung des Salons sich noch viel getreuer geblieben als anderwärts, wie denn überhaupt jede Sitte, die auf Gemütlichkeit und Treuherzigkeit beruht, bei uns nicht nur sehr leicht und sehr tief Wurzeln schlägt, sondern auch ein sehr langes, langsam wandelndes Leben lebt. Bei uns sind noch nie fanatische, eifernde, verfolgende Parteisalons entstanden, sondern der primitive Zweck herrscht noch immer mit seinen leichten Schwingen vor, nämlich mit der Heiterkeit.

Es ist mir freilich anfangs, da ich nach Wien gekommen, mit dem Worte »Salon« gar seltsam gegangen. Ich geriet nämlich schon am zweiten Tage, da mir meine flatternden Landhaare gar nicht mehr gefallen wollten, in einen »Friseursalon«, wo wie Geister die weißen Mäntel herumhingen, leichtbeschuhte Haarkünstler gingen und der Vater seiner Tochter Adelgunde, die sehr schmachtend am Fenster saß, vorstellte, wie sie denn nicht immer gar so sehr lesen solle. Auch in einen Bäckersalon geriet ich. Aber daß nach mehreren Jahren manche erweiterte Kneipe ein Biersalon oder der Salon schlechtweg heißen würde, das dachte sich damals noch niemand. Auch ganz unbedeutende Gesellschaften, wo Ästhetik getrieben, mit verteilten Rollen gelesen wird, wo man Gruppen aufführt, wo bekannte Gemälde durch lebende Figuren kopiert werden, wo aufsprossende Genies ihre ersten Versuche vorlesen, wo man raucht, wo das Klavier gemartert wird, überhaupt wo ein Sofa steht, auf dem eine Hausfrau sitzt, die Tee anbieten und um das Befinden fragen kann: alles das heißt man schon einen Salon – in der Regel aber versteht man darunter jene vornehmen Gesellschaftszimmer, in denen sich entweder bloß die Familie gelegentlich zur Erholung und Besprechung versammelt oder wo zu bestimmten Tageszeiten oder an bestimmten Wochentagen auch Fremde sich einzufinden pflegen, um da irgendeiner bestimmten Lieblingserholung obzuliegen oder auch nur im allgemeinen der Gesellschaft zu genießen. Alle Salons aber, sie mögen was immer für Namen und Charakter haben, tragen das Gemeinschaftliche an sich, daß man mit Tee, Kaffee oder dergleichen beginnt und dann erst zu dem eigentlichen Zwecke übergeht.

Wir wollen in einen Spielsalon treten.

Es ist nämlich in nicht wenigen Fällen hier Sitte, daß man in gewissen Jahren das Spielzeug wechselt, nämlich bis zum achten, neunten Jahre hat man Trommel und Puppen, dann Tabakspfeifen und Bänder, endlich kleine, bunt bemalte Papiertäfelchen, zu deren Gebrauch man sich mit vielem Ernste niedersetzt. Ja, es existieren sogar Bücher, in denen abgehandelt ist, wie in in wievielerlei Arten man sich mit den Papiertäfelchen spielen kann; während man es den Kindern frei überläßt, auf welche Art sie trommeln wollen, was freilich unverzeihlich ist, indem man sie da einer verderblichen Freiheit überläßt, die ihnen den Kopf verrücken kann, statt daß man die Trommelstückchen wissenschaftlich behandeln und einen Knabensalon errichten sollte, wo sie durch zusammenwirkendes Trommeln sich ernstlich unterhalten könnten. Da indessen dieses noch lange ein frommer Wunsch bleiben wird, so gehe ich lieber wieder zu den systematischen Spielen mit den bunten Papierblättern über. Ich kenne manchen sitzenden Mann, der in diesem seinem Berufe des Sitzens so eifrig ist, daß er sich nur die nötigen Nachtstunden abbricht, die er zum Liegen braucht, sonst aber stetig sitzt, bei Tag in seinem Bureau, des Abends beim Spiele, wobei nur der Umstand obwaltet, daß er im Bureau immer auf dem nämlichen Platze, beim Spiele aber sukzessive in soviel Häusern herumsitzt, als die Woche Tage hat. Das Gehen zwischen den verschiedenen Sitzplätzen nimmt ihm viel Zeit. Auch Frauen, vorzüglich wenn sie wieder in das kindliche Alter eingerückt sind, zeigen wieder den Sinn zum Spielen. Sie setzen eine sehr schöne, sehr breite, sehr bunte Haube auf, tun ein schillerndes Gewand an und finden sich abends in dem Spielsalon ein, dessen jour eben ist. Im ganzen spielt doch das schöne Geschlecht weniger als das starke. Mancher pensionierte Leichnam, wenn er aufgebahrt wird, hat seine sechzehn- bis siebzehntausend Robber geleistet, während die trauernde Witwe höchstens neunhundert aufweisen kann.

Wenn eine solche Familie, die Spiel gibt, ihren jour hat (Tag darf man nicht sagen, weil jour vornehmer ist), – wenn also die besagte Familie jour hat, so wird schon gegen Abend alles zu dem gesellschaftlichen Zwecke hergerichtet. Die Dienerschaft klappt die Tische, die mit dem grünen Tuche gefüttert sind, auseinander und bürsten und putzen sie eilfertig aus und rücken sie zurecht. Auf jedem liegen dann die erforderlichen Spiele Karten und die etwa notwendigen Marken. Die silbernen Leuchter mit den langen Wachskerzen werden gestellt und die Flügeltüren gelüftet. Durch alle Zimmer weht die Erwartung. Hinter kolossalen silbernen, babylonischen Türmen, Teekesseln genannt, thront eine Dame, oft, sogar meistens die Frau des Hauses, und beginnt das Gebräue des duftenden Heuwassers – endlich rücken die Truppen an, und zwar sind die, welche auf allen andern Feldern schon die invalidesten sind, oft gerade hier die tauglichsten und ausharrendsten. Die Prozedur eines solchen echten Spielsalons ist eigentlich sehr einfach. Nachdem das Brausen des Willkommens, Neuigkeitenerzählens, Teenehmens und Anordnens vorüber ist, werden die lockenden grünen Schlachtfelder besetzt, die Gruppen sind abgeteilt; es wird stumm, nur das Rauschen der Karten, das Klappern der Marken und monotone technische Ausdrücke werden gehört, außer daß zuweilen nach Beendigung eines Robbers oder andern Spielteiles ein Lärm losbricht, wie man es besser hätte machen sollen oder wie man sich verwundert, daß die Sache so kam, wie sie eben kam. Der echte, reine Spielsalon leidet keine fremden Ingredienzen, d. h. keine solchen, die nicht spielen, außer etwa einen Lichterputzer, der wie ein Schatten zwischen den Spieltischen herumschifft. Im Vorzimmer langweilt sich die Dienerschaft. Sind noch andere da, z. B. junge Leute, so mögen sie sich gruppieren, nicht gar laut sprechen und suchen, wie sie die drei tödlichen Stunden hinbringen

271

mögen. Endlich rückt man die Sessel, man zahlt aus, man neckt sich über Verlust und Gewinn, läßt sich Tücher und Überröcke reichen und begibt sich vergnügt nach Hause – sich still freuend, wann es wieder Morgen würde sein, wann die Tagespflichten aus sind und anderswo sich das augenfreundliche Grün auftut. In die Spieldetails kann der Referent dieser Zeilen nicht eingehen, weil er in einem solchen Salon nicht zu gebrauchen ist oder etwa nur im äußersten Falle zum Lichterputzen. Da ich mich stets der Objektivität, soviel mir möglich war, beflissen habe, so wage ich nichts über die lange Weile eines Spielsalons laut werden zu lassen, in der Überzeugung, daß derselbe schon allerlei wesentliche Merkmale der Freude und Kurzweile haben werde, die nur meiner schlechten Beobachtungsgabe und meiner Unfähigkeit, in die Sache einzugehen, entgangen sind. In gewissen Bürgershäusern, die doch auch gerne ihr Spiel und ihren Salon haben möchten, war ich schon so glücklich, einige Merkmale der Lust und des Vergnügens aufzufinden; aber ich fürchte leider, es möchten nur *zufällige* sein, die der Logiker nicht brauchen kann – es war nämlich eine Familie, in der stets an Spieltagen ein großer Kuchen zwischen den Tassen prangte, der sich von acht zu acht Tagen immer selbst übertraf und viel Stoff zu Heiterkeit in sich trug – dann war es noch Sitte – – (aber fast schäme ich mich, das hieher zu rechnen, da es von Kennern eher als eine Verunzierung als eine Pertinenzsache des Spielsalons angesehen werden möchte), – es war nämlich Sitte, wenn Vater und Mutter zum

Spieltische niedergesessen waren, daß sie sich um
nichts mehr kümmerten als um sich selbst, was zur
Folge hatte, daß wir jungen Leute uns zu den Mädchen gesellten (es waren nämlich zwei wunderschöne Töchter da, und manche spielende Mutter
brachte als Ballast auch noch eine mit), – daß, sage
ich, wir uns zu den Mädchen gesellten, uns wie ein
junger Bienenschwarm an eine ferne Fensterecke,
an einen Kamin und dergleichen anlegten und die
holdesten Dinge plauderten, wobei nur das einzige
zu beobachten war, daß kein Kichern bis zum entfernten Lichterschein dringe, in dem die grauen
Häupter saßen und spekulierten. An keine Spiel-
abende denke ich mit so viel Vergnügen zurück als
an jene. Freilich muß ich hinzufügen, daß sie durch
ihre eigene Natur und Konstitution den Todeskeim
in sich trugen; denn die Mädchen wuchsen nach
und nach heran und heirateten weg – während nun
der Vater Robber gewann, verloren sie Herzen, und
das war auch das einzige Glück und dieser Verlust
der beste Gewinn, der in jenem Spielsalon gemacht
wurde; denn die Mutter aspirierte für ihre Töchter
in die höchsten Stände, namentlich war sie auf
Staatsbeamte versessen, die schon sehr hohe Grade
und Würden hatten, daher sie die Töchter auf das
eifersüchtigste vor jedem andern als solchen meist
schon ins Graue spielenden, langsam schreitenden
Bewerbern hütete; nur wenn sie die gemalten Blätter vor Augen hatte, hielt sie die Töchter für gebor-
gen und gönnte ihnen die unbedeutende Witzun-
terhaltung mit den jungen Laffen, da sie schon einmal mit nichts Ernsterem zu vergnügen waren. –

Aber die Töchter vergnügten sich mit dem Aller-
ernsthaftesten und schlossen mit eben jenen zwar
nicht hochbeliebten, aber desto jüngern und schönern Laffen Traktate, heilige Allianzen, Trutz- und
Schutzbündnisse, beschworen selbige jeden Spiel-
abend – und nach etlichen Stürmen, Weinen, Er-
mahnungen und Flehungen heirateten sie die Bun-
desgenossen und brachten nachderhand dem Vater
und der Mutter die schönsten und lieblichsten Büb-
chen ins Haus, wie sie nie ein Kartenmaler zuwege
zu bringen imstande war. Und endlich geschah es
doch auch von selbst, daß die Laffen mehr und
mehr wurden und Titel und Würden bekamen. Die
greisen Häupter spielen noch heutzutage fort, aber
die Fensterecke ist leer, und selbst der große Kuchen sitzt so einsam auf dem Tische (ich war nachher noch mehrere Male dort), daß ich nicht begreife, wie er mir einst habe so sehr gefallen
können. Zur Vollständigkeit der Geschichte und zu
ihrem schönern Schlusse muß ich noch hinzufügen, daß ich keiner von den verheirateten Männern
bin, wohl aber zu seiner Zeit im tiefsten Vertrauen
der Parteien steckte.

Alles, alles vergeht. – – Wo ist die feine Blüte jener Mädchen hin? Wo ist die holde, liebe Zeit, in
der wir uns mit einem wahren Nichts so selig er-
götzten – wo das *Meer* von Zukunft, das vor uns
schwamm? – – Ach, die Eltern sind grau und zit-
ternd geworden, die Töchter selbst abgeblühte
Mütter, Jahre sind wie Winde dahingefahren, und
die Zukunft ist nur noch ein kleines Endchen.

Wahrhaftig, wenn es nicht meine Pflicht wäre,

die Salons der Hauptstadt weiter zu schildern, ich hörte hier auf und dächte an nichts als an die Vergänglichkeit des Irdischen, so sehr hat mich die Erinnerung jener kindischen Abende überkommen und verstimmt. Ich will daher zu einem jener Salons übergehen, die auch eine Rolle in meiner Jugend spielten, nicht darum, weil ich damals in ihnen war, sondern gerade darum, weil ich *nicht* in sie kam und weil sie dennoch Gegenstand meines Staunens, meiner Bewunderung und, ich darf es schon gestehen, meines Neides waren. Ich glaube dem Leser schon gesagt zu haben, daß ich so glücklich war, meine Kindheit nicht in den Mauern der großen Stadt verlebt zu haben. – Als ich nun den ersten Winter in derselben zubrachte, geschah es, daß ich oft des Abends vor einem großen Hause vorüberzugehen hatte, das schwerfällig vornehm gebaut war und wovor zwischen Steinen eine gewichtige Kette lief. Das Haus hatte sehr große Fenster, deren Glas so fein war und spiegelnd, daß man des Tags, statt nur im geringsten hineinzusehen, eher den Himmel und seine Wolken auf ihnen abgebildet erblickte. Nachts aber, wenn Schnee und rauher Nebel heraußen war, geschah es zuweilen, daß alle diese Fenster in einem Strahlenglanze leuchteten wie lauter Diamanten – schwere Draperien sah man in ihnen inwendig auseinandergehen, zahllose Kerzen auf Lustern schwanken und manchen dunklen Schatten hin und her streichen. Unten auf der Gasse stand reitende Polizei, an jeder Gassenecke standen Polizeisoldaten zu Fuß, und ein Reiter sprengte gar zwischen diesen Posten hin

275

und her, um die Ordnung zu erhalten; denn es drängte sich eine Unzahl Wagen vor dem Hause, die teils standen, teils zu-, teils abfuhren. Auf jedem Kutschbock, hochthronend, saß ein Kutscher, in eine ganze Wolke von Mantel oder Pelz gehüllt; — mit einem Schrei, wie Schlachtkommando, wurden von Dienern die Wagen vorzufahren gefordert, und mit donnerndem Gerassel flogen diese durch die Einfahrt. Ein Portier mit funkelndem, großknöpfigem Stabe und einer breiten Goldschärpe, darüber aber den Riesenpelz, verneigte sich vor Kommenden und Abfahrenden. Die gaffende Menschenmenge aber, die herunten stand und auf die Lichter hinaufsah, sagte, es sei da oben heute Gesellschaft oder Salon. Es ist ganz und gar wunderlich und abenteuerlich, was ich mir damals unter einem solchen Salon vorstellte; es muß da außerordentlich, es muß ganz betäubend von Pracht und Herrlichkeit sein — wenn ich nur einmal, nur ein einziges Mal eine solche Gesellschaft sehen könnte! — Und nach vielen Jahren sah ich in der Tat eine, gerade in denselben Zimmern sah ich sie. Mit schwerer, ruhiger, vornehmer Pracht waren sie dekoriert, alles mit Geschmack, nichts vorstechend, nichts auffallend, alles zusammenstimmend, alles bloß negativ, fast wie die Menschen, die sich da drängten; — nur die alten großen Gemälde hätten bald eine Ausnahme gemacht und die Aufmerksamkeit auf sich gerissen, wenn die Personen, die an ihnen vorübergingen, nicht schon alle Gemälde der Welt gesehen hätten und daher von keinem mehr beunruhigt wurden. Man ging breite erleuchtete Trep-

pen hinan, auf denen bordierte Diener auf und ab
liefen, Tücher, Mäntel, Überwürfe und derlei tragend oder ihre Herrschaft begleitend oder den Wagen derselben holend. Die Gesellschaft selbst bewegte sich in einer Zimmerreihe durch einen Wald
von Kerzen, der durch viele Spiegel noch dichter
und strahlender wurde; oder sie saß und stand
gruppenweise herum. Die Anzüge waren nichts weniger als auffallend, sondern einfach, aber fein,
und jedes Schmuckstück echt. Das Benehmen aller
dieser Menschen war gelassen und harmonierend,
war frei und präzis – aber je länger man es sah, desto bedrückender wurde es einem; denn es war bei
allen gleich, es war wie gelernt, oder es war der Ausdruck der Gattung – keiner galt, sondern es galten
nur alle – darum waren eben auch alle bei allen.
Man kam, man sprach, man ging herum, man fuhr
ab, meistens um noch einen andern solchen Salon
zu besuchen. Und nachdem dieses Kommen, Sprechen, Stehen und Gehen einige Zeit gedauert hatte
– war der Salon aus. »Ach, welch gräßliche lange
Weile!« höre ich hier manchen rufen, und dennoch
sage ich: Unter diesen glatten Menschen, die sich
nichts sagen, als was jeder schon tausendmal gehört hat und was jedem schon tausendmal ge-
schmeichelt hat, – unter diesen Menschen mag
manch tiefer, gewaltiger Charakter gewesen sein,
der seinen Arm in den Speichen der Weltgeschichte
hat, hier aber am sanften Zügel der Politur dahin-
gleitete; es mag manches Wort gefallen sein, was
ein kleines Kompliment, ein kleiner Sarkasmus
war und doch, von dem Rechten in ferne Länder

berichtet, dort als schweres Gewicht auf das Kissen drückt, auf dem eine Krone liegt.

Ich gestehe, ich hatte damals auch bittere lange Weile, weil ich nicht ahnete, daß Menschen, die alles gesehen, alles erlebt, alles genossen haben, anders konversieren als andere, und weil ich nicht wußte, daß sie das Außerordentliche im Guten wie Bösen glatt und gelassen tun, nicht mit dem Sturm der Gefühle, mit denen ich es in meinem jungen Herzen getan hätte, wenn mir die Aufgabe wäre zuteil geworden.

Auch denke ich nicht, daß die meisten dieser Leute den Salon besucht haben als einen Ort der Geselligkeit und Freude, sondern es ist eine Art Zeremonie, die sie abtun, eine Höflichkeit, wie man zum Gruße den Hut lüftet, ein Herkömmliches, das eben geschieht, weil es sonst geschehen. – Mancher mochte in schwerer Arbeit die Tagesstunden hingebracht, tausenderlei gedacht, tausenderlei abgefertigt haben, und jetzt läßt er sich in diesem glänzenden Strome gehen und läßt Haupt und Herz ausruhen, indem die glatten und gewohnten Formeln unbewußt von den Lippen gleiten. – Andere mögen in der Tat etwas Großes, Vornehmes, Adeliches in dieser Art finden und erscheinen sich groß, vornehm, adelich, wenn sie in dem Salone sind, und deshalb gehen sie hin – und diese genießen in der Tat eigentlich die Freude der Geselligkeit, und für sie hat der Salon seinen Begriff am reinsten bewahrt. Der Haufe, der auf der Gasse steht, ist auch derselben Meinung; er bewundert und beneidet das Glück und die Fülle, in denen die

Großen schwimmen – und er stellt sich oben ein Meer von Seligkeit vor.

Nach einigen Stunden aber ist der Arme und der Reiche, der Geringe und Hohe, der Diener und Herr im Schlafe begraben; die Finsternis der Nacht zieht über die Stadt, und unter ihr sind alle klopfenden Herzen gleich.

Eine andere Gattung von Salons erinnert sehr an jene Zeit der französischen Damengesellschaften vor der Revolution, wo irgendeine an Geist und Geselligkeit ausgezeichnete Dame in ihrem Hause die ihr zusagenden Notabilitäten des Geistes versammelte und der Versammlung präsidierte. Freilich den *europäischen* Ruhm, den jene Gesellschaften erlangten, kann jetzt weder eine Pariser noch Wiener Gesellschaft ansprechen; damals hielten wir die Franzosen noch für unsere Lehrmeister in der Philosophie, namentlich jener leichten, glänzenden, heute für bares Nichts erkannten Gattung, wie sie Voltaire hatte, dann in den Künsten, in der Mode, hauptsächlich aber in der Kunst des Umganges, so daß es einem Könige als Ehre erschien, bei dieser oder jener solcher Frauen vorgestellt zu werden – dies ist nun heutzutage alles anders; jene humanistischen, kosmopolitischen Versammlungen haben den Klubs und den politischen Parteisalons Platz gemacht. – Bei uns ist die Sache aber auch von jeher harmloser betrieben worden, weil die deutschen und darunter wieder namentlich die Wiener Damen trotz der Eitelkeit, die auch sie von ihrer Ahnfrau geerbt haben, viel zuviel Gutmütigkeit und Treuherzigkeit besitzen, als daß sie sich zu der Ostentation und Schaustellung der Franzosen erheben, die noch immer ihr Paris für die Weltstadt, für das Lichtzentrum der Bildung und ihre Literatur für die einzige halten. Wo bei uns ein solches Geistsalon besteht, trägt er bei weitem nicht das Gepräge eines solchen zur Schau, sondern wenn etwa der eine oder der andere gerade Freude an geistiger Größe hat, wenn eine Dame Geschmack an Hervorbringungen des Genies findet, so geschieht es, nicht daß sie gleichsam wie ein Engländer eine Sammlung von Genies in ihren Zimmern anlegt, sondern daß sie solche, welche sie vorzugsweise liebt, in ihre Gesellschaft mischt.

Trete mit mir, geliebter Leser, in jenes Haus, von dem eine Reihe Spiegelfenster des ersten Stockes auf einen lichten Platz hinaussieht. Die Treppen sind sanft und mit Strohmatten belegt. Durch geräumige Vorzimmer treten wir in den Salon. Da wir beide unsichtbar sind, so können wir die bereits versammelte Gesellschaft desto ungestörter beobachten. Sie ist heute besonders zahlreich besucht. Jene ältliche Frau, die auf den rotseidenen Kissen leicht zurückgelehnt ist und mit geistreichen Augen und fast mehr hausmütterlichem Aussehen, als sich eigentlich für einen Schöngeist schickt, auf den vor ihr stehenden jungen Mann blickt und seinen Reden lächelnd zuhört, ist die Frau des Hauses und eigentlich Präsidentin des Salons, obwohl sie nichts weniger als auf dem Präsidentenstuhl, nämlich dem unmäßig breiten und langen Sofa, sitzt, dessen Mitte vielmehr ganz allein ein heiterer, bereits ergrauender Mann einnimmt, so ungeniert oder vielmehr so naiv, als wäre er eben eine Dame, die man hingenötigt – ich darf keinen Namen nennen, sonst würde ich dir sagen, daß es einer ist, dessen Worte dir gewiß schon oft Freude und Erholung gebracht. Die Divans siehst du alle mitten im Saale, gerade und schief, gleichsam wie vom Zufalle hingestellt; es ist jetzt so Mode, und auf allen, sowohl denen, die ganz ohne Lehne sind, als auch auf denen, deren Lehne mitten läuft – siehst du teils junge Damen gruppiert, teils Herren, die mit ihnen im Gespräche sind. Der gewöhnliche Teekessel fehlt hier, weil es in diesem Hause Sitte ist, daß erst gegen Ende der Gesellschaft, d. h. um zehn Uhr, gespeiset oder Tee genommen wird. An den Wänden hängen Bilder der ersten Künstler. Der junge Mann, der zur Frau des Hauses spricht, ist ihr Neffe, ein Kaufmann, voll der drolligsten Dinge, die er der Tante vorsagt. – Die mit den langen schönen Locken von tiefstem Schwarz und mit den großen dunklen Augen ist ihre Tochter; die Blonde neben ihr ist eine Nichte; der starke, schlanke, grauhaarige Mann, den sie auslachen, ist einer, dessen Wort die tiefste Geltung in der wissenschaftlichen Welt hat und der gleichwohl so heiter ist, daß seine beißenden Scherze immer die Wirkung haben, daß die jungen Damen unwillkürlich den Schmelz ihrer schönen Zähne zeigen müssen – er steht in dem Rufe, daß er einen Sägebock lachen machen kann. – Jene streitende Gruppe am Fenster sind Glieder eines Kränzleins, das täglich den Mozart lobt und täglich disputiert; – der ältliche Mann, der ihnen lächelnd zuhört und so gutmütig im Sessel lehnt, als wäre dies seine tägliche und ausschließliche Beschäftigung, ist nichts Geringeres als – – aber ich darf ja keinen Namen nennen, obwohl seiner so weit genannt wird, als man deutsch spricht, und wahrscheinlich noch genannt werden wird, wenn unsere alle verklungen sind, ja, dann wird er wohl noch strahlender, wenn auch einsamer dastehen. Tausend Herzen hat er entzückt, und tausend Seelen hat er gehoben und in Tausende die schöne sanfte Sitte seiner Worte geflößt. Mögen einige, die selbst dicke Bücher über deutsche Geister schrieben, immerhin den Mann kurz abtun – die Nachwelt wird ihn nicht so kurz abtun können, wie es schon jener Brite voraussagte, der ein Urteil in der Sache haben dürfte. Hier in dieser Gesellschaft aber sitzt er so harmlos natürlich, daß man ihn ungefähr charakterisieren dürfte, wenn man sagt, er sei unter den Anwesenden der Bescheidenste. Sein Mitkämpfer auf der jugendlichen Rennbahn des Geistes ist eben jener Mann auf dem Sofa, dessen ich oben gedacht. Man wird sie einst beide nebeneinanderstehen haben, wird sich bald an dem einen, bald an dem andern erquicken und wird sagen: »Sie waren Jugendfreunde.« Die Bescheidenheit, Ruhe und Güte dieser zwei Männer wäre manchem unserer jungen Genies zu wünschen; – aber sind sie eben Genies, so werden sie gerade so bescheiden werden und dasselbe gelassene Bild darstellen wie diese beiden, nur Jahre müssen noch hinfließen. Die andern, die nicht Genies sind, müssen eben zerrissen, mit der Welt zerfallen und vorlaut sein, daß sie sich als Genies vorkommen. Auch

Maler findest du heute hier; auch Musiker, obwohl eigentlich im strengsten Sinn *jeder und jede* von den hier Anwesenden ein Musiker ist; denn du wirst keinen finden, der nicht etwa Klavier spielt, geigt oder ein anderes Instrument handhabt – ja, dort sitzt einer, dessen Amt weit von aller Musik entfernt ist und in dessen Kehle doch eine wahre zauberische Nachtigall des Wohllautes wohnt, so daß sich ganz Wien bei seinem Namen immer eher den Mann des Gesanges vorstellt als den Mann des Amtes. Du siehst auch, daß man sich's hier ganz ungezwungen eingerichtet hat. Jeder darf kommen, wann er will, jeder geht, wann er will; es ist keine Etikette des Sitzens, Gehens, Stehens, Grüßens. – Die Gruppen können sich gestalten, wie sie wollen, und meistens tun sie es, wie sie die Laune oder das Bedürfnis des Gespräches zusammenführt. Es unterscheidet sich dieser Salon von andern literarischen und künstlerischen dadurch, daß es bei ihm Gesetz ist, kein Gesetz zu haben; man wird da durchaus nicht mit Literatur gequält; es sind keine Stunden und Tage, wo vorgelesen, vormusiziert, vorrezensiert wird, sondern der Salon soll eben gar nichts sein als ein Ort, wo man an gewissen Tagen sicher ist, daß man jemanden findet, der einen anziehen kann. Was und wovon man an diesem Tage reden wird, ob alle miteinander reden oder ob sich Abteilungen, ja sogar Zweigespräche bilden, ob etwa gesungen, gelacht, disputiert oder gar geschwiegen wird – alles das ist im voraus ganz und gar nicht bestimmt – es soll eben ganz beliebige Gesellschaftsfreiheit sein. Als Zwang und

Regel herrscht nur die, die jedem sein Takt und Zartgefühl von selbst auflegt, und in dieser Hinsicht wirst du bemerken, wie es jedem der Anwesenden ist, als fühle er sich durch sanfte linde Fäden angeregt, aber nicht gebunden. Dafür ist es aber auch eine Auszeichnung, in diese Gesellschaft geladen zu werden; – nicht etwa geistige Größe gibt da den alleinigen Ausschlag, sondern ein solches billiges Benehmen und Maßhalten, daß man überzeugt sein darf, daß das neue Mitglied kein fremdes Element in der schon obwaltenden Harmonie sein wird. Nur so geschieht es, daß sich die fremdartigsten Ansichten hier vertreten finden, ohne daß je Störung und Disharmonie entstände, weil nur Gründe mit Gründen, nie aber Menschen mit Menschen kämpfen. Wer hier länger aus und ein geht, empfindet in dieser jedes Äußerste vermeidenden Ebenmäßigkeit am reinsten, wie sehr es schade ist, daß jene Höflichkeit des alten Schlages immer mehr und mehr abnimmt, wie man sie noch hie und da an einem liebenswürdigen Greis der alten Schule wahrnimmt; jene Höflichkeit, die so leicht und unmerklich das eigene Ich aus dem Spiele läßt und dem andern Raum gibt, zu gelten und sein Fremdsein nicht zu fühlen, und die sich am edelsten darin zeigt, daß gerade Schwächeren gegenüber, z. B. dem schönen Geschlechte, das eigene Gelten ganz und gar nicht erscheint, sondern auf eine anmutige Weise die Pflicht, zum Schutze und zur Aufmerksamkeit dieses Geschlechtes dazusein. Ich habe oft bemerkt, daß zu dieser Art Höflichkeit und Toleranz weit mehr Kraft erfordert wird als zu der vordrängenden Selbstsetzung der heutigen Ichs. Diese Ichs renommieren heutzutage so sehr in der Gesellschaft und in der Literatur, daß man oft in einem Buche vor lauter Autor gar nicht zum Stoffe gelangt. – – Allein wir müssen hier unser Spintisieren abbrechen; denn eben wird zu Tische gebeten. Du siehst auch an den zwei Herren, die ihre Hüte nehmen, daß es hier keine Unartigkeit ist, nicht bei Tische zu bleiben; – allein da wir beide unsichtbar sind, für uns also auf keinen Fall Kuverts bestellt sind, so tun wir auch am besten, uns zu entfernen und lieber noch ein wenig bei einem Musikkränzchen vorzusprechen, das noch in voller Arbeit ist. Danken wir übrigens Gott, daß wir unsichtbar in der Gesellschaft sein durften; denn wer weiß, ob wir sichtbar die Erlaubnis gehabt hätten, dazusein. Wir gehen durch den Vorsaal zurück, durch das Bedientenzimmer, über die mit lebenden Blumen umstellte Treppe hinab und in die finstere Nacht hinaus; aber tröste dich, wir haben nicht weit zu gehen, um in das Haus zu gelangen, in welchem unsere musizierende Rotte sitzt. Seit der Schlacht bei Leipzig musizieren sie schon. Damals war der Violoncellist noch ein Dichter und Patriot. Er erzählte mir erst neulich bei einem Glase Wein, wo er offenherzig geworden, welche außerordentlichen Schimpfverse auf Napoleon er damals zu Transparenten gemacht habe und wie, wenn die Franzosen gewußt hätten, daß er der Verfasser sei, sie ihn unfehlbar noch zerrissen haben würden, da er vor zwanzig Jahren in Paris war. Oh, was ist er seitdem geworden! Er ist nicht der halbe

Mensch mehr; das Feuer sei niedergebrannt; er sei zufrieden bei seinem bißchen Häuslichkeit und Musik. Diese letztere sei nun seine einzige Leidenschaft, und zum Glück habe er gleichgestimmte Freunde und Kenner gefunden, mit denen er sich der unvergleichlichen Kunst hingäbe. – Er habe das Vergnügen, in den Quängerschen Salon als Violoncellist zu gehören und wolle mich einführen; ich könne da die präziseste Musik in ganz Wien hören und dürfte nicht fürchten, durch Übermaß an Gesellschaft gestört zu werden; denn es sei meistens niemand anderer da als die Musizierenden allein. Den Lichterputzer, der die Ordnung immer störte, haben sie seit der Erfindung der Millikerzen entlassen; Wachs, das sie früher gebrannt, hätte doch der Schere nicht ganz entbehren können. So sagte der Mann; allein ich kannte Herrn Quänger und seinen Salon ohnehin recht gut, und es war mir ganz unbegreiflich, wie mich der Violoncellist nicht konnte gesehen haben, da ich seit mehreren Jahren der einzige Zuhörer der Quängerschen Musik gewesen war, d. h., nicht jedesmal, wenn Musik gemacht wurde, hörte ich zu, sondern unter den wenigen Malen, wo überhaupt jemand zuhörte, war es ich, der dieses tat. Man wird hier vielleicht meinen, die Quängersche Musik sei so schlecht gewesen, daß sie keinen Zuhörer gefunden habe; allein wie falsch diese Meinung sei, geht aus der Tatsache hervor, daß in Wien gar keine Musik existierte, die nicht Zuhörer hätte, sondern Quänger und seine Freunde *wollen* vielmehr gar keine Zuhörer, außer wenn einer einen Freund oder Vertrauten mitbringen will, der aber dann in der entfernten Finsternis eines ledernen Sofas absolut ruhig sitzen bleiben muß, bis die arbeitenden Mitglieder die Instrumente weglegen und aufstehen. Die Musik aber ist in der Tat, wie sich der Violoncellist ausdrückte, die »präziseste« in Wien. Man wird mich fragen, warum denn nun die Leute dieselbe nicht hören lassen wollen, da ja eben in der Mitteilung derselben ihr Genuß liege und die Begeisterung einer entzückten Menge der schönste Lohn des ausübenden Künstlers sei. Darauf muß ich nun freilich antworten: Daran liege dem Herrn Quänger und seinen Freunden nichts, und sie haben bei ihrer Musik eine ganz andere Art von Freude. Der Leser erinnert sich sicher an jene hölzernen Knöpfe, welche man auseinanderlegen kann und dann nur mit vielem Studieren und Versuchen wieder zusammenbringt, oder an jene eisernen Rahmen, von denen man kunstreich eine Anzahl Ringe abhaspelt und wieder aufhaspelt – ein solcher Knopf und ein solcher Rahmen ist für Quänger und seine Freunde die Musik – es ist eigentlich ein Quartett, und es war sehr schwer, dasselbe zusammenzubringen; Quänger richtete sich den großen Saal seiner Wohnung eigentlich zu Anfange bloß für seine Einzelübungen ein, wo er jahrelang aus verschiedenen Stücken den Prim oder Sekund einstudierte, bis er ihn ohne die geringste Abweichung des Zeitmaßes geigen konnte. So tat er es mit hundert Kompositionen. Alle Leute wußten, daß er sich zu Hause oft fünf bis sechs Stunden unausgesetzt übe, und dennoch hat ihn noch niemand bei einer Exekution mitspielen gesehen, und auch mit ihm, hieß es, möge niemand spielen. Dennoch mußte er sich darnach gesehnt haben, zu sehen, wie nun *zwei* Geigen ineinanderspielen und die Aufgabe des Zeitmaßes lösen. Daß es ungleich schwieriger sei als bei einer, das leuchtete ihm gleich ein, bei *dreien* noch schwieriger – und vollends bei vieren! Nach und nach fanden sich denn doch die Bestandteile des Quartetts zusammen, und nun spielen sie mit ergrauten Köpfen, aber mit heißer Jünglingsleidenschaft schon seit der Schlacht bei Leipzig Quartette und haben die reinste, abstrakteste Freude an ihren gegenseitigen Bemühungen; denn sie ruhen und rasten nicht eher, sollten auch dreihundert Proben nötig sein, bis sie ein vorgenommenes Stück absolut mathematisch präzis darstellen können – und sie haben sich für das Zeitmaß ein solches Ohr herangebildet, daß die kleinste Differenz gleich mit dem entschiedensten Unwillen empfunden wird, und sie haben sich so ineinander hineingespielt, daß sie sich kennen und vertrauen, daß sie ihre eigene abgeschlossene Musikwelt und Zuhörerschaft sind, wobei sich aber eine solche Reizbarkeit entwickelte, daß ihnen ein Gang durch das Zimmer, ein Tritt, ein schnelles Wort die unleidlichste Störung ist, daher sie am liebsten allein sind; denn was andern die Musik und ihre Mitteilung so teuer macht, nämlich ihre Schönheit, das, wird der Leser schon bemerkt haben, gilt bei Quänger und seinen Freunden nichts – ihnen ist sie nur die Lösung eines Problems – und wenn sie freilich auch von Schönheit eines Stückes sprechen, so ist es nur

immer so gemeint, als wenn ein Auflöser und Zu-
sammensetzer des obigen hölzernen Knopfes nur
einen andern solchen Knopf fände, der noch kunst-
reicher gefügt, noch schwieriger zu lösen und zu
binden sei. Hieraus erklärt sich auch die Erscheinung, daß dieses Quartett, d. h. die vier Freunde,
oft in öffentlichen Musikexekutionen gesehen werden, daß sie selten einen Vortrag schön finden, für
ihre Meinung auch die schlagendsten Gründe anführen, die die Nichtpräzision der Darstellung beweisen, und andere Menschen überzeugen – und
daß dennoch dieselben gründlichen Freunde,
wenn von der Schönheit dieses oder jenes Musik-
werkes die Rede ist, ganz gelassen Dinge sagen und
Stücke in eine Reihe stellen, daß den andern Menschen das Wort im Munde steckenbleibt – und da
dies mit der Ruhe der Überzeugung geschieht und
da andererseits so kolossale Kenntnis der Mathe-
matik der Musik aus ihnen heraussieht, so ist mancher schon an sich selber irre geworden und hat gemeint, er kenne ganz und gar nichts. Wer aber das
Glück hatte, öfters den Quängerschen Übungen
beizuwohnen, dem klärt sich das Rätsel auf. Sie haben schon mehr als hundert musikalische Nüsse
aufgeknackt und knacken jetzt am liebsten an
Beethovens letzten Quartetten, den sie bis in den
Himmel erheben. Wäre ich ein Kompositeur, ich
setzte mich hin und verfaßte bloß für Quänger einen Inbegriff von Schwierigkeiten, womit ich das
Quartett beseligte; denn sie arbeiteten freudig
daran und hörten nicht auf, wenn sie auch so alt
würden wie vier Ewige Juden. Hiebei stört es sie

auch natürlicherweise nicht im geringsten, wenn einer die äußersten Grimassen macht; denn das muß er tun, die Leidenschaft preßt sie ihm aus, und er muß mit seiner innersten Seele nachhelfen, wo physische Kräfte und Fertigkeiten nicht mehr ausreichen. So kaut z. B. der Violoncellspieler alle Noten mit dem Munde mit, was, wenn ein Wald von Sechszehnteln kommt, zu einem wirklichen erbarmungsvollen Anblicke führt; gleichsam wie Blitze müssen da die Mundwinkel fliegen. Der Altist hat auch eine Manier, nur ist sie würdiger und gesetzter; er neigt sich nämlich sanft vor und zurück, wie mehr oder weniger Noten in dasselbe Zeitmaß gehen, und hebt sich empor oder duckt sich nieder, wie es forte oder piano geht. Der Sekundist geigt nur mehr ein ganz klein wenig mit den Füßen mit, und der Primist, Herr Quänger, sitzt ganz ruhig, da er auch auf Eleganz hält.

Nach dem Quartette ist ein ausgesuchtes Essen; nur beileibe nicht im Musiksaale; denn der ist bloß für die Musik. Er ist akustisch gebaut, hat zur Dämpfung der Resonanz alle Wände mit Wollteppichen belegt, hegt keine andere Einrichtung in sich als Fächer für Musikalien und Instrumentenkästen, Pulte, Sessel und ganz im Hintergrunde einen ledernen Sofa, wo Quänger zuweilen liegt, wenn er sich die Finger müde geübt und nun im Haupte weiter arbeitet. Das Abendessen ist in der gewöhnlichen Wohnung des Herrn vom Hause, und Quänger beladet da den Teller des Violoncellisten gar reichlich mit Speise, da er ein armer Teufel ist, Herr

Quänger aber sehr viele tausend Taler jährlich zu verzehren hat. Alle Mittwoch und Sonnabend ist Quängersches Quartett.

Ein anderer, aber in der Tat ganz anderer Musiksalon ist bei ***, nur herrscht dort wieder die Manie, daß nur *alte* Musik gemacht wird, freilich auserlesene und mit auserlesenem Geschmacke, aber jede neue, und wäre sie die beste, wird gesetzlich ausgeschlossen, und die Vereinsmitglieder müssen, dieselbe zu verkosten, sich andere Orte aufsuchen. Es wäre wünschenswert, daß auch Salons existierten, in denen alte Literatur gelesen würde, z. B. die aus der Reformationszeit, aus dem Mittelalter, die alten Griechen, Juden und dergleichen, und hiebei wäre zu wünschen, daß mancher eingeladen würde und daß er auch hinginge und erführe, welche Leute jenseits der Berge gelebt haben. Aber meines Wissens existiert kein einziger solcher Salon, und nur der eine oder der andere einsame Mann trägt sich mit seinem Sophokles, Äschylus und Homer. Es ist eine Sünde, die zum Himmel schreit, ich will nicht sagen, daß nicht sogenannte Gebildete, sondern daß nicht einmal Schriftsteller, ja Dichter imstande sind, eine Zeile im alten Griechischen zu lesen – die einzige Sprache, in der die einzigsten Produkte geschrieben sind, die so weit über alles hinausgehen, was unsere Zeit produziert, welchen Produkten vergeblich alle späteren Jahrhunderte nacheiferten; – diese Sprache wird von so vielen bei uns als eine bloße Kuriosität betrachtet, die man dem pedantischen Gelehrten überlassen müsse. Dafür aber kann der Schriftsteller sein Französisch und leistet Dinge, die alles, nur keine Poesie sein mögen.

Da wir eben von Musik redeten, so könnte ich noch mehrere Versammlungen anführen, in denen regelmäßig Musik, und zwar ganz vortreffliche Musik gemacht wird. – Diesen alten Ruhm, glaube ich, bewahrt ja noch unser Wien, daß es die Stadt der Musik, guter Musik und in erlesenen Zirkeln auch *verstandener* Musik ist – aber da unser Aufsatz den Titel »Salonszenen« führt, jene Versammlungen aber harmlose Privatzusammenkünfte sind, so dürfen sie hier keinen Platz haben.

Freilich sollte ich noch von jenem Salonleben reden, wo gar nichts da ist als der Salon, d. h. ein sehr großes Zimmer mit Spiegeln, Sesseln, Sofas, Draperie, Menschen und anderer Staffierung. Manche sehr edle Frau oder geschmackvolle Frau oder elegante Frau oder Lebe-Frau – oder welchen andern Titel ich ihr geben soll – hält sich solch einen Salon. Er hat den Zweck, daß sich hier andere an bestimmten Tagen zu einer sogenannten Gesellschaft versammeln, d. h., da tun sie Kleider auf ihren Körper, Ringe an die Finger, Goldbänder auf die Arme, haben Haare und den Kopfputz schön gemacht, tragen Gold- und andere chemische Produkte, z. B. geschliffenen kristallisierten Kohlenstoff (der ihnen am liebsten ist), dann kristallisierte Tonerde und dergleichen, auf sich – setzen sich nieder und lassen all das im stillen wirken. Ich habe es durch einen mühsamen Schluß herausgebracht, daß dies der Hauptzweck eines solchen Salons ist; denn wenn der Mensch in Seligkeit ist, braucht er das

Wort nicht, die äußerste Wonne, heißt es, ist stumm. — Wenn aber der Mensch seine Seligkeit gerade nicht zur Schau tragen, sondern sie eher verbergen will, so tut er, als rede er; er redet auch, aber seine Seele und sein Verstand ist von der Rede abwesend, und seine Worte sind leer; er gibt sich nicht die Mühe, daß sein Wort etwas heißt; sein Herz ist bei anderem. Nun beobachtete ich, daß die Worte sehr vieler solcher schönen Damen leer sind, daß sie reden, was zu reden nicht der Mühe wert ist: wer geheiratet hat, wer gestorben ist, wer wieder geheiratet hat, wer anderer gestorben ist, wer mit dem und jenem verwandt ist und wer wieder mit anderen verwandt ist, — also, schloß ich, daß diese Rede nur so nebenher ist und daß sie, da sie sehr vergnügt aussehen, eine innere Seligkeit haben müssen, welche der eigentliche Zweck ihres Hierseins ist. — Da ich nun ferner bemerkte, daß man sich zu solchen Gesellschaften mit viel Sorge und Umsicht und Ärger die Kleidungsstücke und den Schmuck zusammenstellt, so brachte ich leicht heraus, daß diese der Zweck der Gesellschaft seien, und jetzt war mir alles begreiflich: das stille Lächeln der einen, welche im Bewußtsein ihrer Mantille dasitzt, die Huld der andern, deren Armbänder wirken, dann die absolut schönen Handschuhe, der Seidenrock, der Kopfputz — — usw., usw. In solchen Salons werden auch gerne Herren gesehen, die schön sind, d. h. makellose Handschuhe tragen, mehrere Bärte sehr zugeschnitten haben und sonst an Kleidung und Wäsche hervorragen. Solche Salons weisen auch gerne sehr viel an

Polstern, Sofas, Spiegeln, Teekesseln, Tischen, Seidenzeug, Tapeten, Fenstervorhängen usw. auf. Manche wollen sagen, daß es in ihnen langweilig sei; ich weiß nicht, ob dies bei so viel Pracht möglich ist; es mögen daher andere entscheiden. Ich kann aus Erfahrung von diesen Salons nicht viel sagen, weil ich, wenn mich das Glück in einen führte, immer der Häßlichste war und von der Pracht und den Reden rauschig wurde.

Von den verleumdenden, ehrabschneidenden und ähnlichen Salons rede ich nicht, weil ich nicht recht weiß, ob solche existieren oder ob sich nicht vielmehr nur Privatversammlungen oder bloß Gruppen auf diesen Zweig werfen – gepflegt wird er aber, das weiß ich, und die Residenz ist zwar kein Krähwinkel, aber eine Sammlung von Krähwinkeln.

Von solchen Versammlungen, die an öffentlichen Orten statthaben, wie z. B. die Gasthauskränzchen, die Kaffeehausgesellschaften und dergleichen, kann ich nicht reden, da sie nicht in die Kategorie des Salons gehören, und wir schließen diese schwachen Skizzen des Salons mit dem Wunsche, daß sie dem salonhassenden Leser nicht gar die große lange Weile möchten verursacht haben als etwa der Besuch eines Salons selber.

Nachwort

Am 16./20. August 1841 schreibt Adalbert Stifter seiner Frau Amalia, die zum erstenmal in ihrem Eheleben eine größere Reise angetreten hat und ihren Bruder Philipp, einen halbinvaliden Unteroffizier, in seinem Standquartier bei Peterwardein besucht, einen Brief, in dem er ihr sein gegenwärtiges Alltagsdasein ausführlich schildert und zugleich wichtige Neuigkeiten mitteilt:

»Gestern war Hekenast bei mir, der Vertrag wurde nicht nur in der Art angenohmen, wie ich ihn vorschlug, sondern er gab alles in meine Hände, ließ sogleich 60 fl. C. M. [Gulden Konventionsmünze] da, daß ich die eingelaufenen Arbeiten sogleich auszahlen könne, und versprach jeden Monath 60 fl. C. M. zu senden, was die Manuscripte im Druke *mehr* geben, zahlt er gleich nach dem Druke nach. Stelzhammer war ordentlich erzürnt, daß er damahls seinen Aufsaz so gleich an Adami verschleuderte, ich im Gegenteile froh, daß der meine noch da lag; denn jetzt ist er zu 20 fl. C. M. pares Geld geworden. Es hängt nun blos von mir ab, wie viel ich mir von dem immer bereit liegendem Gelde erschreiben will; denn ich habe außer Stelzhammer, der faul ist, wie immer, nur den Wagner engagiret, und da auch dieser wenig leistet, so fällt doch die meiste Arbeit auf mich. Ich bin aber auch recht fleißig und schreibe täglich, ehe ich zu mahlen anfange, eine Aufgabe von vier Drukseiten, und nehme mir aus dem Fonde 4 fl. C. M. Dann mahle ich bis 6 Uhr, dann gehe ich zu Neuner, dann schreibe ich von 7 bis 1/2 10 für Witthauer, dann gehe ich wohl manchmahl zum Dachs, aber öfter noch bleibe ich zu Hause, lasse mir ein Bier bringen und lese die Zeitung und habe lange Weile um dich.«

Dieser Brief aus der bescheidenen Wohnung im fünften Stockwerk eines Wiener Mietshauses der inneren Stadt (Haus Nr. 723 in der Roten Thurmstraße, 2. Stiege, Tür 42) ist in vieler Hinsicht aufschlußreich: Lebensumstände und Tagesablauf des Fünfunddreißigjährigen, der in seiner Heimat schon seit langem als verkrachter Studiosus gilt, werden vordergründig: Es ist viel von Geld die Rede, das heißt, die Gulden sind knapp in diesem Haushalt; man lebt ständig von der Hand in den Mund; man bleibt (nicht zum erstenmal) den Mietzins schuldig und ist am 16. Mai 1841 wegen 162 Gulden Mietschuld gepfändet worden. – Der Briefschreiber, ein »Privatmann, stets mit Wissenschaft und Kunst beschäftigt«, das heißt ein Mann ohne festes Einkommen, ist sich weder seiner inneren Berufung noch seines Talents sicher. Wenn er nicht gerade als Hauslehrer (»Hofmeister« hieß diese Tätigkeit in Wien) Stunden gibt (eine wichtige Einnahmequelle erschließt sich ihm 1842, als man den *Poeten* als Vorleser anstellt), teilt er sein tägliches Pensum an Beschäftigung gleichmäßig zwischen Schreiben und Malen auf. Gewiß ist eigentlich nur: Für einen bürgerlichen Beruf ist es zu spät; der Student ohne Examensabschluß, der Herr »Kandidat«, der sich 1832/33 für Prag bzw. Linz und 1835 wiederum für Prag um ein Lehramt bewirbt, der bei der ersten Bewerbung dem Rigorosum fernbleibt, dem bei der zweiten ein anderer vorgezogen, dessen dritte Bewerbung abgelehnt wird, ist gescheitert. Auch Bewerbungen um eine Assistentenstelle an der Wiener Universität (1835) und um ein Lehramt an der Forstlehranstalt Mariabrunn bleiben erfolglos. Die Beschäftigung mit der Malerei und mehr und mehr auch mit der Literatur wird für Stifters Leben immer wichtiger.

Aber noch ist das Schreiben eine »Aufgabe«, Fleißarbeit um Broterwerb; zu einem seiner Privatschüler, Emerich Ranzoni, bemerkt Stifter in dieser Zeit: »Als Schriftsteller bin ich nur ein Dilettant, und wer weiß, ob ich es auf diesem Felde weiterbringen werde; aber als Maler werde ich etwas erreichen. Ich ein Schriftsteller oder gar ein Dichter! – Das können nur Leute sagen, die gar einen geringen Begriff vom Dichten haben. Ich habe einen höheren!« Und 1844, als der Erfolg der Erzählung »Abdias« (1843 im »Oesterreichischen Novellenalmanach« erschienen) ihren Verfasser in der Öffentlichkeit endgültig zum Dichter qualifiziert, reicht dieser ein Gesuch um Aufnahme in den Witwen- und Waisenfonds bildender Künstler ein und unterzeichnet als »Adalbert Stifter Landschaftsmaler«.

Untergründig aber ist die Entscheidung für die Schriftstellerei als Lebensberuf im Jahre 1841 bereits getroffen (auch wenn sie als existentielle

Grundlage nie zureicht und der ewig verschuldete Poet vom Salär des provisorischen Schulrats – seit 1850 –, des Konservators und schließlich des »wirklichen Schulrates« – seit 1855 – zehrt): Der Brief an Amalia zeigt den Bohemien und angehenden Literaten, der im Kaffeehaus Neuner, dem sogenannten silbernen Kaffeehaus in der Plankengasse, verkehrt (wo Bauernfeld, Grillparzer und Lenau ein und aus gehen); dort trifft man auch Friedrich Witthauer an, den Herausgeber der »Wiener Zeitschrift für Kunst und Litteratur, Kunst und Mode«, dem Stifter die Veröffentlichung der ersten Erzählungen und damit auch erste Publizität verdankt (»Der Condor« und »Das Haidedorf«, beide 1840). Für dessen Zeitschrift arbeitet er täglich »von 7 bis 1/2 10« an der Erzählung »Die Mappe meines Urgroßvaters«, die dann in mehreren Folgen 1841/42 dort erscheint.

Und schließlich nennt der Brief auch den Verleger, der als Mäzen und Freund dem werdenden und dem gestandenen Autor ein Leben lang recht uneigennützig zur Seite steht: Gustav Heckenast. Zwar ist die Verbindung zu dessen Verlag um ein weniges älter, denn schon im Herbst 1840 erscheint die Erzählung »Feldblumen« im 2. Jahrgang (1841) des Taschenbuches »Iris«, das Heckenast verlegt. Aber der persönliche Kontakt mit dem sechs Jahre jüngeren Verleger kommt erst 1841 zustande, als dieser, wahrscheinlich im Juni, Stifter zur Mitarbeit an dem Sammelwerk »Wien und die Wiener in Bildern aus dem Leben« einlädt.

Heckenast gehört zu einer neuen Generation von

298

Verlegern, die mit der Zeit geht und sich auf einen größer werdenden literarischen Markt orientiert; das Verlagsgeschäft, das er mit Hilfe seines Schwiegervaters Otto Wigand 1833 in Pesth gründet und 1844 durch Fusion mit dem Buchdrucker Landerer zu einem florierenden Unternehmen ausbaut, bringt Bücher und Zeitschriften in deutscher und in ungarischer Sprache heraus und trägt durch Übersetzung ungarischer Autoren zum kulturellen Austausch der Nationen bei; 1848 werden in der (besetzten) Druckerei die Zwölf-Punkte-Forderungen der aufständischen Ungarn gedruckt; in den folgenden Jahrzehnten bis zum sogenannten »Ausgleich« ist es das bedeutendste Verlagshaus in Ungarn.

Der rührige Verleger hatte die Redaktion von »Wien und die Wiener« ursprünglich einem gewissen Daniel Friedrich Reiberstorffer angetragen, der 1841 durch Veröffentlichung biographischer Details aus dem Leben seines Freundes Ferdinand Raimund bekannt geworden war. Aber dessen erste Proben – Skizzen sogenannter Volkstypen – erregten das Mißfallen der anderen von Heckenast verpflichteten Beiträger. So tun sich der Dialektdichter Franz Stelzhamer, der schriftstellernde Notar Karl Edmund Langer, Sylvester Wagner und Stifter zusammen, um die Sammlung ohne Reiberstorffer zu Ende zu bringen. Da aber bald darauf Stelzhamer Wien für einige Monate verläßt, macht Stifter, der jeden Kreuzer nötig hat, dem Verleger am 21. Juli 1841 den folgenden Vorschlag:

»Ich würde also die Redaction und Ordnung der

Stoffe über mich nehmen, Stelzhammer und Langer senden ihre Beiträge an mich ein, ich lese sie, und gebe sie dann an Brandel [den Kopisten] bei Gerold [eine Verlagsbuchhandlung, mit der Heckenast in Geschäftsverbindung stand] ab, dieser glaube ich, hat die zweite Abschrift zu bestellen, und die Censur zu besorgen. Wir haben die ersten Nummern von Reibersdorfer gelesen, und sind da auf Schwierigkeiten gestoßen, er scheint keinen Plan gehabt zu haben; denn so wie er anfängt, tödtet er das Buch und den Leser, ehe er zu dem 5ten Bogen gekommen ist. Lauter solche einzelne Figuren würden, selbst wenn sie viel besser und markiger wären, als es leider die des Herrn Reibersdorffer gar nicht sind, die Sache eintönig, und seelenlos machen. ... ferner kann ja das Buch nicht plötzlich mit einer einzelnen Figur, und noch dazu mit der kläglichen eines Ladendieners beginnen, hat denn Wien nichts größeres, massenhafteres? Wir meinen daher, daß die Ordnung *die* sein sollte: 1tens Vorrede und Einleitung von Stelzhammer, dann folgt ein Aufsaz von mir: *Aussicht und Betrachtungen von der Spize des St. Stephansturmes,* wo dem Leser das Tableaux der Stadt auseinander gerollt wird, dann kommen die Aufsäze und zwar zuerst massenhafter, dann einzeln die Sache behandelnd, und da würden die Nummern des Herrn Reibersdorfer eingelegt werden. «

Stifter empfiehlt sich also als Hauptredakteur, und wie wir aus dem Brief an seine Frau bereits wissen, ging Heckenast bei seinem Besuch am 15. August auf diesen Vorschlag ein und auf weitere, die ihm sein Mitarbeiter am 2. August gemacht hatte: Die kritischen Einwendungen Stifters trafen die neuralgischen Punkte des Unternehmens und überzeugten den Verleger. Und Stifter kümmerte sich bis Jahresende 1843 in jeder Beziehung um den Fortgang des Werks: Er las die eingegangenen Beiträge, korrigierte sie, schrieb sie manchmal um, wies auch den einen oder anderen zurück, zahlte die Honorare aus dem Fonds, den der Verleger ihm monatlich zuwies, rechnete darüber mit ihm regelmäßig ab, prüfte die Illustrationen und entwarf selbst einige, sorgte für die Abschreiberei und für die Vorlage bei der Zensurbehörde und endlich auch für den Transport nach Pesth. Auch die endgültige Reihenfolge der Beiträge bestimmte er wesentlich und richtete seine eigenen Beiträge zu dem Sammelwerk, die bis Ende 1842 alle vorlagen, darauf ein, das Interesse des Lesers durch weitgreifende Themen immer wieder aufs neue zu fesseln: Das Werk erschien ja zunächst von Juni 1842 in insgesamt dreißig Lieferungen, jede mit einem Stahlstich ausgestattet, und von deren Erfolg hing die Auflage des Buches ab, das dann 1844 erschien (übrigens in drei Ausgaben: neben der normalen Ausgabe eine teurere, handkolorierte und eine billigere ohne Illustrationen).

Von den 56 Texten des Sammelwerkes »Wien und die Wiener in Bildern aus dem Leben« stammen insgesamt 13 (mit Vorrede und dem einleitenden Panorama) von Stifter; zumeist sind es Skizzen, die sich vom Durchschnitt der übrigen Texte deutlich abheben – nur ein einziges Mal (in den

»Streichmachern«) fällt Stifter auf das Niveau der von ihm selbst als »eintönig und seelenlos« kritisierten Typenschilderungen zurück, wie sie das Werk in Mengen enthält: Der Ladendiener des Modehändlers, Das Stubenmädchen, Der Bettler, Der Musik-Enthusiast, Der Lottospieler, Der Zettelausträger, Der Hausierer, Die Harfenistin, Der Schusterjunge, Die Zeiselkutscher, Die Knödelköchin, Werkelmänner, Die Lumpensammlerin und Straßenmusikanten.

Überschriften wie diese machen darauf aufmerksam, daß diese Skizzen ihrem Typus nach einem modischen Genre zugehören, das zuerst in Frankreich unter dem Bürgerkönigtum auftaucht, den europäischen literarischen Markt geradezu überschwemmt und das ebenso schnell verschwindet, wie es aufgetreten ist: Es ist die sogenannte physiologische Skizze. Sie ist eine Hervorbringung des kapitalisierten Marktes, befriedigt oberflächliche Bedürfnisse eines bürgerlichen Publikums und ist zugleich ein Produkt der verschärften Zensurmaßnahmen des Jahres 1836, der Septembergesetze.

Walter Benjamin beschreibt den Typus scharfsinnig so: »In diesem Schrifttum nehmen die unscheinbaren Hefte in Taschenformat, die sich ›physiologies‹ nannten, einen bevorzugten Platz ein. Sie gingen Typen nach, wie sie dem, der den Markt in Augenschein nimmt, begegnen. Vom fliegenden Straßenhändler der Boulevards bis zu den Elegants im Foyer der Oper gab es keine Figur des Pariser Lebens, die der physiologue nicht umrissen hätte. ... Man zählte 1841 sechsundsiebzig neue Physiologien. Von diesem Jahre an sank die Gattung ab; mit dem Bürgerkönigtum war auch sie verschwunden. Sie war eine von Grund auf kleinbürgerliche. ... Nirgends durchbrachen diese Physiologien den beschränktesten Horizont. Nachdem sie sich den Typen gewidmet hatten, kam die Reihe an die Physiologie der Stadt. ... Als auch diese Ader erschöpft war, wagte man sich an eine ›Physiologie‹ der Völker. Man vergaß nicht die ›Physiologie‹ der Tiere, die sich seit jeher als harmloser Vorwurf empfohlen haben. Auf die Harmlosigkeit kam es an.«

In frappierender Weise treffen diese Beobachtungen auch für die meisten Skizzen in »Wien und die Wiener« zu: Auch ihr Kennzeichen ist Harmlosigkeit, auch sie kommen dem wachsenden Unterhaltungsbedürfnis eines bürgerlichen Publikums entgegen, auch sie konkurrieren mit vielen ähnlichen Hervorbringungen um die Gunst der Käufer, und auch sie gehorchen den Zwängen der Zensur. Die ist in Österreich unter dem Nachfolger Joseph II., der zunächst ein relativ liberales Zensurengesetz einführte, es aber 1789 schleunigst wieder zurücknahm, unter Kaiser Franz I., der Polizei übertragen worden: Jedes gedruckte Wort, jede Theateraufführung wird von der Polizei- und Zensurhofstelle des Grafen Sedlnitzky überwacht, dessen Regime bis März 1848 dauert; jedes aus dem Ausland eingeführte Buch unterliegt der Kontrolle ebenso, wie jeder Leser ausländischer Zeitungen bespitzelt wird; kein Österreicher darf im Ausland ohne Genehmigung publizieren (wer dies, wie Nikolaus Lenau oder der Graf von Auersperg, tut, wird über Jahrzehnte hin überwacht und verfolgt); die Wiener Zeitungen und Journale enthalten keinerlei politische oder wirtschaftliche Informationen, sie drucken nur, was das Metternich-Regime befiehlt. Der von Stifter hochverehrte sensible Grillparzer, von der Theaterzensur über zwanzig Jahre gequält, verzichtet nach 1835 auf den Druck seiner Gedichte, um der Zensur zu entgehen; er will den Tod Metternichs abwarten.

Unter solchen Umständen ist es kein Wunder, daß die Beiträge des Sammelwerkes, für deren Vorlage bei der Zensurhofstelle Stifter persönlich verantwortlich ist, alle heiklen Themen (Monarchie, Adel, Geistlichkeit, Regierungspolitik, Militär, Bildungswesen, soziale Probleme) unberührt lassen. Allerdings ging es dem Verleger und den Verfassern nirgendwo in ihrem Buch um Attacken auf die bestehende Ordnung, sondern nur um vergnügliche Plaudereien über die Stadt und deren Bewohner – jedes kritische Wort über Institutionen des »Systems« wäre ohnehin dem Rotstift des polizeilichen Zensors zum Opfer gefallen. Undenkbar, daß die Verfasser etwa das Kapitel »Sittliches« hätten so behandeln können, wie das Willibald Alexis in seinen »Wiener Bildern« (Leipzig 1833) abschließend mit einer Anekdote tat: Kaiser Joseph II., aufgefordert, öffentliche Häuser zuzulassen, welche anderwärts privilegiert seien, in Wien aber nicht, habe auf diesen Vorschlag geantwortet: »Wir brauchen ja über ganz Wien nur ein Zelt zu spannen« –

dieses Kapitel wird wie so manches andere in »Wien und die Wiener« nicht aufgeschlagen.

Beschränkungen und Beschränktheiten eignen so auch Stifters Beiträgen; aber sie gehen in ihnen nicht auf. Die Zufälligkeit der Themenwahl etwa ergibt sich aus der Funktion, die seine Beiträge hatten: Sie waren als Lückenfüller gedacht, als »Aufmacher«, die das Käuferinteresse am ganzen Werk zu heben hatten. Eine innere Einheit, einen eigentlichen Zusammenhalt weisen sie nicht auf, weder thematisch noch stilistisch noch ihrer Form nach. Was sie zusammenhält, ist die Person des Schreibenden, der sich hier noch nicht in strenges objektives Erzählen zwingt, sondern sich in stilistischen Fingerübungen versucht, dabei seiner Subjektivität freien Lauf läßt. Das erzählerische Ich, das eine »sentimentale Wanderung« durch die Stadt antritt, wechselt häufig den Ton, äußert sich einmal nachdenklich und ernsthaft, einmal launisch, jetzt mit behäbigem Humor, dann wieder mit Ironie. Spürbar aber bleibt stets ein gewisser Abstand zum Beschriebenen: Stifter hat seine zeitweilige Wahlheimat nie sonderlich gemocht, wozu sicher seine bitteren Anfangsjahre in dieser Stadt beigetragen haben; 1848 verläßt er sie endgültig. Früh hat er die Nacht- und Schattenseiten der Großstadt erkannt und erfahren, die Isolierung, der der anonyme einzelne in einer fremden Umgebung ausgesetzt ist (die Erzählung »Turmalin« ist ein Beleg dafür); er kennt die Furcht des entwurzelten Landbewohners, den die große Stadt anzieht und der doch kein Auskommen in ihr findet.

Wien, der Vorwurf für Stifters Skizzen, ist um 1840 eine Stadt von rund 360000 Einwohnern, die viertgrößte Europas, die Metropole eines ausgedehnten Reiches, dessen Landmasse von Böhmen nach Siebenbürgen, von Krakau bis Triest reicht, die Hauptstadt eines Vielvölkerstaates, der von einer deutschsprachigen Minderheit regiert wird, die Zentrale eines Kaiserreiches, das nur durch Militär, Polizei und Beamtenschaft zusammengehalten wird, beherrscht von einem Staatskanzler, der von den Völkern, die er nicht versteht, gehaßt wird, nicht zuletzt auch vom eigenen Staatsvolk – die Opposition reicht weit hinein bis in weitsichtigere Teile des Adels, die die starrsinnige Politik Metternichs als eine solche erkannt haben, die früher oder später zum Untergang der Monarchie notwendig führen muß.

In dieser Stadt ist alles auf den Hof bezogen und von ihm bestimmt, sogar die historische Topographie: Die Innenstadt mit der Burg ist seit dem Mittelalter von dem sogenannten zweiten Mauerring umschlossen, einer gewaltigen Festungsanlage mit zahlreichen Basteien und Bastionen, die nach der Türkenzeit noch weiter ausgebaut worden ist. Diesen Festungsring umgibt ein 500 Meter breites Glacis, und erst vor diesem liegen die Vorstädte, die ihrerseits seit 1706 mit einem 4 Meter hohen Wall und einem Graben umgeben sind (zum Schutz gegen die aufständischen Ungarn unter Rákóczi). Der Blick der Wiener, die häufig genug in irgendeiner Weise für den Hof und seine Bedürfnisse arbeiten, ist also gewissermaßen nach innen, auf das

306

Glacis und die hinter den Festungswerken liegende Kaiserstadt, gerichtet. Als dieser junge Festungsring viel zu spät endlich 1858 abgerissen wird, um für das großstädtische Ringstraßensystem Platz zu schaffen, schreibt der Wiener Grillparzer ein Sinngedicht, dessen bitterer Spott wohl kaum nur die eigene Stimmungslage wiedergibt:

Grillparzer

> Wiens Wälle fallen in den Sand;
> Wer wird in engen Mauern leben!
> Auch ist ja schon das ganze Land
> Mit einer chinesischen umgeben.

Dieses Wien ist aber zugleich eine Stadt, in der sich mit der Entwicklung des Verkehrs, durch eine zunehmende Industrialisierung, durch die Anhäufung großer Vermögen bzw. Kapitalien auf der einen, durch fortschreitende Proletarisierung und Verelendung auf der anderen Seite soziale wie politische Spannungen anhäufen, die sich in der Revolution von 1848 entladen, in der das Wiener Proletariat zum erstenmal tragisch seine Kraft erprobt, als die Bewohner der Vorstädte sich erbittert gegen die Truppen des Fürsten Windischgrätz verteidigen.

Im Jahre 1830 wird der Dampfschiffverkehr zwischen Wien und Pesth aufgenommen; 1838, schon in der Regierungszeit Kaiser Ferdinands, wird als erste Eisenbahnstrecke die Linie Wien – Wagram eröffnet. Eine ununterbrochene Bautätigkeit vergrößert die Vorstädte, die über die Linien hinauszuwachsen beginnen; dabei wird der Wienerberg im Süden der damaligen Stadt von den großen Ziegeleien buchstäblich abgetragen. Die Monarchie baut mit den Steuern und Abgaben der abhängigen Länder die repräsentativen Symbole ihrer Macht und Autorität aus, die Hofburg, die Ministerien und Verwaltungen, die Waffenfabriken und Kasernen, die Gerichte und Gefängnisse; für Bildungseinrichtungen und Schulen, für soziale Einrichtungen und Krankenhäuser wird wenig getan. Die Wiener Universität ist eine Provinzuniversität, die dazu dient, den Beamtennachwuchs des Reiches auszubilden.

Von all diesen Entwicklungen, Veränderungen und Spannungen ist in Stifters Texten fast nichts zu spüren. Doch dieses malkontente Wien, das sich wenige Jahre später in einer furchtbaren Explosion Luft macht und seinen Staatskanzler zum Teufel jagt, ist der reale Untergrund, die dunkle Folie jenes bunten, oberflächlichen, genießerischen, dem Müßiggang, dem Walzer und der Vorstadtposse ergebenen Stadtlebens, das Stifter selbst eine »tobende Wüstenei« nennt und das man durchaus mißverstehend als »Biedermeier« bezeichnet hat.

Immerhin galt den Wienern der Siegeszug des Walzers als Sieg bürgerlicher Lebensformen über feudale, und in der Vorstadtposse funktionierte die einzige Äußerung der Kritik am Bestehenden als Ventil – in den steten Extempores der Schauspieler, die der Zensur immer neue Schnippchen schlugen.

Aber wenn der Verfasser der Skizze »Die Karwoche« meint, »daß der österreichische Soldat viel zu gutherzig ist, als daß er gar arg mit dem Kolben gegen seine Landsleute stoßen sollte«, wird die

Geschichte solche Illusion bald brutal korrigieren: in den Massakern der Soldateska des Fürsten Windischgrätz an Wiener Arbeiterfamilien oder in der Erschießung Robert Blums, des Abgeordneten des Frankfurter Parlaments, am Ort fröhlicher Kirchtagsfeste, in der Brigittenau. Und wenn Stifter in seinem einleitenden Panorama von »einigen in dieser Stadt« sagt, ihnen sei »von einem noch Höheren die Formel dieses Treibens und Lebens anvertraut, daß sie sich historisch schön und glücklich entwickle«, so ist das wohl weniger eine vordergründige Hofierung der Zensur als ein frommer Wunsch – nicht weit entfernt von jenem österreichischen Katechismus über die Pflichten der Untertanen gegen ihre Monarchen, nach dem die Obrigkeit von Gott gesetzt ist, um »gute Ordnung zu halten«.

Da ist bei dieser sentimentalischen Wanderung durch Wien ein gutes Teil Naivität im Spiele. Stifters Eindrücke von Wien und Wienern sind tief geprägt durch seine gesellschaftliche Herkunft und seinen Rang in der sozialen Hierarchie: Er blickt auf diese Stadt *von außen*, als Landkind, das in der Großstadt schwer um seine Existenz kämpfen muß, *und von unten*, als armer Privatlehrer, der in den Häusern des Bürgertums, des Geld- und später auch des Hochadels im Grunde als Domestike beschäftigt und unter den Privilegierten nur geduldet ist, aber nie als ebenbürtig, als Gleichrangiger angesehen und behandelt wird. Der Salon des Geldadels ist die höchste gesellschaftliche Ebene, die dem Skizzenschreiber offensteht.

Das Gefühl der Subalternität, der Ohnmacht vor den großen Herren hat ihn in diesen Jahren nicht verlassen: »Wenn ich auch auf dem ganzen Wege von meiner Wohnung bis zu dem Hause des großen Herrn über die allgemeine Menschenwürde nachdenke und selbst den möglichen Fall in Betracht ziehe, daß ich ein weiserer und vielleicht ein besserer Mensch bin oder doch wenigstens ebenso weise, ebenso gut wie er, so hilft mir doch das alles nichts. So wie ich in den Kreis der vornehmen Leute trete, wiederholt sich in mir regelmäßig die Empfindung des Schulknaben, wenn der Direktor, der Pfarrer oder etwa der Bischof vor ihm steht. Es dauert immer eine Weile, ehe ich mein Gleichgewicht und mit diesem meine Sprache wiederfinde.«

Von geistiger Souveränität, von überlegener Weitsicht auf den Gegenstand kann bei diesen Skizzen Stifters wohl kaum gesprochen werden. Sie sind in mancher Hinsicht viel eher ein Selbstporträt, ein recht stimmiges Bild der Bewußtseinslage des Schriftstellers am Beginn seiner Laufbahn als ein Mosaik der Stadt. Persönliche Erfahrungen und Erlebnisse bilden den Untergrund aller Skizzen. Der Blick vom Stephansturm und der Gang durch die Katakomben geraten über die bloße Beschreibung hinaus zu weltgeschichtlichen Betrachtungen in der Schule Herders – ein Hauptthema des reifen Schriftstellers. Die Schilderung von Leben und Haushalt dreier Wiener Studenten enthält persönlichste Erinnerungen an die eigene Studienzeit; den Trödelmarkt mag nicht nur der Liebhaber von »Altertümern« aufgesucht haben, um etwas zu erwerben, sondern wohl auch der Hauslehrer, wenn ein Honorar ausblieb, in letzter Not, um etwas zu verkaufen. Den Geist-Salon der aus jüdischem Geldadel stammenden Freifrau Henrietta von Pereira-Arnstein kannte Stifter aus eigener Anschauung; freilich erweckt im übrigen diese Skizze den Anschein einer ausgebreiteten literarischen Kultur, tatsächlich ist dieser Salon nur noch eins der wenigen Überbleibsel alter Geselligkeit; es dominieren längst die politischen Klubs und Salons des Bürgertums.

Nur in wenigen Partien verläßt der Skizzenschreiber das autobiographisch grundierte Milieu und wendet sich den Realitäten der Stadt zu: dem neuen Verkehrsmittel, der Eisenbahn, der Stadtpost, den Warenauslagen und Reklamen (eine Erscheinung, die auch anderen am Wien dieser Zeit besonders auffällt), dem Praterleben oder den Ausflugszielen; fast ebensooft versucht er sich in der Humoreske, wenn er über Streichmacher, über das Wiener Wetter und die seltsamen Konzerte des Herrn Quänger spaßhaft meditiert.

So werden diese Skizzen so etwas wie ein Übungsfeld des sich erprobenden Erzählers: Immer wieder wechselt er die epische Gangart, fällt aus der Beschreibung in eine kleine Anekdote, zeigt sich mitten im Scherz als pädagogischer Schriftsteller, knüpft an die Humoreske eine tiefsinnige Bemerkung, plaudert, erzählt, betrachtet, witzelt (manchmal unbeholfen genug), beschreibt – und mitunter zeigt sich in diesen Gelegenheitsarbeiten, in diesen Produkten der Tagesschrift-

311

stellerei schon die Handschrift des Epikers späterer Jahre: in Passagen einer nicht mehr bloß gefälligen, unterhaltlichen Publizistik, sondern in einer ernsten, ruhigen, schön gefügten Prosa.

Jürgen Jahn

Editorische Notiz

Unserem Abdruck der Beiträge Adalbert Stifters zu dem Sammelwerk »Wien und die Wiener in Bildern aus dem Leben« (Pesth 1844) liegt der Text der historisch-kritischen Ausgabe zugrunde: Adalbert Stifters Sämmtliche Werke. Band 15: Vermischte Schriften II. Hrsg. von Gustav Wilhelm. Reichenberg 1935: Sudetendeutscher Verlag Franz Kraus.

Orthographie und Interpunktion wurden modernisiert; der Lautstand blieb erhalten.

Bildnachweis

Die Kunstsammlungen Weimar stellten uns freundlicherweise folgende Bildvorlagen zur Verfügung:

1. Wien 1833. Gezeichnet von Ltn. Renner. In Stahl gestochen von J. Zipter
2. Der Spaziergang auf der Bastei. Gezeichnet von Joseph Eissner, Stich von Johann Jarisch
3. Rudolf Alt, Der Neumarkt (1857)
4. G. Opiz, Der Hohe Markt. Fratscheweiber, ein Stubenmädchen, Vorstadtwirte mieten Musikanten für den nächsten Sonntag, Juden
5. G. Opiz, Das große Volksfest in der Brigittenau

Anmerkungen

5 *Der Bettler, der Bänkelsänger … durch unsere Blätter gehen:* Anspielung auf einzelne Beiträge des Sammelwerkes
»Wien und die Wiener in Bildern aus dem Leben« wie »Der
Bettler«, »Die Harfenisten«, »Der Fiaker« oder »Der Schusterjunge« u. a.

6 *Die Verfasser:* Das Vorwort verfaßte Stifter selbst.

8 *Pappel:* Gemeint ist der weithin sichtbare, 136 Meter hohe
Turm des Stephansdoms, der eine mehrhundertjährige
Baugeschichte hat (13.–15. Jh.).

9 *Barriere:* Schlagbaum an der Stadtgrenze.

ein weiter grüner Platz: Das 500 Meter breite sogenannte
Glacis vor den (1857/58 geschleiften) Basteien und Fe-
stungswerken, die die Innenstadt umgaben; an dessen
Stelle heute der 6 Kilometer lange Ring.

11 *Marchfeld:* Eine flache Landschaft in Niederösterreich
nördlich der Donau.

Schneeberg: Bergstock der österreichischen Alpen.

12 *Fähren:* Fuhren, Pferdegespanne.

14 *Parallelopipeden:* Parallelepipeden: von drei Paaren par-
alleler Ebenen begrenzte Körper (z. B. Würfel, Rhombo-
eder).

15 *St. Peter:* Eine der ältesten Kirchen Wiens in der Jungfern-
gasse auf dem Petersplatz; 1137 als Pfarre erwähnt,
1702–1733 von Antonio Bibiena zur Barockkirche umge-
baut.

Schottenabtei: Benediktinerkloster zu Unserer Lieben
Frau bei den Schotten (auch Schottenhof genannt) mit da-
zugehöriger Schottenkirche; das Kloster wurde 1158 von
Herzog Heinrich Jasomirgott gestiftet und schottischen
und irischen Mönchen übergeben; die Kirche wurde
1632–1662 im Stil der italienischen Spätrenaissance neu
erbaut.

das schlanke Stift St. Michaels: Hofpfarrkirche zu

315

St. Michael (Michaelerkirche), eine der ältesten Kirchen Wiens mit 1792 klassizistisch erneuerter Fassade.

15 *Augustiner ... Kapuziner:* Hofpfarrkirche der Augustiner in der Augustinergasse, 1330–1339 erbaut: die Kapuzinerkirche auf dem Neuen Markt, 1622–1632 als Barockkirche erbaut, birgt die Familiengruft des Hauses Habsburg mit 137 Grabstätten.

Hofburg: Ein ausgedehnter Gebäudekomplex im I. Bezirk (Innere Stadt), die bevorzugte Residenz der Habsburger.

Kärntnerviertel: Östlicher Teil der Inneren Stadt zwischen Kärntnerstraße (einer Hauptstraße, die von Süden bis zum Stephansplatz führt und dann in die bis zum Donaukanal führende Rotenturmstraße übergeht) und Wollzeile.

Franziskanertürme ... die der Universität: Die Türme der 1603–1611 erbauten Franziskanerkirche am Franziskanerplatz (spätgotisch mit Renaissanceelementen vermischter Stil) sowie die beiden Türme der Universitätskirche und die drei der Universitätssternwarte.

St. Ruprecht: Älteste Kirche Wiens, nach der Überlieferung bereits 740 gegründet, auf dem Ruprechtsplatz.

Maria am Gestade: Gotische Kirche, 1394–1427 erbaut, ursprünglich am Steilufer eines alten Donaukanals gelegen: genannt Maria Stiegen.

Glacis der Festung: Vgl. die zweite Anm. zu S. 9.

16 *Vorstädte:* Zu dieser Zeit waren es 34 Vorstädte.

Donauarm: Der bereits 1598 kanalisierte große Donauarm (Donaukanal).

17 *Wienerberg:* Wiener Berg, damals noch im Süden der Stadt. Teil des X. Stadtbezirks Favoriten: noch im 19. Jh. abgetragen und bebaut.

Spinnerin am Kreuz: Eine 12 m hohe gotische, nach einer Lokalsage benannte, 1451 von Hans Puchsbaum errichtete Denksäule südlich vor Wien.

unser Hafen Triest: Die Straße nach Triest wurde schon 1728 eröffnet.

die Ziegel: Die Ziegel kamen aus den Wiener Ziegelwerken, südlich der Stadt gelegen, damals den größten europäischen Ziegeleien.

18 *jenes palastartige Gebäude:* Der Bahnhof der Bahn Wien—
    Raab (Györ), die am 30. Juni 1841 bis Wiener Neustadt in
    Betrieb genommen wurde. Auf dieser Strecke fuhr Stifter
    zum erstenmal mit der Eisenbahn, als er im August 1841
    Mödling besuchte.

19 *Belvedere:* Parkanlage mit zwei Palästen. Gemeint ist hier
    das obere Belvedere, ein 1714—1721 für den Prinzen Eu-
    gen erbauter Barockpalast, der 1777—1888 der kaiserli-
    chen Bildergalerie als Ausstellungsgebäude diente.

    ein kleiner schwacher Mann: Franz Eugen, Prinz von Sa-
    voyen (1663—1736), der berühmte Prinz Eugen, der die
    entscheidenden Schlachten gegen die Türken bei Peter-
    wardein (1716) und Belgrad (1717) gewann und in allen
    militärischen Unternehmungen als österreichischer Feld-
    herr siegreich blieb, war ein kunstsinniger, philosophisch
    gebildeter Mann; er stand in Korrespondenz mit Leibniz
    und war ein Gönner Rousseaus.

20 *Sommerpalast des Fürsten von Schwarzenberg:* Das
    Schwarzenberg-Palais, 1697 von Fischer von Erlach be-
    gonnen und 1725 von dessen gleichnamigem Sohn vollen-
    det.

    Kirche des heiligen Karolus: Die Karlskirche, die schönste
    Barockkirche Wiens; 1716 von Fischer von Erlach begon-
    nen, 1737 von dessen Sohn vollendet.

    Haus von großem Ansehen und Umfange: Das 1835—1837
    erbaute Hauptmünzamt.

22 *Neustädter Kanal:* Ein seit 1803 bis Wiener Neustadt (ca.
    50 km) befahrbarer Kanal, mit einem großen Hafenbas-
    sin in Wien an der Stelle des späteren Stadtbahnhofs
    Hauptzollamt.

    ein anderes Gebäude: Die Kanonenbohrerei auf der Land-
    straße zu Beginn der Ungargasse, in den Jahren nach 1830
    errichtet als Zweiganstalt der Kanonengießerei, die Maria
    Theresia auf der Wieden erbauen ließ.

    ein großes schönes Haus: Das unter Kaiser Joseph II. er-
    richtete Militär-Invalidenhaus.

23 *Dampfschiffe:* Die Probefahrt des ersten Dampfers
    »Franz I.« nach Pest fand am 17. September 1830 statt.

23 *jene Mühlen:* Die Kaisermühlen waren Schiffsmühlen, die
Knochen mahlten und Knoppern verarbeiteten (Knoppern: durch den Stich der Gallwespe in junge Eicheln her-
vorgebrachte Gallen, die wegen ihres Gehalts an Gerbstoff
für die Färberei und zum Gerben benötigt wurden).

24 *Bahnhof:* Das 1837 errichtete Eingangsgebäude der Kai-
ser-Ferdinand-Nordbahn.
Aspern ... Wagram: Aspern: Dorf in Niederösterreich an einem linken Seitenarm der Donau (seit 1905 zu Wien gehö-
rig); hier siegte Erzherzog Karl am 22. Mai 1809 über Napoleon I. (erster Sieg über Napoleon). Wagram: Sieg Napo-
leons I. über Erzherzog Karl am 5./6. Juli 1809.

25 *Inselstadt:* Die Leopoldstadt (II. Bezirk, zwischen Donau
und Donaukanal gelegen) hatte im Winter 1830 schwer zu
leiden; einer in der Nacht des 28. Februar 1830 durch Eis-
stau verursachten Überschwemmung fielen 75 Menschen
zum Opfer.

26 *das neue Kriminalgebäude:* Das k. k. Landesgericht
wurde 1839 fertiggestellt; im Volksmund »Kriminal« oder
»graues Haus« genannt.
Alserkaserne: Die größte von damals 11 Kasernen (mit
6 000 Mann).

27 *Frohsinn und Herzensgüte:* Vgl. S. 75f.
am hunderten Tage: Nach älterem Sprachgebrauch.

30 *einige in dieser Stadt:* Anspielung auf den österreichischen
Staatskanzler Klemens Lothar Wenzel, Fürst von Metternich (1773–1859), der sich durch seine konservative Politik mit ihrer Unterdrückung jeglicher demokratischer Re-
gung in Deutschland und Österreich verhaßt machte; zu
Beginn des Wiener Aufstandes 1848 mußte er zurücktre-
ten.

38 *eben aus der Einsamkeit des Landes gekommen:* Stifter
war im Jahre 1826 zum Studium nach Wien gekommen.

41 *Französische Revolution:* Stifters evolutionistisches Ge-
schichtsverständnis, das in Revolutionen Betriebsunfälle
der Geschichte sieht, Abweichungen, zwar unvermeid-
bare, vom normalen Verlauf geschichtlicher Entwicklung,
ist hier bereits deutlich ausgeprägt.

41 *pyrenäische Halbinsel:* Stifter bezieht sich hier auf den sog. ersten Karlistenkrieg in Spanien 1834–1839, einen blutigen Bürgerkrieg, den die Anhänger des Don Karlos, als Kronprätendent Karl V., entfachten.

43 *Spinnerin am Kreuz:* Vgl. die zweite Anm. zu S. 17.

44 *lag die Kirche sogar außerhalb der Stadt:* Gemeint ist die erste an dieser Stelle stehende, im Jahre 1147 eingeweihte Kirche.

45 *ein sehr großes Haus aufgeführt:* Der Domherrenhof, 1842 erbaut.

47 *deutsches Haus:* Das Haus des Deutschen Ritterordens (Deutschordenshaus mit Ordenskirche).
Post: Das Stadtpostoberamt in der Wollzeile, 1830 erbaut; es war für den Auslandspostverkehr zuständig.

48 *Hinabgang ... Haus des Platzes:* Alter Einstieg in die Katakomben vom Deutschen Hause aus; 1869 vermauert.

53 *gerade unter dem Hochaltare:* Unter dem Hochaltare befindet sich die (Besuchern unzugängliche) Herzogs- oder Fürstengruft, die von den Katakomben separiert ist. Die Katakomben oder besser Grabkammern (Grüfte) wurden zwischen 1486 und 1732 ausgebaut und benutzt. Ihre Tiefe war gering; sie umfaßten jedoch teilweise 3 übereinandergebaute Gewölbereihen; ihre Ausdehnung erstreckte sich etwa auf den Stephansplatz. Unter den Häusern dieses Platzes lagen lediglich Eingänge zu den Gewölben.

54 *Segenlied:* Ausschmückung Stifters; Orgel und Gesang sind in den Katakomben nicht zu hören.

57 *Attila:* Stifter verwechselt hier den Hunnenkönig Attila mit dem Westgotenkönig Alarich, der der Sage nach im Busento begraben worden sein soll.

59 *weiß man jetzt noch gar nicht mit Gewißheit:* Eine erste topographische Aufnahme der Gewölbe erfolgte erst 1864 durch Adolf Kaspar. Die Räumung der Katakomben erfolgte 1872/73.

67 *bon ton:* (franz.) guter Ton.
Ferdinandsbrücke: Benannt nach Ferdinand I. (1793 bis 1875), Kaiser von Österreich 1835–1848.

67 *Jägerzeile:* So hieß damals der untere Teil der Prater-
straße nach den dort wohnenden Hofjägern.
»Ferdinands-Nordbahn«: Vgl. die erste Anm. zu S. 24.

68 *Marchfeld:* Vgl. die Anm. zu S. 11.

71 *Der Kaiser und die Kaiserin:* Ferdinand I. und Maria Anna,
Tochter Viktor Emanuels von Sardinien.

72 *Held von Aspern:* Erzherzog Karl (1771–1847). Vgl. die
zweite Anm. zu S. 24.
Marqueur: Kellner.

73 *türkische [Musik]:* Urspr. Feldmusik der Janitscharen
(Feldinfanterie) mit charakteristischen Schlaginstrumen-
ten wie der großen und kleinen Trommel, dem Tamburin,
dem Becken, der Triangel und dem Schellenbaum, in die
europäische Militär- und Kunstmusik übernommen.

74 *Reiter in einem Kreise:* Gemeint ist das Ringelspiel (Karus-
sel).
auf mehren Schaukeln: Nach älterem Sprachgebrauch.
wie echtes Garn abgehaspelt: Schaukel, die sich um sich
selbst dreht.
Hanswurst …, der aber schon längst gestorben ist: Die
volkstümlich-derbe Figur des Hans Wurst wurde durch die
aufklärerisch orientierten Theatertruppen des 18. Jahrhunderts von der Bühne verbannt (erste »Austreibung« während einer Vorstellung der Theatertruppe der Neuberin im
Oktober 1737 vor dem Grimmaischen Tor zu Leipzig).

75 *lustiges Volk … gutes Volk:* Maxime der vormärzlichen
Regierungspolitik.

76 *Fajaken:* Phaiaken, bei Homer ein sorglos und sinnen-
froh lebendes Volk auf der Fabelinsel Scheria. Anspielung
auf Schillers Xenion »Die Fääken«, das gegen die zeitgenössischen österreichischen Schriftsteller gerichtet ist.
»es dreht sich immer der Braten am Spieß«: Zitat aus Schillers Xenion »Donau in O++«.
den Rinaldo Rinaldini singen: »In des Waldes düstern
Gründen, / in den Höhlen, tief versteckt«, nach Christian
Vulpius' »Romanzen und Lieder über Rinaldini« (1800)
zu seinem Roman »Rinaldo Rinaldini, der Räuberhaupt-
mann« (Leipzig 1798).

78 *Stuwer:* Anton Stuwer, Enkel des berühmten Georg Stuwer, der 1777 zum erstenmal im Prater ein Feuerwerk veranstaltete.

79 *Ebersdorf:* Kaiser-Ebersdorf, heute zum XI. Stadtbezirk Simmering gehörend.

Kaisermühlen: Vgl. die zweite Anm. zu S. 23.

84 *Döbling, Grinzing und Nußdorf:* Damals Weindörfer und beliebte Ausflugsziele zum »Heurigen«; heute zum XIX. Stadtbezirk Döbling gehörend, dem landschaftlich schönsten, der bis an die Kammhöhen des Kahlengebirges und bis ans Donauufer reicht.

Schwesterschlösser: Es handelt sich um ein Wirtschaftsgebäude auf dem Leopoldsberg, das der Fürst de Ligne eine Zeitlang bewohnte, »Burg« genannt, und ein Schlößchen auf dem Kahlenberg, das ebenfalls de Ligne gehörte.

Lusthaus: Ein ehemaliges kaiserliches Jagdschlößchen. Der Prater war ursprünglich ein kaiserlicher Tierpark und Schauplatz von Hoffesten und wurde 1776 von Joseph II. der Stadt Wien überlassen.

Circus gymnasticus: (lat.) Zirkus mit artistischen Schaustellungen.

Gartenwohnung: Reminiszenz Stifters an seine erste Wiener Unterkunft (in der Rabengasse, später Beatrixgasse genannt). 1841 wohnte er nicht mehr in einer Gartenwohnung, sondern im 5. Stockwerk des Hauses Nr. 723 in der Rotenturmstraße, das 1878 abgerissen wurde, später, seit Herbst 1841, in der Adlergasse Nr. 720; im Mai 1842 ist er dann in die benachbarte Seitenstettergasse Nr. 495 umgezogen, seine letzte Wohnung in Wien.

86 *Streichmacher:* Der Titel nimmt einen damals volkstümlichen Ausdruck auf, der auch bei Raimund und Nestroy vorkommt. Ursprünglich stammt er wohl aus einer Komödie von Karl Meisl »Die Streichmacher«, einer Parodie auf Raimunds »Verschwender«, die 1834 im Theater in der Josefstadt aufgeführt wurde.

87 *Bramismus ... Budhanismus:* Brahmanismus, Buddhismus; indische Religionslehren.

87 *Propaganden:* Propaganda: In Rom das Hauptgebäude der katholischen Mission.

Eipeldau und Kakran: Leopoldau und Kagran, Ortschaften im Marchfeld.

90 *auf unserem Bilde:* Das Bild zeigt einen Galan auf dem Kutschbock, dessen Pferd durchgeht. Vgl. S. 100f.

91 *Bolingbroke:* Henry Saint John, Viscount Bolingbroke (1678–1751), englischer Staatsmann und politischer Schriftsteller; seine »Letters on the study of history« (Briefe über das Studium der Geschichte, 1738) wurden als staats- und religionsgefährdend verboten.

Gervinus: Der Historiker Georg Gottfried Gervinus hatte 1842 seine fünfbändige »Geschichte der poetischen Nationalliteratur der Deutschen« vollendet.

George Sand: Die französische Schriftstellerin George Sand (1804–1876) war seit 1832 durch ihre Romane bekannt geworden.

Guizot und Thiers: François Guizot und Louis-Adolphe Thiers, führende französische Politiker nach 1830.

92 *Trogloditen:* Troglodyten: Höhlenbewohner.

Egyptier: Ägypter.

95 *Meubel:* (franz.) Möbel.

99 *Parasol:* Schirm.

Unterpanzer: Stifter beschreibt hier den sog. Cul de Paris.

100 *transeant:* (lat.) Mögen sie vorübergehen (d.h.: Reden wir nicht weiter davon).

102 *Philister:* Studentische Bezeichnung für den Bürger.

103 *Koterie:* Gesellschaft, Verein, Kränzchen.

105 *Traiteur:* Speisewirt, Gastwirt.

verbotenes Tabakrauchen: In den meisten europäischen Ländern war das Rauchen auf der Straße bis 1848 verboten.

107 *Nußdorf:* Anlegestelle am Anfang des Donaukanals, Ausflugsort und Weindorf.

108 *Nauführer:* Boots- oder Schiffsführer.

Schanzel: Einst berühmter Obstmarkt, zu Stifters Zeiten Landungsstelle am Donaukanal nahe der Augartenbrücke in der Gegend des Franz-Josephs-Kais.

108 Linie: Linien nannte man die 4 m hohen und durch einen
Graben geschützten Befestigungswälle der Vorstädte, die
seit 1704 errichtet worden waren und erst Ende des 19.
Jahrhunderts abgetragen wurden.

Franz Xaver Pfeiffer: Selbstporträt Stifters.

Urban Schmidt: Franz Xaver Schiffler, ein Jugendfreund
und Studienkamerad Stifters; beide fuhren 1826 auf einem Donaufloß von Kremsmünster nach Wien.

Heinrich Quirin: Der andere Jugendfreund und Studien-
genosse Stifters Anton Mugerauer, der 1827 nach Wien
kam.

Nußdorfer Linie: Hier: Stadtgrenze bei Nußdorf (Tor).

109 Friedrich der Rotbart: Friedrich I. Barbarossa, römisch-
deutscher Kaiser 1152–1190.

111 Bill: (engl.) Hier: Gesetzesvorschlag.

112 massives Gebäude: Ein 1753–1755 errichteter Rokoko-
bau von Jean-Nicólas Jadot de Ville Issey.

ein Tabor oder eine Schädelstätte: Tabor: Berg in Palä-
stina, nach einer (falschen) Überlieferung Ort der Verklä-
rung Christi. Schädelstätte: Golgatha, Stätte der Kreuzi-
gung Christi.

113 die vielen dünnen ersten Klassen: die vielen dünnen guten
Zensuren (»Einser«).

114 Landstraße: Zugleich der Name der Vorstadt Landstraße
(III. Bezirk) und der sie durchziehenden Hauptstraße
(Landstraßer Hauptstraße). In dieser Vorstadt liegen das
Schwarzenberg-Palais und das Belvedere.

auf Georgi: Auszugstermin (24. April).

St.-Markus-Linie: Bei der nach dem Dorfe St. Marx be-
nannten Marxer (St.-Markus-) Linie stoßen Landstraße
(Hauptstraße) und Rennweg zusammen.

an allen Gliedern zerschlagen wie die Knappen Rolands:
Anspielung auf eine Volkserzählung im Gefolge der Ro-
landsage, die z.B. auch Johann Karl August Musäus (»Rolands Knappen«) erzählt: Drei Knappen Rolands entrinnen
der Schlacht bei Ronceval und finden bei einer Druidin Unterkunft, die sie allerdings erst gewährt, nachdem sie die
übermüdeten Knappen lange Zeit geäfft und gefoppt hat.

114 *Gasthof zum roten Hahn:* Gasthof auf der Landstraße Nr. 40.

118 *Palast ... gemietet:* In der Rabengasse (der späteren Beatrixgasse) am Wiener Neustädter Kanal wohnten Stifter und seine Freunde in den ersten Wiener Jahren.

120 *Fraxinus:* (lat.) Fraxinus excelsior pendula, eine Eschenart (Trauer- oder Hängeesche).

123 *Doppelzeile schöner Häuser:* Die Reisnerstraße.

121 *Tandelmarkt:* Vgl. S. 141 ff. und die erste Anm. zu S. 148.
Diktator, jetzt hinter dem Pfluge ... jetzt aber die Feinde schlug: Gemeint ist Lucius Quinctius Cincinnatus, der 458 v. d. Z. zum römischen Diktator gewählt wurde, um das von den Aequern eingeschlossene römische Heer zu befreien.

124 *Faktion:* Kämpferische Gruppierung, militante Gruppe in einer Partei.
Pisistratos ... Cäsar: Peisistratos: Athener von altem Adel, der sich nach dem Krieg gegen Megara (565 v. d. Z.) zum Alleinherrscher von Athen machte; er wurde zweimal vertrieben, kehrte aber zurück und blieb bis zum Tode (528 v. d. Z.) im Besitz der Macht. Seine Diktatur (Tyrannis) war milde und ermöglichte den kulturellen und wirtschaftlichen Aufstieg Athens. Gaius Iulius Caesar (100 bis 44 v. d. Z.) war seit seinem Sieg über Pompeius bei Pharsalos (48) Diktator Roms »auf unbestimmte Zeit«; als er sich zum römischen König erheben ließ (15. Februar 44), wurde er an den Iden des März (15. März 44) von den Republikanern ermordet.

125 *Universität:* Vgl. die erste Anm. zu S. 112.
Schwibbogen: In der Schwibbogengasse; später verbaut und durch ein sog. Durchhaus (Haus mit Durchgang) ersetzt.

126 *Pandekten:* Pandekten oder Digesten: Sammlung von Auszügen aus den Werken klassischer römischer Juristen, auf Veranlassung des oströmischen Kaisers Iustinian 533 herausgegeben.
Justinian ... Kasuistik: Unter Iustinian wurde das römische Recht kodifiziert; es wurde Grundlage des europäischen

Rechts bis in die Neuzeit. Kasuistik: Urspr. Teil der Moral-
wissenschaft, in dem Grundsätze entwickelt werden, wie
schwierige Gewissenskonflikte, die sich aus einem Wider-
streit von Pflichten ergeben, zur Beruhigung des Gewis-
sens entschieden werden können. In übertragenem Sinn:
spitzfindige Rechtsentscheidungen.

127 *Tarock:* In Österreich beliebtes Kartenspiel für drei Personen mit 78 Karten.

131 *gehunzt:* getadelt.

mit der Vorzugsklasse: mit Auszeichnung.

132 *Brauhaus zum Neuling:* Gemeint ist die Vincenz Neulingi-
sche Bierbrauerei mit Biergarten auf der Landstraße (Un-
gargasse).

Bassettel: Wienerisch für: Violoncello.

133 *Schubertsche Lieder:* Franz Schuberts Opus Nr. 1 (»Der
Erlkönig«) war im April 1821 erschienen.

ein reicher Graf ... Erziehung ihres Söhnleins: Stifter war
eine Zeitlang Hauslehrer beim Staatskanzler Fürst Cle-
mens Wenzel von Metternich; er unterrichtete Ende 1843
bis 1846 dessen Sohn Richard.

135 *Jahr der Cholera:* Die Cholera trat in Wien erstmals von
August 1830 bis Februar 1831 auf. Die kleine Post oder
Stadtpost wurde 1830 eingeführt.

Wagen: Der Wagen hieß Karriolwagen.

136 *ordentliche Post:* Gemeint ist das Oberste Hofpostamt.

139 *Oblaten:* Oblaten zum Verschließen bzw. Versiegeln der
Briefe.

Metz: Trockenmaß; in Österreich 61,5 Liter.

141 *Verehrer von Altertümern:* Hier klingt ein wichtiges Motiv
des Erzählers an (z. B. in »Die Mappe meines Urgroßvaters«).

142 *Zinsgebäude:* Wienerisch für: Mietshaus.

lichter Steg: Der Lichtensteg verbindet den Hohen Markt
mit der Rotenturmstraße.

Engel: Der Engel blieb erhalten und befand sich seit 1842
an einer Ecke des alten Rathauses in der Wipplinger-
straße.

Phaläne: (griech.) Nachtfalterart.

143 *Lugeck:* Stifters Erklärung ist falsch; der Name ist eine Verkürzung von: Laubeneck.

der rote Turm: Zu Stifters Zeit existierte der Turm bereits nicht mehr.

Maria am Gestade: Vgl. die neunte Anm. zu S. 15.

Fischerstiege: Ein alter Zugang zur Stadt vom alten Donauufer her, wo die Fischer an Land gingen.

im »Elend«: Svw.: in der Fremde. Bezeichnung einer Sackgasse mit Herbergen für Ortsfremde, u. a. dem Schottenstift (für Schotten, Iren und andere Reisende); der Name wurde auf eine Bastei übertragen und deren nähere Umgebung.

Zeughausgasse: Benannt nach dem dort befindlichen Alten Arsenal.

Paternostergäßchen: Benannt nach den Paternosterern, den Herstellern von Rosenkränzen; 1840 abgerissen, da diese Sackgasse mit ihren beiden Häusern den Graben (eine Geschäftsstraße) zwischen Kohlmarkt und Tuchlauben versperrte.

148 *wie lange er noch stehen wird:* Der Tandelmarkt wurde zu Anfang des 17. Jhs. vor dem Kärntnertor errichtet, später mehrfach verlegt und 1816 auf seinen ursprünglichen Standort zwischen der Mondscheinbrücke (der späteren Tegetthoffbrücke) und Karolinenbrücke des Wienflusses zurückverlegt.

Hetze: Die von den Spaniern in Wien eingeführte Tierhetze wurde von Kaiser Franz nach dem Brand des dafür erbauten Amphitheaters nächst den Weißgerbern (1796) verboten.

Turnen: Das öffentliche Turnen war seit dem Karlsbader Kongreß (1819) verboten.

151 *messingspangener Himmelschlüssel:* Stifter in der zweiten Fassung dieser Studie: »ein Buch mit schönen Kupfern und Fegefeuergeschichten«.

Pelzstutzen: Überziehstrumpf aus Pelz.

154 *Barrierestock:* Hölzerne Ladenschranke.

Klammern: Hilfsmittel für Bergsteiger.

160 *Degengefäß:* Degenkorb.

161 *Vater Laudon:* Gideon Ernst, Freiherr von Laudon (auch: Loudon) (1717–1790), gebürtiger Livländer, seit 1742 in österreichischen Diensten, kämpfte vor allem in den Schlesischen Kriegen.

Servitut: (jurist.) Nutzungsrecht an fremdem Eigentum.

165 *illuminierte Soldaten:* Bemaltes Spielzeug aus Holz oder Zinn.

einlizitieren: ersteigern.

167 *Lichtsetzer:* Lichtpunkte zur Kontrastierung von Hell und Dunkel.

Tenier: Bilder des Holländers David Tenier d. Ä. (1582 bis 1649) oder seines gleichnamigen Sohnes (1610 bis 1690).

Semilor: Similor, auch Mannheimer Gold, eine Legierung aus Kupfer, Zink und Zinn.

»Vier Heymonskinder«: Das deutsche Volksbuch »Die Histori von den vier Heymonskindern und ihrem Roß Beyart« erschien zuerst 1604; der Stoff ist französischen Ursprungs.

Basedows »Elementarbuch«: Das »Elementarbuch« von Johann Bernhard Basedow erschien zuerst 1772 mit Kupfern von Daniel Chodowiecki.

»Sophiens Reise von Memel nach Sachsen«: Vielgelesener sentimentaler Roman (1770–1773) von Johann Timotheus Hermes.

171 *Karwoche:* Stifter schreibt: Charwoche.

183 *große Glocke:* Die »Pummerin« mit einem Durchmesser von 316 cm, 1711 im Auftrag Josephs I. gegossen.

Riesenorgel: Sie wurde 1720 auf der Westempore installiert.

184 *der grüne Markt:* Auf der Freyung und dem Platze »Am Hof«.

Osterflecken: Osterfladen.

187 *Firmen:* Firmenschilder, die (im Gegensatz zu den Aushängeschildern, die quer zur Hauswand über die Straße hingen) direkt an der Hauswand angebracht wurden.

188 *Bierzeiger:* Zapfhahn.

daß selbst Privathäuser ... gar nicht existieren zu können glaubten: Irrtum Stifters: Im Mittelalter trugen die Häuser keine Nummern, sondern führten zur Unterscheidung sprechende Namen mit den entsprechenden Symbolen und Emblemen.

188 *»Zur Unmöglichkeit«:* Es gab mehrere Häuser dieses Namens mit verschiedenen Emblemen in Wien; eins davon zeigte ein Schiff, das einen Berg hinauffährt.

Aushängschilder: Laden- bzw. Firmenschilder kamen in Wien erst um 1820 auf; um 1830 sind es erst ca. 100.

192 *Mousselin de laine:* (franz.) feiner Wollmusselin.

194 *Perkail:* Perkal: Feinfädiger bedruckter Baumwollstoff in Leinwandbindung, besonders für Schürzen und Hauben.

195 *Lizitation:* Versteigerung.
Sturmhut: Sturmhaube, Helm.

196 *Stock im Eisen:* Ein Platz, der in Stephansplatz und in den Graben übergeht; benannt nach einem mit Nägeln beschlagenen Baumstumpf mit der Jahreszahl 1575 (einem Wahrzeichen der Stadt Wien) an einem Eckhaus.
Graben, Kohlmarkt: Elegante Geschäftsstraßen.
wirklich vortreffliche Gemälde: Bekannt sind solche Ladenmalereien von Friedrich Gauermann, Peter J. N. Geiger und Ferdinand Waldmüller.

197 *Greißler:* (oberdt.) Lebensmittelhändler.

199 *Schnittwarenhandlung:* Stoff- und Bändergeschäft.

200 *Dute – Tute:* Trichterförmiger Pfeifenkopf.

202 *politisches und Amtsblatt:* Der Zeitungsteil mit den regierungsamtlichen Nachrichten und behördlichen Informationen.
Ruster: Wein aus Rust, einem Städtchen im Burgenland am Westufer des Neusiedler Sees.
Milliseife: Produkt der 1837 gegründeten Wiener Milly-Kerzen-, Seifen- und Glyzerin-Fabrik.

203 *Rekreationen:* Erholungsstätten, Sommerfrischen.

206 *Geraumuer:* Scherzhaftes Anagramm des Namens Mugerauer.

209 *Gauß' Verfahren:* Karl Friedrich Gauß (1777–1858), Mathematiker, entwickelte für die Wahrscheinlichkeitsrechnung die Methode der »kleinsten Quadrate«.

211 *Schottenkirche:* Vgl. die zweite Anm. zu S. 15.

211 *innerhalb der Linien:* innerhalb der Stadtgrenzen (Stadt-
wälle).

212 *Barriere:* Schlagbaum an der Stadtgrenze.

215 *auf der Wieden:* D. h.: im Süden der Stadt.

in der Jägerzeile: D. h.: im Norden der Stadt. Vgl. die
dritte Anm. zu S. 67.

216 *Erzherzog Karlscher Palast:* Benannt nach dem jeweiligen
Besitzer; ursprünglich erbaut 1800–1804 für Erzherzog
Friedrich, später benannt nach Erzherzog Albrecht.

erzbischöflicher Palast: In der Rotenturmstraße bzw. am
Stephansplatz, der sog. Bischofshof.

217 *die ganze Menschheit vom Wetter und Klima wesentlich
berührt und verändert:* Anspielung im besonderen auf Johann Gottfried Herders »Ideen zur Philosophie der Geschichte der Menschheit« (1784–1791), in deren Zwei-
tem Teil er seine Klimatheorie entwickelt hat.

218 *Basteispaziergänger:* Die Basteien, eine Kette von Bastionen und Festungswerken am östlichen Teil des Glacis-
Ringes, wurden erst 1857/58 niedergelegt.

219 *Omnibus der Eisenbahnen:* Omnibus: Urspr. ein vielsitzi-
ger Lohnfuhrwagen, zuerst 1828 in Paris als voiture omnibus; hier: Zubringer zur Eisenbahn.

an einem andern Orte dieses Werkes: Vgl. S. 235 ff.

220 *Strauß und Lanner:* Die bekannten Walzerkomponisten
Johann Strauß d. Ä. (1804–1849) und Josef Lanner
(1801–1843) gaben häufig öffentliche Konzerte.

223 *ein Schneekoch:* Wienerisch: einen Schneebrei, -matsch.

Schoppen: Nebenform zu: Schuppen.

225 *Mackintosh:* Wasserdichter Mantel, erfunden 1823 von
James Mackintosh.

226 *testudo:* (lat.) der Schild.

227 *Pantalon:* Die in der Französischen Revolution aufgekom-
mene lange Hose (im Gegensatz zur Kniehose oder Cu-
lotte) ist venezianischen Ursprungs, benannt nach einer
Figur der Commedia del' arte, dem Pantalone.

230 *Bischofhof:* Vgl. die zweite Anm. zu S. 216.

Tor der Brandstatt: Das Schwibbogentor (vgl. die Anm. zu
S. 125.), das den Zugang vom Stephansplatz zu dem Platz

329

führt, der seinen Namen zur Erinnerung an eine große Feuersbrunst trägt.

230 *Buttenweib:* Weib mit einem Tragekorb.

Barrierstock: Vgl. die erste Anm. zu S. 154; hier: Ladenschranke.

233 *»Salonleben«:* Anspielung auf die Skizze »Wiener Salonszenen«; vgl. S. 264 ff.

Luft: (oberdt.) Luftzug.

234 *Magnetismus ... Humboldt:* Alexander von Humboldt (1769–1859) schuf in Verbindung mit Gauß eine internationale Organisation von Stationen zur Beobachtung des Erdmagnetismus, die Vorläufer meteorologisch-erd-magnetischer Observatorien.

236 *Marchfeld:* Vgl. die erste Anm. zu S. 11.

dreimal ein berühmtes Schlachtfeld: Am 26. August 1278 fiel König Otakar II. von Böhmen in der Schlacht gegen Rudolf von Habsburg bei Dürnkrut; ferner die Schlachten bei Aspern und Wagram (vgl. die zweite Anm. zu S. 24).

237 *Land ob der Enns:* Stifter zielt hier insbesondere auf die Landschaft um die Barockabtei Kremsmünster, wo er das Gymnasium besuchte.

241 *Kirchtag in der Brigittenau:* Der Kirchtag wurde bis in die Mitte des 19. Jh.s gefeiert.

242 *Hitzing, Grinzing:* Hietzing und Grinzing waren damals noch Dörfer außerhalb der Stadt.

Mariabrunn: Hier hatte sich Stifter 1837 an der Forstschule um ein Lehramt beworben, erschien dann aber infolge einer Krankheit nicht zur Prüfung.

246 *Haimbach:* Hainbach, ein Lieblingsausflugsort des vormärzlichen Wien. In Hinterhainbach schrieb Stifter die Erzählung »Feldblumen«.

247 *weil ein heiteres Volk auch ein gutes ist:* Vgl. die Anm. zu S. 75.

248 *schäckern:* (oberdt.) schäkern.

249 *Saal aus purem Eise:* Der »Eispalast«, erbaut durch den Steinschneider (Steinmetz) Michael Scharff für den Wirt der »Blauen Traube« in Penzing, wurde am 13. Januar 1830 eröffnet.

250 *Tivoli:* Name von Vergnügungsorten nach der italienischen Stadt gleichen Namens; die Rutschbahn bei Meidling wurde 1828 von den Berlinern Gericke und Wagner
erbaut.

251 *Dommaiers Casino:* An der Stelle des heutigen Parkhotels
Schönbrunn.

Stadtgut: Irrtum Stifters: Landgut, ein 1834 aus einer
Ziegelei hergerichtetes Kasino unweit der Favoritenlinie.

Affenkomödie: Affentheater, Schaustellungen mit dressier-
ten Affen, erfreuten sich großer Beliebtheit. Man führte
mit ihnen ganze Stücke auf. Ein »Wiener Affen-Theater«
gab z. B. am 18. Mai 1840 eine »große brillante Vorstellung von bewundernswürdigen Fertigkeits-Übungen,
Kunst-Reiten, Seiltänzen, mit und ohne Balancirstange,
allerlei künstlichen Wendungen, Voltigen und komisch-
mimischen Szenen durch vierfüßige Künstler«.

Jedlersee: Jedlesee.

Enzersdorf: Langenzersdorf.

252 *Loudon:* Vgl. die erste Anm. zu S. 161.

254 *Haimbach:* Vgl. die Anm. zu S. 246.

hohe Wand: Die Sofienalpe.

255 *Park von Dornbach:* Damals im Besitz der Fürsten Schwarzenberg; zur Ortschaft Neuwaldegg gehörend; jetzt Teil
des XVII. Bezirks.

Kahlen- und Bisamberg: Genau: der Leopoldsberg als
Ausläufer des Kahlenberges und der Bisamberg.

Säulen des Herkules: Den Herkules der Sage führten die
12 Arbeiten in immer weitere Ferne, bis zu den Säulen des
Herkules, bis in die Straße von Gibraltar.

Baden ... die Brühl: Baden: Stadt und Badeort am Eingang des Helenentals; die Brühl: Waldtal (die Vorder- und
Hinterbrühl) bei Mödling.

256 *Mödling:* Alter Ort südlich Wiens, Grenzfeste gegen Ungarn.

257 *Leithaberge:* Östlicher Alpenausläufer, zwischen der
Leitha und dem Neusiedler See.

Höllental: Das Tal besuchte Stifter mit seiner Frau im
Sommer 1840.

Preun: Ältere Schreibung für: Prein (Preintal).

Schneeberg: Vgl. die zweite Anm. zu S. 11.

260 *»Rinaldo Rinaldini«:* Vgl. die dritte Anm. zu S. 76.

262 *Maria-Hilf:* Der VI. Stadtbezirk Mariahilf, südwestlich der Innern Stadt.

Steierwagen ... Zeiselwagen: Zweispännige, hellgestrichene, mit einem Plachendach (Dachplane) versehene Lohnwagen für 8–12 Personen.

265 *ein Buch:* Die vier Bände des Heineschen Sammelwerkes »Der Salon« erschienen Hamburg 1834–1840.

per parenthesin: (griech./lat.) In Klammern, nebenbei gesagt.

266 *Ich kannte einen Mann:* Anspielung auf Jean Paul.

Wunderwerke des Lichts ...: Anspielung auf Anastasius Grüns Gedicht »Zwei Wanderer«.

268 *lebende Figuren:* Die sog. »lebenden Bilder«, mit denen Szenen aus literarischen Werken oder auch Rätsel dargestellt wurden.

269 *Papiertufelchen:* Ironisch: Spielkarten.

270 *Robber:* Im Whistspiel eine Tour von 2 bis 3 Partien.

272 *Pertinenzsache:* (jurist.) Bezeichnung einer Sache, die mit einer anderen eng zusammenhängt.

280 *Jene ältliche Frau:* Wahrscheinlich der Salon der Henriette Freiin von Pereira geb. von Arnstein (1780–1859), in dem Stifter verkehrte.

ein heiterer, bereits ergrauender Mann: Der Lustspieldichter Eduard von Bauernfeld (1802–1890).

281 *ich darf keinen Namen nennen:* Mit Rücksicht auf die Zensur.

grauhaariger Mann: Der Orientalist Josef von Hammer-Purgstall (1774–1856).

der ältliche Mann: Franz Grillparzer verkehrte seit dem Ende der zwanziger Jahre im Hause Pereira.

282 *einige, die selbst dicke Bücher ...:* Anspielung auf Wolfgang Menzel, der in seiner vierbändigen Darstellung »Die deutsche Literatur« (2. Aufl. 1836, Band 4, S. 229) Grillparzer gerade 9 Zeilen widmet, und auf Gervinus' »Geschichte der poetischen Nationalliteratur der Deutschen«,

in deren Band 5 Grillparzer lediglich als Schicksalsdramatiker neben Müllner und Houwald genannt wird (4. Ausgabe 1853, Band 5, S. 624).

jener Brite: Lord George Byron schrieb nach der Lektüre der »Sappho« am 21. Januar 1821 eine sehr anerkennende Notiz in sein Tagebuch, die durch die Veröffentlichung seiner »Letters and Journals« (1830) in deutscher Übersetzung 1832 bekannt wurde.

282 *Mitkämpfer:* Eduard von Bauernfeld, eventuell auch Johann Ludwig Deinhardstein oder Josef von Zedlitz.

zerrissen: Der Typus des (vom Weltschmerz) Zerrissenen tritt zuerst durch die Novelle »Die Zerrissenen« (1832) von Alexander Ungern-Sternberg in die Literatur; Nestroys Posse, die den Typus karikiert, wurde am 9. April 1844 uraufgeführt.

283 *einer, dessen Amt weit von aller Musik entfernt ist:* Gemeint ist Karl Freiherr von Schönstein, Regierungsrat der k. k. Hofkammer, ein bekannter Schubert-Sänger.

285 *Violincellist:* Ignaz Franz Castelli (1781–1862) verfaßte 1809 antinapoleonische Kriegs- und Wehrmannslieder. Seine Ächtung durch Napoleon ist eine von Castelli kolportierte Legende.

286 *Millikerzen:* Vgl. die dritte Anm. zu S. 202.

291 *alte Musik:* Alte Musik wurde durch 30 Jahre hindurch besonders in der Advents- und Fastenzeit gepflegt im Hause des Hofrates Raphael Georg Kiesewetter von Wiesenbrunn (1773–1850), insbesondere Palestrina, Allegri, Pergolese und Johann Sebastian Bach.

292 *kristallisierter Kohlenstoff:* Diamant.

kristallisierte Tonerde: Rubine und Saphire.

Inhalt

Vorrede 5

Aussicht und Betrachtungen von der Spitze
des St.-Stephans-Turmes (Als Einleitung) 7
Ein Gang durch die Katakomben 40
Der Prater 66
Die Streichmacher 86
Leben und Haushalt dreier Wiener Studenten 102
Die Wiener Stadtpost 135
Der Tandelmarkt 141
Die Karwoche in Wien 171
Warenauslagen und Ankündigungen 186
Wiener Wetter 205
Ausflüge und Landpartien 235
Wiener Salonszenen 264

Nachwort 295
Editorische Notiz 313
Bildnachweis 313
Anmerkungen 315

ISBN 3-371-00095-8

1. Auflage
© Buchverlag Der Morgen, Berlin 1988
Lizenznummer: 48-48/18/88
LSV 7312
Gestaltung: Monika Böhmert
Printed in the German Democratic Republic
Gesamtherstellung:
Druckhaus Aufwärts Leipzig III/18/20-295/88
Bestellnummer: 695 657 7
01460